愛は愛とて何になる

あがた森魚
今村守之

序章◉孤独を抱いて飛鳥山へ

2020年6月26日　飛鳥山公園 東北本線側道にて

「タルホピクニック」という名の音楽集会

東京都を北へ向かうと、やがて埼玉県に入る。昼夜間人口比率全国最下位、つまり、日中は東京の巨大なベッドタウンと化した同県の南玄関に川口市がある。人口約六十万人。首都圏では八王子や横須賀と並ぶ中核都市の一つで、ここ近年、住宅メーカーなどの「住みたい街アンケート」で上位にランクされている。

現在、あがた森魚はこの街に住んでいる。

川口は江戸時代初期から将軍が日光東照宮を参詣する専用道路であった脇往還（五街道に次ぐ主要な街道）・日光御成道の宿場町として栄えた。また、農閑期を利用した鋳物が技術力により発展し、荒川のほか市内を縦断する同水系芝川の舟運によって大消費地である江戸に運搬していた。

明治時代に入ると、富国強兵政策により工業都市として急激に発展。一九一〇（明治四十三）年の国鉄川口町駅（現：ＪＲ川口駅）開業を契機として全国に鋳物が貨物輸送されるようになり、明治・大正時代を通じて「西の桑名、東の川口」とうたわれ全国二大鋳物産地の一角を占めた。

戦時中も鋳物の需要は高く、一九四〇年に県内で唯一の新興工業都市に指定された。一九五八年に東京で開催されたアジア競技大会は市内の鋳物職人により製造された聖火台が使用され、その聖火台は六年後の東京オリンピックでも使用された。

京浜工業地帯の一翼として高度成長期を支えたが、一九七〇年代の度重なるオイルショックにより廃業・転出する業者が相次ぎ、さらに八五年の円高不況が大打撃となってかつての雰囲気や活気は失われていった。

吉永小百合が主人公である鋳物職人の長女を演じ、浦山桐郎の監督デビュー作となった『キューポラのある街』（一九六二年、日活）は、かつて七百を超えるといわれた工場街のシンボルだったキュポラ（鉄の溶解炉）が立ち並ぶころに撮られたものだ。画面には円筒形の大小のキュポラが濃い煙を吐く風景が出てくる。二十一世紀に入って住まいを移したあがたにとって、大半がマンション等へと姿を変えた鋳物工場はもとより幻の風景である。そしてそのぶん、時間を逆行する思いが、彼自身の街への憧憬・愛着に繋がっているのだろうという見立てはあながち間違っていないはずだ。そうでなければ、自らのレコード・レーベルを「キュポラ・パープル・ヘイズ」と名乗り、二十年以上住み続けることもないだろう。

川口にはまた、あがたが二〇二〇年に発表したオリジナル・アルバム『浦島２０２０』の収録曲「ろっけんろおどを行くよ」のイメージソースとなった六間道路が走っている。六間道路とはおもに、江戸時代の名残である幅員が六間（約十・九メートル）の道路のことだ。当時は街道レヴェルの主要な道で、明治時代以降では国道や道路構造令として定められた補助幹線道路として位置づけられており、全国各地にみられる。あがたはこの道路を〝ろっけんろおど〟と名づけ、自身を投影したバスの疾走感を珍しく日常的なモティーフによってロックナンバーに仕立てたわけだ。

さて、この川口市は荒川を接して東京都北区と繋がっている。ここからＪＲ京浜東北線に乗って、七百メートル近い荒川橋梁を渡れば赤羽に着く。所要時間四分、二・六キロの距離だ。その赤羽から二駅東京寄りには王子という駅がある。民話「王子の狐火」や落語噺「王子の狐」などで知られる古い街で、駅のすぐ傍には八代将軍・徳川吉宗が享保の改革の一環として整備・造成した花見の名所、明治に入って日本最初の公園の一つに指定された飛鳥山公園がある。千二百七十本の桜の苗木を植えて江戸庶民に開放された飛鳥山は酒宴や鳴り物を容認した。また、すぐ側には音無川（石神井川）が流れ、王子稲荷の参道でもあったため、昭和初期まで料理屋や茶屋が立ち並ぶ景勝地だった。

その一つに「扇屋」がある。創業一六四八年、歌川広重〈安藤広重〉が江戸の有名料理店を描いたシリーズ『江戸高名会亭尽』にも描かれている老舗で、文化・文政期には江戸の料理屋番付でも上位に登場するほどの有名料理屋であったという。広重の絵には川に面した座敷で飲食を楽しんだり、清流で遊んだり、対岸の庭園や周辺の風景を愛でたりと、思い思いに憩いのひと時を過ごす人々の様子が描かれているから、扇屋は現在の音無親水公園がある辺りにあったようだ。

戦後に料亭をやめ、現在は往時より一子相伝の名物「釜焼玉子」の製造と販売を行っている。

王子を訪れたことのない人にとっては、二〇二一年のNHK大河ドラマ『青天を衝け』の主人公で、二四年上半期から二十年ぶりに刷新されることになった一万円札の顔、渋沢栄一ゆかりの地と言ったほうがいいだろうか。別荘時代を含めると半世紀以上も渋沢が住み、また、近代製紙産業が立ち上がり花開いた場所でもある。

もっとも一部の音楽ファンにとっては、はっぴいえんどのセカンド・アルバム『風街ろまん』のジャケットに描かれた都電のイラストレーション（宮谷一彦）でお馴染みかもしれない。アルバムでは三両の都電が坂を行き来しているが、確認できる車両は六番系統の双灯七五二〇形「新橋行」と同系統の単灯六一五四形「渋谷駅行」（後者の方向幕はぼかしてあるが、「霞町　渋谷駅」と推定される)。

ロケーションは飛鳥山公園の脇を湾曲して延びる明治通り・飛鳥大坂、渓谷に架かる音無橋の近くだ。現在は緩やかな勾配だが、かつては難所で、西新宿・淀橋から中野坂上に至る中野坂のように、荷車の後押しで手間賃をかせぐ人もいたという。

このアルバムが発表された一九七一年一一月の時点で、松本隆が言うところの〝風街〟(青山、渋谷、西麻布界隈を結んだ三角形に囲まれた地域)にはすでに都電は走っていなかった。鈴木茂が歌った「花いちもんめ」で駆け抜けた「電車通り」は三年以上前になくなっていたのだ。

松本が宮谷に依頼したところ、「だったらもうあるよ」と言って以前描いた王子の都電の絵を持ってきたので、系統番号(と方向幕)を変えてもらい、くだんのイラストレーションが出来上がったというわけだ。

松本は言う。

「北区に王子公園ってあるじゃない。たぶんその横の坂だったと思う。ただ僕は、王子には数回行っただけで馴染みがなかったからさ。東京タワーの横に、麻布十番から登ってきて虎ノ門のほうに下る広い坂があるのね。その坂に見立てることにして」

「だからあれは現実には存在しない風景なんだよ」

「6番系統っていうのは渋谷から六本木通りをずーっと来て、六本木交差点を東京タワー側に右折し、虎ノ門、新橋に至る路線でね。実家が西麻布にあった頃は、渋谷に出るのにしょっちゅう使ってた。思い出の路線なんだ。『風街ろまん』が出る少し前に廃線になっちゃったけどね」(月刊「東京人」二〇二一年四月号参照)

松本は「王子公園」としているが、北区に王子公園はない。

ともあれ、意識的に都市をテーマにした松本の描いた〝風街〟が、すでに記憶の中にある架空の街だったとすれば、「現実には存在しない風景」こそがよく似合う。だからこそ、風街は「ろまん」たり得た。


なお、飛鳥山公園には一九七八年まで荒川線を走っていた「六〇八〇形」が展示されている。

その王子・飛鳥山であがたは二〇二〇年六月から、敬愛する作家・稲垣足穂の月誕生日（二六日）を目安に「タルホピクニック」と称する音楽集会を開いている。毎月、有名無名を問わず数十人が集まって、エレクトリック＆アコースティックの各種ギターに始まり、アコーディオン、ドラム、フラット・マンドリン、カリンバ（ジンバブエ発祥のハンドオルゴール）、カホン（ペルー発祥の箱型の打楽器）、はたまたラジオ、そしてあがたがワークショップの開催を促すほどに力を入れているシェケレ（西アフリカ起源の瓢簞から成る打楽器）など多種多様、思いおもいの鳴り物を持ち寄り、楽隊と化して、公園はもとより、川辺、時には歩道橋を超え、歩行者が行き交う駅前までも、歌い、演奏しながら自在に練り歩く。醒めた目で見れば、その現実と幻想がない交ぜになったかのような様子はさながらフェデリコ・フェリーニ監督の映画『８½』に出てくるパレード、そういっても大袈裟ではない不可思議さと天真爛漫さを湛えている。知名の音楽家でありながら、この時ばかりは大勢の演者を従えるでもなく、一丸となって遊んでいるのだ。

子ども、老人、外国人などさまざまな人たちが興味深そうに近づき、手を叩き、体で拍子をとり、時には踊る。写真や動画を撮る人も少なくない。特に子どもたちには大変な人気だ。

——「タルホピクニック」はとてもユニークな試みですね。どうして始めようと思ったのですか。

「コロナ禍の中、どう過ごすかという一つの問いかけでもあるけど、ライヴも全然できなくなったし……。とっかかりはそこだよね。一つの表現性として、無目的に、意味をもたずに、ギターを背負って歩くことで、まだ、俺、音楽、忘れてないよ、と。『ギターを背負って歩く練習』って言ってるんだけど。それを毎月集える者が集って、一緒に何かやれたらおもしろいじゃない⁉」

――なるほど。いろんな楽器が集まって、それは楽しいですね。音楽的にはどうでしょうか。

「ボブ・ディランたちが出てきたニューヨークのグリニッヂ・ヴィレッジ、一九六〇年代にあそこが発信したものはなんだろう……。いまになって、あらためてそう思ったりもする。そして、それを（ここに集まる）みんなと共有したい。共有できたらいいなってことかな」

二〇二二年四月二一日、あがたは「レコード・デビュー五十周年」として歌あり、スライドショーありの楽しい記者会見を開き、そこで『愛を乞う第三惑星』と題する小冊子を配った。この中に「何故ギターを背負って歩く練習を始めたか」という一文がある。転載してみよう。

「～王子飛鳥山の紫陽花に歌う、イワガキに向かって歌う、紙を抱きしめて歌う、都営荒川線に向かって歌う、それがイワガキタルホ～

ものの弾み（コロナ下に起因している）とはいえ、飛鳥山の紫陽花の綺麗だった2020年6月26日から『ギターを背負って歩く練習』を始めました。言うまでもなく、その年2月の終わりから初夏にかけて在家、引きこもり、歌う場のなさなど続き、それへの言い掛かりに、かつ、稲垣足穂生誕祝祭百二十年を言い掛かりに飛鳥山散策を始めましたが、それはそもそも、歌を、第三者に表現、発露するというよりは、歌を、内省し、歌を自ら聴くという意味での散策のつもりでした。

自分のために歌っているのかい？　あなたのために歌っているのかい？

自分のために歌っているのかい？　あなたのために歌っているのかい？

自らに歌うが、反転したものまでもが暴走しもする飛鳥山ですが。

むかし『あなた（そのイリュージョンとしても）』のことがすきだったとき、何故か異郷の旅して、電話ボックスからだれかに電話したことありませんでしたか？

『光年分の一時間のずれ』『数百キロの遠方の確認』。

僕らはあなたの距離の確認がしたくて。２０２１年3月27日飛鳥山に森達也が来て、はからずもその話をしてくれた。我ら、王子飛鳥山の集いもそれです。歌謡曲としていえば、それこそが、あなたを求めての巡礼ではないでしょうか？　飛鳥山から音無川まで、渾身の懇願の大混信!!

うろつきとは、さ迷いなり。散歩、道草、求道、外道なり。祈願、巡礼、慰霊なり。パレード、カーニバル、マーチングなり。デモンストレーション、希求、窮鼠、訴求。青空に願いを、花に願いを……お星さまにも願いを！！！

去年の5月寄ってきた子ども達の一人が『どこから来たんだろうね、あの人たち？』って言ったそうだ。そうだね、見抜いているね。オレたちゃ確かにマジカルミステリートリッピィ!!

ぼくの歌がトモへのコトバです。

ぼくの歌がアナタへのコトバです。

あなたといることが、ちっちゃなきっ茶店なのです。

彼方《あなた》を愛することはそれこそがすでにＤＡＤＡ的郷愁であり、既知未知のデジャヴなのでは、ないでしょうか？　そしてそれこそが歌でありそれを探す旅なのではないでしょうか？
イワガキタルホはイナガキタルホのお誕生祝いに毎月第四日曜日に、飛鳥山に登ってタルホピクニックをする」

飛鳥山での月例イヴェントを開く理由について、これ以上の説明はない。私も何度か参加したことがある。久しぶりに楽器を手にして、演奏者の一員となって人前で音を出すというのは、刺激的な行為であることに加えて、散歩や食事や入浴とは異なった何かを癒す効果がある。

「タルホピクニック」は理屈抜きに、楽しく、興味深い。たとえ稲垣足穂の文章を読んだことがない人でも楽しめるようになっている。毎回数十人が集まるのも自然な流れだ。

しかし、あがたにはきっと「タルホピクニック」に至るまでの思いは別のところにあるのだ。そんな気がしてならない。

愛と漂流の五十年

音楽家としてこれまで五十枚ものアルバムを発表し、全国各地でライヴを行い、また、俳優、映画監督としての顔を持つ。言うまでもなく多彩な人脈と交流がある。そして、この音楽集会でも毎月、多数の人間と顔を合わせている。それにもかかわらず、私にはあがたが孤独に映る。それだけではない。彼は私に言ったことがある。「孤独なんだ」と。

なぜなのか。それはひと言で言えば、あがた森魚という人物の放浪性に由来しているのだと思う。定住する場を持てない、あるいは定住することの居心地の悪さを感じているのかもしれない。

「なに、川口に二十年以上も住んでいるではないか」と思う人もあるだろうが、身体の置き場を問題にしているのではない。あがたは日々、独りで漂流しているのだ。たとえ、大勢の人と会っていたとしても……。

「漂流」という意識は、還暦を迎えた二〇〇八年に、北は稚内から南は石垣島まで全国六十数カ所を回ったライヴツアーを「あがた森魚『惑星漂流60周年!』」と銘打ったことからも明らかだろう。

世界の中に自分を完全に埋没させ、何物かを凝視し、抽出する。そんな行為を繰り返した果てに、あの標本箱に虫ピンで止められた玉虫やミスジアゲハやノコギリクワガタのような珠玉の作品が私たちに届けられるのである。脳内で緻密に組み立てられた人工美でありながら、あたかも自然に存在しているものを丁寧にすくい取ったような楽曲が詰まったアルバムは時間や国境を飛び越えてやって来る標本箱なのだ。

あがたから「孤独」の二文字を聞いたのは二〇二〇年の春に初めて出会ってから一年後くらいのことだ。インタヴューならともかく、知り合って日も浅い人間になぜそんなことを明かすのか真意は計りかねたが、その時以来、彼のことを考える一つの言葉として私の中で強く意識されるようになった。

だけれども――。考えてみれば、あがたは孤独であるからこそ想像と創造という二つの翼を半世紀も広げ続けていられるのだ。創作という行為は基本的に孤独な作業から成り立っていることが少なくない。繰り返しになるが、ある対象の中に自分を完全に埋没させ、ただ、対象を凝視するという行為はひとりになることで初めて可能になる。

フランスの哲学者エマニュエル・レヴィナスは述べている。

「主体の孤独とは、そもそも主体が救いの手を差し伸べられることなく存在しているという事実ではなく、主体が自分自身の餌食として投げ出されている、自分自身の中に引きずり込まれている、ということなのである」

つまり、あがたは自ら孤独な状態に身を置いているのだ。

彼がよく「愛」を口にし、歌にするのも、孤独によって愛情が増幅され、より濃厚になっているからではないか。

初めて会った日からさらに一年以上経ったいまなら、少しは彼の気持ちがわかるような気がする。きっと創造のために必要な孤独と、生身の人間としての孤独の間で葛藤しているのだ、と。でなければ、「孤独」などと他人にうっかり呟くこともないはずだ。

一九七二年の『赤色エレジー』から始まったあがた森魚の航海はとうとう世紀の折り返し点に到達した。「三十歳以上の奴らを信じるな」（Don't trust anyone over thirty）、「歳取る前に死にたいぜ」（I hope I die before get old）といったロック・イディオムが飛び交っていた時代に帆を上げ風を受けて走り続けてきた時空間。その心中は端倪《たんげい》すべからざるものがある。本人もよもや半世紀もの音楽生活は想像だにしなかっただろう。

飛鳥山では毎月、「ココアシガレット」のパッケージを図案に採り入れたカードを参加者全員に配っている。懐かしい！　という人もあろう。念のためにココアシガレットを簡単に説明すると、「シガレット」の名前通り、煙草を連想させるネイヴィブルーのパッケージに砂糖・ココア・ハッカ等を原料にした紙巻きたばこ状のラムネ菓子が六本入ったものだ。一九五一年から続くロングセラーで、三枚組の大作『永遠の遠国』のボックスにも、このレイモンド・ローウィが手がけたピースを模した意匠の箱がオマケとして詰められた。

　あがたは先の小冊子に書いている。

「僕のレコードジャケットが、いつも、附録やオマケでいっぱいなのは、佐藤敬子先生のアイデアでクラスメート全員で描いて束ねてくれた画集の、なにものにもかえがたさの、胸がきゅんとした嬉しさが忘れられなかったからだろうか」

　また、あがたが一九七四年に発表したアルバム『噫無情』（レ・ミゼラブル）をプロデュースした松本隆はライナー・ノーツに寄稿し、副題でその本質をいみじくも看破した。「懐古ではなく、懐古へと逆流する現在を」と。松本の謂《いい》に従えば、あがたは世の中の何もかもが新しさを求める中で独り、時代に抗《あらが》っていたのだ。

　最後のパラグラフではこう綴られている。

「ぼくたちには還る処がない。満州の荒野もない。テープ千切れる波止場もない。暗紅色に彩られるダンス・ホールもない。ザ・ヒロシマもない。だから還れぬ処へ帰らねばならぬ。未来の愚しさを知りすぎた少年たちよ、少女たちよ。だから抱《いだ》きあい、死合わせに眠くなりたまえ。惜春の嗚咽をひとりの少年が唄うから。星の驟雨《スコオル》。淡青色の郷愁《ノスタルジア》。微かな単音《モノトオン》が呼吸《いきづか》う。〈昭和〉の子らよ、さあ耳をすましたまえ落魄の琶音《アルペヂオ》に、愛《かな》しき揺籃《ゆりかご》の唄に」

　そう、あがた森魚の歌唱はあらかじめ失われた惜春の嗚咽であった。

目次

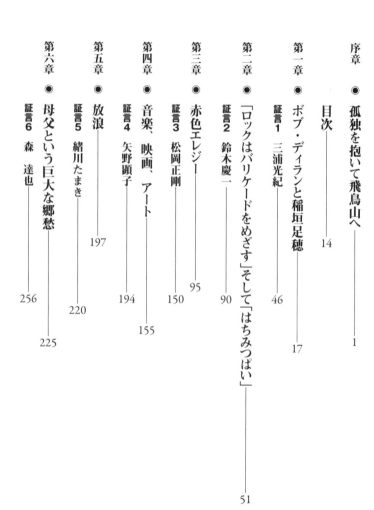

装幀／永野武宏

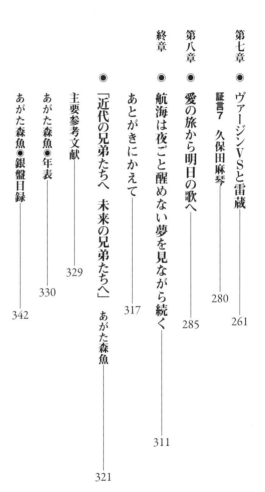

第一章◉ボブ・ディランと稲垣足穂

上：2021年　寄稿している『稲垣足穂の世界』と
下：1965年　函館ラ・サール高校 クラスメートたちと

一九六五年の「ライク・ア・ローリング・ストーン」

ハンク・ウィリアムズ、リトル・リチャード、エルヴィス・プレスリー、ウィリアム・ブレイク、アルチュール・ランボー、ディラン・トマス、ロバート・ジョンソン、ポール・ヴェルレーヌ、ウディ・ガスリー、ジョン・スタインベック、ビッグ・ジョー・ウィリアムズ、アレン・ギンズバーグ、ジョン・キーツ、ローリング・サンダー、レッドベリー、ジャック・ロンドン、ブルース・ラングホーン、ジョーン・バエズ、ハーマン・メルヴィル、ランブリン・ジャック・エリオット、アーネスト・ヘミングウェイ、バディ・ホリー、ジャック・ケルアック……。

これはおもに『ボブ・ディラン 瞬間の轍1〜2』(ポール・ウィリアムズ)、そして『ボブ・ディラン ロックの精霊』(湯浅学)に名のある人々の名前である。

ここにはミュージシャンを中心に、詩人と小説家、そして、一人のニュー・エイジ・スピリチュアリストがいる。その一人とは、ヒッピーの精神的支柱とされたネイティヴ・アメリカンのメディスンマン(呪術師)、ローリング・サンダー。ボブ・ディランが米国建国二〇〇周年の節目に行った歴史的ツアー、「ローリング・サンダー・レヴュー」に名を冠された人物だ。

この中に、女性は一人。存命者は二人。彼らはボブ・ディランになんらかの影響を与えたのだという。

もし、あがた森魚が遠い夏の日、「ライク・ア・ローリング・ストーン」を聴いて、名状し難い衝撃に全身を撃ち抜かれたのなら、かつてビートニクの精神がディランを経由して、ヒッピーやサイケデリック・カルチャーへと辿り着いたように、やはりディランを通じて、冒頭に挙げた表現者たちのエッセンスをも受け取っていたのだと思う。

バッファロー・スプリングフィールドはアルバム『バッファロー・スプリングフィールド・アゲイン』において、自分たちが影響を受けた人物をデディケーションとして列記した。同バンドに近づくことを標榜したはっぴいえんどは、『ゆでめん』の通称で知られる最初のアルバムジャケットにやはりそういった人物の名を書きつけた。

たとえ、あがたがここに挙げた人物からの影響を感知していなくとも、そういうことは十分に起こり得るだろう。音楽が文化の先頭に立っていた時代が確かにあったのだ。

「ライク・ア・ローリング・ストーン」は一九六五年七月二〇日、米コロムビアから発売された。八月三〇日、同曲を収録したアルバム『追憶のハイウェイ61』(Highway 61 Revisited) 発売。この時ディランは二十四歳だったが、すでに六枚目のスタジオアルバムである。日本では一〇月になって、シングル盤が日本コロムビアより発売された。

ラヴソングでもなく、故郷を思う歌でもない。きれいな身なりで、乞食に十セント硬貨を放り、人の言葉にも耳を貸さず冷笑で返していたような女性（ミス・ロンリー）が後年、路上生活をするまでに零落した時、「どんな感じがする?」「まるで転がる石コロのようになったというのは?」と問いかける皮肉な歌詞の歌だ。

ディラン最大のヒット曲であるばかりか、六〇年代のロック変革期を象徴する曲とされ、彼の存在を「神話的レヴェルにまで高めた作品」との指摘もある。

当時函館ラ・サール高校二年生のあがた森魚こと山縣森雄はある夜、その曲をふと耳にする。「(音楽チャートを掲載することで知られたアメリカの雑誌)『キャッシュボックス』で一位、

『ビルボード』で二位（一位はザ・ビートルズ『ヘルプ！』）。僕の記憶では、その前の週のローリング・ストーンズの『サティスファクション』が一位で、次の週にはサティスファクションを蹴落として、ボブ・ディランの『ライク・ア・ローリング・ストーン』が一位になったってラジオで言っていた記憶があるんだよ。二週続けてこの曲をかけたんだ。『ボブ・ディランのライク・ア・ローリング・ストーン』って言われて聴いたんだよね。一週目の時はてっきり黒人のブルースシンガーだ、と。いまは六十歳って言ったって若いけど、当時の六十歳って言ったらけっこう老人だから。そんな年老いたブルース・シンガーがなんかエキセントリックなサウンドで歌ってるなぁと思ったね。だいたい、一九六〇年代半ばの函館だから、十六歳の僕は普通の高校生だったし、大滝（詠一）さんみたいにFEN（米軍極東放送）なんて聴いてなかったから。

夜の一〇時ごろの番組だったから、よく言う深夜放送ではない。アメリカからの国際電話でこっちのDJと語るわけ。語るって言っても、向こうは英語でこちらは日本語で喋ってるわけでね」

——ホットラインで繋ぐ感じですか。

「そうそう。もうリアルに今週のヒットチャートはこのボブ・ディランっていうのがすごいんだってことを最新情報として、こうグッとくるわけじゃない。そのころはストーンズとかビートルズとか、まぁリヴァプール系をはじめとするイギリス勢がほとんどなわけだけれども。で、ボブ・ディランのそれがかかってね。変な歌だなぁ。でもなんかくる不思議な歌だなぁと思って」

——ハーマンズ・ハーミッツ然り、ブリティッシュ・インヴェイジョン（英国文化が米国を席巻したことを指す）全盛期ですからね。

「そうそう。それでその時に前振りとして『これは実は二十四歳の白人の青年が歌っている歌で……』ということを聞いて『え〜!!』って、そこで覆されたんだよ。『じゃあ、そのライク・ア・ローリング・ストーン、今週もお聴きください！』って、バーッとかかったわけね。その時二度目だったっていうのもあって、やっぱり、バーン！　とスネアの音で始まる例のサウンドがものすごい衝撃的だった。それが六月か七月かわからないけど週ずれか月ずれくらいで、でもホットチャートでそういうのやってて。僕の中ではともかく夏だったたっていう記憶がある。

ただ、二週続けて聴いてから、クラスメートで同じ演劇部に所属していた酒井正敏と西村博と三人で『ボブ・ディランだよなぁ！』ってなって。ボブ・ディランがこの年に『ライク・ア・ローリング・ストーン』を歌ってヒットしたがゆえに、彼らと大親友になるわけね。そのうえ、似たようなボヘミアン的なさ、ヒッピーの子どもみたいなさ、なんかいつも長髪にしてさ、雨も雪も降ってないのに長靴履いて学校行ってさ、ヨレヨレの学ラン着てさ、髪はいつもグシャグシャでさ。で、ディランだぞ、俺たちは！　みたいな。ディランについては、全校探してもこの三人以外、こんなにかぶれた奴はいないだろうって」

――進学校のラ・サールだったら、なおさら異色ですよね。

「そうだよ。異色で、しかもはみ出してる。おまけに神学校（カトリック系ラ・サール修道会経営）だから、ダブルの意味でシンガッコウ（笑）。で、西村に『ボブ・ディランが故郷のミネソタからニューヨークに出て行ったようにさ、俺も早くニューヨークに行ってみたいんだ！』って、事あるごとに言ってて。『でも、まずは東京出なくちゃな！』って。

どういうわけか、学校中探してもこの三人しか『ボブ・ディラン、かっこいい！』って言う奴がいないわけだよ。まぁ、いいなって興味を示したぐらいならどこかにいたかもしれないけど、周りでは『ボブ・ディラン！　ボブ・ディラン！』なんて騒いでいたのは僕たちだけだった。

何年か前（二〇一六年）にノーベル文学賞をもらったとき、もしかしたら、あぁ、あいつら、意外と先見の明があったんだなぁなんて（同級生から）思われてたかもしれないなって（笑）。ボブ・ディランってなんなんだよって、ずーっとみんなから思われてたんじゃないかなぁ」

「キャッシュボックス」のアーカイヴによると、一九六五年はザ・ビートルズ、ライチャス・ブラザーズ、ペトゥラ・クラーク、ハーマンズ・ハーミッツ、ザ・ローリング・ストーンズ、ソニー＆シェール、ザ・スプリームス、フォー・トップス、ザ・バーズが複数回、同チャートの一位を記録。ちなみに、ディランがトップに立ったのは九月一八日。前週のザ・ビートルズ「ヘルプ！」を蹴落としての一位だった。

楽しげに語るあがたの言葉から当時の熱狂ぶりが伝わってくる。しかし、当時「ライク・ア・ローリング・ストーン」に衝撃を受けたのは当然ラ・サールの三人組だけではない。海外でも、ジミ・ヘンドリックスは一九六七年の「モンタレー・ポップ・フェスティヴァル」で同曲を演奏している。その他、カヴァーしたアーティストを加えると、ラスカルズ、デヴィッド・ボウイ、ニール・ヤング、ミック・ロンソン、ボブ・マーリー、ドクター・ジョン、ジュディ・コリンズ、ジョン・メレンキャンプ、グリーン・デイ……と枚挙にいとまがない（特にザ・ローリング・ストーンズはミュージック・ヴィデオを〝魔術師〟の異名を持つフランスの映像作家ミシェル・ゴンドリーの手により、見応えある一篇に仕立て上げた）。

遠藤賢司も友部正人も出発点はこの曲だった。また、宮谷一彦も一九六九年、手塚治虫が手がける漫画雑誌『ＣＯＭ』において『ライク ア ローリング ストーン』と題する自伝的作品を六回連載で発表した。序章にも記したが、宮谷ははっぴいえんど『風街ろまん』の中ジャケットに風街を行く都電の精緻なイラストレーションを提供した漫画家である。

一九六〇年代後半から学生運動が終焉を迎える七〇年代前半までの五年間は、単に年代区分で捉えてもわからないことが多い。時代が意識で動いていたからだ。民衆が社会と時代を突き動かした。幻想であるにせよ、そういう意識を曲がりなりにも持ち得た五年間でもあった。

「規制の制度への異議申し立てを行ったのは何も政治運動にかかわった学生だけではない。文化全般、特に映画とロック、そして日本では、マンガの分野で一挙にラディカルな反逆と革新が続いた」と、中条省平（学習院大学教授）は宮谷の作品解説で指摘している。

はっぴいえんどの写真などで知られる写真家・野上眞宏はこの時代についてこう語る。

「ノンポリ（非政治的／筆者註）のぼくでさえ、抑圧や偏見に満ち一方的な経済論理だけでできた世界にかわって新しい世界が生まれようとしている、今までの世代にはない魂を解放する全く新しい何かが起こるんだ、というナイーブな気持ちでいっぱいだった。その中心になるのが、ニュー・ロック文化だと思っていた。だから、ぼくはミュージシャンではなかったけれどもそれに携わるのがとても楽しかった」

ちなみに、この言葉はタワー・レコード「NO MUSIC,NO LIFE ?」シリーズのはっぴいえんどのポスターとなった彼の写真に付されたものだ。あがたや遠藤や友部や宮谷らが「ライク・ア・ローリング・ストーン」にこぞって惹かれていった事実からすれば、多かれ少なかれ、この時代に青春を生きた者はある精神や意識を共有していたということだろう。

もし、中条の言葉に一つだけつけ加えるとすれば、「映画とロック、マンガ」だけでなく「演劇」もそれらに負けぬだけの反逆的な、もしくは革新的な姿勢を示すだけの強度を持っていたことだ。瓜生良介の「発見の会」、寺山修司の演劇実験室「天井桟敷」、唐十郎の「状況劇場」（紅テント）、鈴木忠志・別役実の「劇団早稲田小劇場」、串田和美の「自由劇場」、太田省吾の「転形劇場」、佐藤信の「演劇センター」（黒テント）、流山児祥の劇団「演劇団」、東由多加の「東京キッドブラザース」……。「アングラ演劇」と呼ばれた彼らの舞台を観るために、また、舞台や公演を作るために、四谷シモンや篠原勝之や横尾忠則や森山大道や山下洋輔など、あるいは瀧口修造や檀一雄や澁澤龍彦や土方《ひじかた》巽や白石かずこなど、各界からさまざまな才能が汎ジャンル的に集まったのである。細野晴臣、松本隆、そして、二〇二二年四月に惜しくも他界した小坂忠《ちゅう》らが在籍したエイプリル・フールも東京キッドブラザースのロック・ミュージカル『続・東京キッド』に演奏で参加している。

そうした中、あがたも音楽で武装して私たちの前に現れた。その背景にはやはりマンガと演劇があったのだ。

「ライク・ア・ローリング・ストーン」が発表された一九六五年は、米軍が東南アジアで最初の社会主義国家・北ヴェトナム（ヴェトナム民主共和国、南北統一後はヴェトナム社会主義共和国）を爆撃開始。公民権運動活動家マルコムXの暗殺（二〇二一年、犯人とされた二人の有罪判決取り消し決定。ニューヨーク市警とFBIが共謀して殺害した疑いがある）。アメリカの北爆に反対し小田実、鶴見俊輔らが「ベトナムに平和を!市民連合」（ベ平連）を結成。中国が文化大革命の口火となる論争を激化……。

ヴェトナム人の犠牲者は軍民合わせて少なくとも百二十万人という推計があり、また、文化大革命に至っては、中国当局の公式発表は四十万人だが、一千万人との説もある。

その一方で、歌謡界では、加山雄三『君といつまでも』、北島三郎『函館の女《ひと》』が共にミリオンセラーを記録。映画では、ジャン＝リュック・ゴダール『気狂いピエロ』、黒澤明『赤ひげ』、石井輝男『網走番外地』など記憶に残る作品が巷間を賑わせた年でもあった。

あがたの言葉に入る前に、当時の音楽状況を別の角度からみてみよう。

一九四〇年代終盤、当時コロムビア・レコードと並んでアメリカの二大レコード会社のひとつであったRCAレコード（現ソニー・ミュージックエンタテインメント）が四十五回転のレコードを実用化。瞬くうちに主流となり、SP盤（七十八回転盤）を廃れさせた。

SP盤は酸化アルミニウムや硫酸バリウムなどの微粉末をシェラック（カイガラムシの分泌する天然樹脂）で固めた混合物を主原料としており、針圧が百グラム以上の鉄針のトレースに耐えられる硬度を持つ一方、非常にもろく落下や衝撃に大変弱い。また、天然有機物を原料に含むためカビの発生防止も課題だった。一方、四十五回転盤はヴィニールで作られており、割れにくく容易に持ち運べるようになった。

ところが、それでも大半のヒット曲は相変わらず短いままだった。テクノロジーの進歩は楽曲の時間に大きな影響を及ぼさなかったことになる。

一般にラジオでエア・プレイする場合、放送局は長い曲より短い曲を好みがちだ（それはいまも基本的なところでは変わらない。いや、YouTubeや音楽配信サーヴィスなどで容易に聴けるようになった今日、全体平均ではさらに短縮される可能性もあるだろう。曲がバラ売りされることで、以前のようなコンセプト・アルバムは事実上消滅し、一つのナンバーをじっくり聴き込むという気分になりづらくなっているからだ)。

あがたが函館でディランに衝撃を受けた当時、ポピュラーソングはほぼ二分から三分、長くても四分までだった。一九六五年のヒット曲はおよそ次のようなものである。

ザ・ローリング・ストーンズ「サティスファクション」〈I Can't Get No〉Satisfaction)/三分四十四秒。ハーブ・アルパート&ザ・ティファナ・ブラス「ビタースウィート・サンバ」/一分四十三秒。ハーマンズ・ハーミッツ「ミセス・ブラウンのお嬢さん」(Mrs.Brown,You're Got a Lovely Daughter)/二分四十六秒。ザ・ライチャス・ブラザーズ「アンチェインド・メロディ」/三分三十五秒。フランス・ギャル「夢見るシャンソン人形」(Poupée de Cire, Poupée de Son)/二分三十一秒。ザ・スプリームズ「ストップ・イン・ザ・ネイム・オブ・ラヴ」/二分五十二秒。ザ・ビーチ・ボーイズ「カリフォルニア・ガールズ」/二分四十六秒。ザ・ビートルズ「イエスタデイ」/二分三秒……。もう十分だろう。

その中で、「ライク・ア・ローリング・ストーン」は六分九秒と異例の長さであることがわかる。大半の曲の二倍の尺があったのだ(七〇年代に入り、ピンク・フロイド「エコーズ」〈二十三分三十一秒〉やアモン・デュール「ラヴ・イズ・ピース」(十六分五十六秒)のように、プログレッシヴ・ロックやエクスペリメンタル・ロックのグループを中心にLPの一面を独占するほどの大作が頻繁に登場するようになる)。

これは単に時間の問題ではなく、曲の構造そのものが違っていることを意味する。

──「ライク・ア・ローリング・ストーン」が登場するまでは、どういう曲を聴いていましたか。

「これがロックだなって素朴に思ったわけです。僕は。それまではビートルズやストーンズもさほど興味なくてね。やっぱりビーチ・ボーイズとかフィル・スペクターとか、そういったものがカッコよくて気持ちよかったんだよね。ただ、それだけのミーハーだったんだけどね」

——ぱっと聴いた印象はともかく、あがたさんの音楽にはそういうものも溶け込んでいますけれどね。「ビー・マイ・ベイビー」に至ってはカヴァーしているわけですし。

「ディランのサウンドよりそっちのサウンドだからね、むしろ。僕のやりたい音楽は」

——あがたさんはラジオでディランを聴いて、一言で言うと、衝撃を受けたと。それで、一カ月後にシングル盤を買ったわけですね。一九四八年九月のお生まれですから、十七歳になってすぐくらいに買ったことになりますね。

「日本で一〇月(の発売)ということは、すぐ買ったのかもしれないし。待ち遠しかったね。聞いて、数日のうちにレコード屋に行って買ったような印象もあるし。でも僕は夏に聞いた記憶があるから、一、二カ月待ったんだよね。買ったのが十七歳になりたてだったということかな」

——確かB面が「風に吹かれて」(Blowin' in the Wind)でした。「風に吹かれて」の方は「アメリカ公民権運動の賛歌」とも呼ばれるなど、アンセムとも言うべき時代の代表曲になっていますけれども、当時のあがた少年はこちらは大したことがないなと思ったわけですね。

「こっちは僕の趣味じゃないって感じだよね」

——そういうことも繋がってくると思いますが、小さいころにヴァイオリンを習っていたとか。

「あぁ。いままで気恥ずかしくて、あまり人前で言うことはなかったんだけど、確かにヴァイオリンを習ってた。小樽時代。三歳~四歳から三、四年は習ってたはず。小樽から青森に越した小学校三年生の春だったから。

音楽的感性・才能において、自分は不向きだと思った。ヴァイオリンを習わせたのは、別に英才教育をさせたかったわけじゃなくて、僕への、なんかこう、生活の規律を持たせるためっていうか、そういうものの一環として習わせた。そんな風に、父親は僕に言ったんだよね。いろんな思い出があるけど、ただ、自分ではよくわからないけれども、じゃあ、はたして情操教育としてそのヴァイオリンを習ったのかどうか。そういう視点には立ちたくないけれども、あそこでヴァイオリンを習ってなければ、僕の音楽的資質や感性が育まれたかどうか。まぁ、それなりにはあったと思うけれども。その意味で、小さいころにヴァイオリンを習ったっていうのは大きかったんじゃないかなと思う」

——あがたさんが生まれたのは敗戦の三年後。時代背景を考えれば、幼児にヴァイオリンを習わせるというのは大変なことというか、かなり珍しいことじゃないかなと思います。

「まぁ、言うとなんだけど、運輸省の海運局に勤めていたから、生計的ゆとりがないわけではなかった。当時はピアノを持っている家だって、そうそうないし、ヴァイオリンなんてなおさらだったかもしれない。

生活に規律を持たせるために習わせるにしては、随分ハードルが高いし、一般家庭にはそんなに馴染み深い楽器でも習い事でもないわけだからね。父親は何か託したいものがあったのかな。

当時ヤマハのヴァイオリン・システムとちょっと名前が違う全国組織があったんだよね。小樽には『千葉ヴァイオリン教室』っていうのが同じ入船町のちょっと離れたところにあったんだけれども、ともかく千葉先生のハイカラなお家に行くと、まぁ、小学生や就学前の子どもばかりだけども、毎回五人から十人くらいの生徒がいた」

――ええ。

「教室へ行くと、チューニングの音がしてね。それが得も言われぬエキゾティックなサウンドだったわけ。チューニングのアンサンブルがいいんだね。それが表現に聞こえるわけ。教室では実際は（童謡の）『きらきら星』とか簡単な曲をやるだけなんだけど。でも、そう簡単には上達しないし、ともかくその習い事が苦痛だった」

――聞くところによると、あがたさんはおうちが厳格だったとか……。

「そう。当時は家父長制度的なものの延長にスパルタ教育的なものが普通だったんだ。で、なかなか上達しないから、うちに帰ったら、父親が教えるわけじゃないんだけれども、ああじゃないこうじゃないって、叱られたり、指導を受けた記憶があるんだよ。俺が時々ギャーギャー喚いたりするのも、良く言えば、父親の厳格で、誠実な人柄が反映されているからかもしれない。それは否定したいことではないんだけれども、ともかく厳しかったから、そのことで自分に音楽の才能があるのかないのかわからないけど、それ以前に。なんでここでやらなきゃいけないのかなぁって思いがずっとあって。

いまでも覚えているのは、家から坂道を下りてバス通りまで出て、また坂道を上ったところに千葉先生の教室があった。『ねんど山』っていうのがあって。粘土質の赤土の山なんだけど。その脇を小さなせせらぎが流れていて、まぁ、行きたくないから、しばらくそこで遊んでから行くんだ。うっかりしてヴァイオリンを流してしまうかもしれない川っぷちで水遊びをする。そうすると、少し気持ちを切り替えられるんだ」

――ちょっと話題が変わります。棟方志功は（青森市立長島）小学校の大先輩でしたか。

「はい、棟方志功。うん」

──棟方志功におけるゴッホが、あがたさんにおけるボブ・ディランみたいなものですね。二人はそれぞれ「ひまわり」と「ライク・ア・ローリング・ストーン」に心を奪われた。志功には「わだばゴッホになる」という有名な言葉がありますけれども、それに倣えば、あがたさんも「わだばディランになる」というふうに少なからず思ったわけですか。

「そうだね」

──そこで、ラジオでディランを聴いて、雷に打たれたような衝撃を受けて、もう東京に行かねば！　と。すぐにそう思ったのでしょうか。東京で音楽をやりたいというふうに。

「まぁ、もちろんそう思ったけども、まだ高校二年生だったから。とにかく高校卒業して早く東京へ出て、大学に入って音楽活動をしたいなぁ、と。もう瞬く間に思った。その夏に聴いたとして、秋にレコードを買ったとして、もうそのころには、俺はボブ・ディランかなぁ、ボブ・ディランをやるのかなぁって思い始めたし。その年末には曲を作ったりしてる」

──その時には、もうすでに自分のギターを持っていたのですか。

「いや、持ってない。父親が定年退職して、途中から家が二回ぐらい引っ越しするんだけれど。函館市内でね。で、最初潮見中学校に通って海の見える潮見町に住んで、そのあと八幡町っていう五稜郭の近くに引っ越して。そこに行ったら、隣にクラシック・ギターをやる先輩たちがいて。北海道教育大学函館分校の岡田さんや寺島さんっていう人たち。彼らは三人で住んでたんだけど、そこによく遊びに行って上がり込んで……。ギターを、アコースティック・ギターじゃない。ガット・ギターがそこにあったから、それで」

――ガット・ギターだとアルペジオですかね。

「『アルハンブラの思い出』（Recuerdos de la Alhambra）とかさ。ああいう楽曲をちょっと、まぁ、習ったでもないけれど、教えてもらってさ」

――タン、タ、タン、タ、ターン、ってやつですよね、ちょっと悲しげな（笑）。やっぱり楽譜がないから、いきなり「ライク・ア・ローリング・ストーン」へはいけないわけですね。

「だからその瞬間から、まぁ仮に曲を作るんでも、楽器がないとできないなぁと思いながらも、実際自分の私物としてのギターはその時持っていなかった。だからともかくボブ・ディランをやるにはどうしたらいいのかなぁっていう。けれども、楽譜を買った記憶はない。いまだったらネットで聴いて耳コピしたりするんだろうけれども、それ以前に当時は僕自身がコピーしたりカヴァーしたりしようという意識が全くなかった。でも、自分で曲を作ってみたいなって気持ちにはなった」

――最初からそういう思考というか、方向性だったわけですね。

「そういう方向性だったわけじゃなく、なんでかわかんないけども。ともかく、そういうふうにしたかったわけです」

――それは、最初から自分で歌を作りたい、自分で作らなきゃという気持ちだったということですか。

「自分で歌を作る。オリジナルをやりたいっていうね」

――よくあるパターンとしては、やはりまず、コピーして、まぁ、高校でも大学でも、だいたい軽音楽部とかロック研究会とかっていうクラブやサークルがあって、好きなミュージシャンの、この曲を演奏したい！　この曲をうまく弾いて、歌えるようになりたい！　と。で、毎日のように練習する。自分の知ってるところではそういうのがほとんどで、ひょっとしたら、ライヴハウスに出るようなバンドでもいくらかは誰かの曲を……。でも、あがたさんの場合は、最初からもう自分の曲を作ろうというふうに、ボブ・ディランを聴いて、数カ月でそういう気持ちになっていったわけですよね。ただ、ギターをすぐ手に入れたわけでもなく。

強い音楽志向が芽生えてきてからも、しばらくは演劇活動を続けたわけですか。

「演劇活動っていうか。ともかく演劇部に所属していてね。だからこれも本を正せば、なんで演劇なのかなぁ。子どもの時、例の『海底二万哩《マイル》』のネモ船長に出会って、それからカバヤ文庫の『宝島』に出会って……。東映のチャンバラ映画やいくつかのヒーロー物語が僕の中にあったわけだけども。うーん。なんだろうね。たとえば、あとは芥川（龍之介）なのかなぁ」

——あぁ。芥川龍之介はすごく憧れたというか、好きで？

「そう。『蜘蛛の糸』をラジオドラマで聴いたのがきっかけかな。小学校五年くらいの時に。地獄から這い上がろうとして、空から蜘蛛の糸が一本垂れてて、そこにみんなが我先に『天国へ行こう』という、なんかそのシーンが印象深かった。しかも、それがさ、ラジオドラマなのに、なんて目に見えるように演出されてんだろうって。それが驚きであり、かっこよかった」

——あがたさんの表現世界の、おそらく大半は東京に出てくる前にあったわけですね。

「そうだね。まさに。でも、みんなそうなんじゃないの、やっぱり。物心がつくかつかないかのころに体験したことや、小中学校くらいで体験したことが、元になってるんじゃないのかな」

——その後のある音楽とかある場所とか楽器とか、それぞれがスタイルや歴史を持っていて確固たるものになっていくと思うんですが、そういった部分で、あがたさんが表現手段を少しずつ手に入れつつ、上京するまでの間に見聞きして興味をもったものを表現していった。乱暴な言い方をすると五十年間、それをずーっとやってこられたのかなっていうふうにも思います。

「良くも悪くも、だいたい十代で体験したこと、十代の終わりの大学、締めくくりは、僕は一九六七年から六八年にかけて浪人して。で、その年に大学に入って、御茶の水でカウンター・カルチャーや全共闘という時代の風潮とも触れた。七〇年には、三島が自決して」

——三島由紀夫、七〇年ですね。一一月でしたか。

「一一月だね。彼が自決して、その前年に全共闘運動のシンボルのような安田講堂が崩壊して。まぁその辺までで、僕自身の感受性や考え方のベースが大方できたと言っても過言ではない」

——三島はけっこう読みましたか。もしかすると、文学者になりたいと思った時期もあった?

「そうだね。なんとなく文学的なものへの憧れがあったからね。ものを書く人になりたいなぁと思っていた。小説を書きたいという気もあったし。ボブ・ディランに出会わなかったら、北海道新聞か地方紙の新聞記者になって、その地域で物を書いてたんじゃないかなっていう」

——先ほども伺いましたが、男の子に音楽を習わせるということは、家の中でも音楽が流れているような、そういう環境だったのでしょうか。

「そうね。一番覚えているのはタンゴのレコードがいっぱいあって、よくかかってた」

——少年時代からタンゴを?

「うちの場合は、当時流行の主流だったコンチネンタル・タンゴ（ヨーロピアン・タンゴ）のほうだった。蓄音機でSP盤をかけて、父と母が畳の上で、着物着て足袋履いて、摺り足で踊ってた。自分たちの社交ダンスの延長の振り付けで、タンゴを二人でこうやってね（と踊る振りを見せる）。そのオリジナリティが、すごく印象深い（笑）。僕の音楽性のルーツはそこかもしれないくらいにね（笑）」

――そういう意味ではタンゴが、あがたさんのルーツ・ミュージックと言えるのかもしれませんね。アルバム『バンドネオンの豹《ジャガー》』（一九八七年）は生まれるべくして生まれたというか。

「その体験の記憶は、どこかでやっぱりね。別に厳密にタンゴ歌手ではないんだけれども、タンゴという音楽の得も言われぬ、なんかこう、あの不思議なグルーヴが僕の中にそもそもあったんだろうなっていう感じはする。それは父や母が、特に父がそれを好んでたっていうその感性の部分も含めて、なんかタンゴっていうのは、僕の体質に近い音楽だったんだね」

――ええ。

「タンゴはやっぱりイベリア半島発祥の音楽なんだよね。（アルゼンチン・タンゴの場合）アルゼンチンとブラジルは隣接してるから。ラプラタ川のあの界隈を境にして。ブエノス・アイレスが、どうしてタンゴという音楽を育んだのか。まぁイタリアからの移民の要素もあれば、スペインからの、フランスからの移民の要素もあったんだろうけども、なぜ隣のポルトガル系のブラジルと表裏一体のようなグルーヴになっていったのか。しかも、ブエノス・アイレスという都市の中で発達した。ボカっていう港町を中心に、当初は港に集う船乗りとか、ちょっとやさぐれた男たちやそういう男たちを相手に商売をしている女たちの集う酒場から発祥した音楽。ありがちな、だけどバンドネオンを中心にして、独特なサウンドやグルーヴを作っていったというね。

僕が港町育ちであるということとも当然通じるわけだし。初期のタンゴは、『アルゼンチンのこのブエノス・アイレスに、俺たちゃ流れて来ているけど、いずれヨーロッパに帰って故郷に錦を飾るんだ。その束の間、やむにやまれずここでやさぐれてるんだ』なんていう情けない歌詞が多いわけだけど。そういうタンゴの持っている望郷だったり、しょうもない男のブルース。そういう歌であったり。でも、タンゴって必ずしもそんな悲しい歌ばかりには思えないんだ」

――タンゴの位置づけを詳しく知らないのですが、たとえばヨーロッパだと、ポルトガルには民族歌謡のファドがあり、また、ポルトガル語を母語とするブラジルのほうでもサウダーヂという言葉がありますね。必ずしも寂しさや悲しさとは限りませんが、ファドが「宿命」を意味するように、望んでもどうにもならない感情を表現して、歌にする。スペインのフラメンコにもそれに近いものがあると言われています。もちろん、ラテン民族を一括りにはできませんが、そういうことを音楽にするというのは、明るいようでいて、実はうらはらなものを抱えているのかな、と。

「まぁ僕が言う以前に、そういうものであることは確かだし、ブラジル音楽が底抜けに明るいわけではないんだけども、何か音楽に託した突き抜け方みたいなものね、ブラジルの人たちの底力はすごいと思う。だから僕が王子・飛鳥山でやっている『タルホピクニック』は、シェケレやトリ・アングロなどのブラジルのパーカッションが重要な意味をもっている。逆にアルゼンチンの方は暗いんだよね。やっぱりね、どこか、口の重い音楽だと思ってるんだ。だから津軽の『じょんがら節』のようなものでもあると。

アルゼンチン・タンゴは、最初はギターとフルートとピアノから始まっていった。で、なぜかわからないけど、ドイツ生まれのバンドネオンがいつのまにかアルゼンチン・タンゴの顔になっていくんだよね」

――あぁ。ハープで有名なホーナー（ドイツの楽器メーカー）もバンドネオンを出していますね。

「キリスト教の一環としてドイツのほうから運ばれてきたんだろうが、なぜ、それがタンゴと合致したのか。あの、まぁ、そう、ハープなんかもそうだけれども、そのリードの響きって絶妙でね。また、絶対的郷愁感があるよねぇ」

――ところで、時系列に沿って言えば、一年浪人されるわけですね。横浜に行くのはいつですか。

「上京したということは、まず最初に横浜に越したっていうことなんですね」

――これはお父様のお仕事の関係？

「父親が、運輸省海運局函館支局（現・国土交通省北海道運輸局函館運輸支局）を定年退職して、それから東京へ出て海運関係の仕事を続けていた。（全国海運組合連合会・横浜地方）海運組合にいたんだと思う」

――それで横浜に居を移されて、家族一家で住まわれたわけですね。そこで一浪して、明治大学文学部二部（二〇〇四年に学生募集停止）へ。

「そうだね。大学は夜間部。まぁ勉強しなかったからね。もう一年浪人するか迷ったけど」

――予備校へは行きましたか。

「行ったよ、代々木ゼミナール」

――で、二部に入学して、昼間は時間があるわけですね。何をしていたのですか。

「何かやったかっていうと、やっぱり演劇活動してたんだよね。函館ラ・サール高校演劇部の先輩が関わっていた劇団『現世代』という」

――これはもうあがたさんが入学した時にはすでにあった劇団だったのですか。

「ありました」

――ボブ・ディランを聴いて音楽のほうに気持ちがいきながらも、やっぱり演劇が相変わらず、強くあったわけですね。一九六八年ですよね、入学されたのは。

「そう。だからたまたま、明大の御茶の水（駿河台キャンパス）に通いながら。あそこは唐十郎をはじめとした、演劇のメッカでもあったんだよね」

――ええ、唐さんも明大文学部ですね。

「僕の高校時代の演劇部の先輩もそこに出入りしてたから。また引き続き、そこで演劇的なことを一緒に分かち合おう、と。それで、『現世代』って劇団は、大事な場所だった」

――高校時代もそうですけど、大学においても、演劇でのあがたさんはどういう立場というか、役割というか。役者ですか。それとも劇作や演出ですか。

「俳優をやってみたいとか本を書いてみたいなぁ、とかさ。演出まではわからないけど、何か美術や音楽をやってみたいという思いはあった」

――実はあがたさんって、ほとんど俳優だったんだというのがわかるわけですね。いろいろ知っていくと。むしろ音楽より早かった！

「でも、ヴァイオリンから始まってもいるわけで」

――ヴァイオリンは自発的じゃないでしょう。嫌がってもいたわけですし……。

「土壌としてあったということなんだね」

――自ら飛びついたのは演劇のほうが早かったということを知っていれば、もっとお芝居もやってください！　というファンや芸能関係者がいたかもしれませんね。

「そうだね。しかし、なんで演劇だったのか。一つは時代背景だったね」

歌詞に流れる「タルホ」の無邪気

あがたの舞踊性、演劇性はライヴでも存分に発揮される。これはわかりやすい。しかし、あがた作品にひっそりと息づくユニークな言葉の群れ。その詩性はどこから来るのだろうか。

あがたが、ディラン、演劇よりもさらに早くから向かったのが文学だった。

「私は、例えば絵画においても、展覧会場に懸かっている作品よりは、原色版になった複製の方に美しさを感じる。芸術はすでに精巧な工作品であり、一種の機械であるからして、或物はついに或物自身たった一つしかないという自然界の法則下におかれることは、なんとしても堪えがたいからだ」

これは稲垣足穂の「タッチとダッシュ」（『天体嗜好症』所収）における一文である。

一九二九年に書かれた一種の随筆だが、二十代にしてすでに特有の複眼的思考を示し、なお数十年後を見てきたかのような卓越した指摘である。ふと思い当たることは私たちにもあろう。

撮影された風景や人物が、あるいは描写されたそれが、実物よりもリアルな美を表現し、魅力を提供することがある。たとえば、最も卑近な例を挙げるなら、野辺に咲く本物の花よりも、かつて香港から多く輸入されたために「ホンコンフラワー」と呼ばれたプラスティック製の造花のほうに惹かれるというようなことだ。従来にあった美と醜の二分法では分析できないほど複雑化した大衆文化の美的現象、また、独特の価値基準が出現することにより、「如何なる場合も本物のほうが良い」とは言いきれなくなった。

第二次世界大戦後の先進国では誰もが日々、大量生産の製品に囲まれ、それらを消費し、テレビや雑誌でその広告にさらされる生活を送るようになった。そして、そこに現れる幾多の生産物などを大自然に代わる都市の新しい「風景」ととらえる者が出てきた。海や山は商品に、農作業や漁は機械作業に。ネオ・ダダやポップ・アートはその典型だ。その作家たちは到来した工業化社会において、むしろこれらをモティーフとしたほうが自然主義的な姿勢だと考えた。それは何も欧米の作家だけの話ではない。日本でも、たとえば銭湯のペンキ絵のような通俗的なものさえ評価する美術評論家が現れたのである。

アンディ・ウォーホルが一九六二年に制作した「キャンベルのスープ缶」は三十二枚の五一センチメートル×四一センチメートルのキャンバスから構成されている。各作品には当時のキャンベル・スープ・カンパニーが販売していた三十二種類のスープ缶が描かれており、非絵画的で半機械化されたシルクスクリーン印刷で制作されている。キャンベル・スープの缶は各家庭で無数に捨てられてきたが、ウォーホルの缶は今や一点数百万〜数千万円の値がついている。

タルホの古い一文を引用したのは、あがたが最も敬愛する作家だからだし、また、その宇宙的空想世界と音楽性に親和性があるからだが、それだけではない。これまでにあがたの書き残してきた詞をあらためて読んでみると、ここでも同様のことが起こっている、つまり、一言にすると、現実を超越した現象や作用があるということが一番の理由である。

あがたの楽曲に「いとしの第六惑星」というものがある。二枚組アルバム『永遠の遠国（二十世紀完結篇）』の一曲目に入っている。あがたファンにはあらためて説明する必要はないだろうが、念のために言っておくと第六惑星とは土星のことだ。

近年の学校でどう教えているかは知らないが、筆者は小さいころ、太陽に近い星から「水星、金星、地球、火星、木星、土星、天王星、海王星、冥王星」と習った。その六番目、すなわち、土星が第六惑星、地球は第三惑星ということになる。

私たちは生涯地球以外の惑星に降り立つことができないばかりか、それぞれの惑星に対する明確なイメージでさえほとんど持ち合わせていない。たとえば、土星の輪っかを目撃したことがある人はどれだけいるだろう。たとえ望遠鏡で「見た」としても、地球と土星は最接近時でも十三億キロメートルも離れている。ちなみに地球の外周は約四万キロメートルである。

あがたが特異なのは、そうした途方もなく長い時空間を瞬間冷却したかのように、閉じ込め、繊細ながらもエッジの立った、なんとも独特なオブジェに作り上げてしまうことだ（あがたのアルバムにある楽曲はそれぞれが、あたかもジャケットという名の標本箱に収まった標本のようだ、とは前に書いた）。

また、レコードやCDなど近現代的複製芸術のシステムに則り、いわば大量のコピーを聞き手に配布するというかたちを採りながら、たとえば郷愁だとすると、凶暴なまでに激しい希求と尋常ならざる空想力で宇宙的なスケールに拡大し、安易に〝あがたワールド〟などと呼ぶことさえ気恥ずかしくなるほど、唯一無二の音楽世界に仕立て上げるところにある。タルホ的に言うなら、あがたはその楽曲において、本来自然界の法則下に置かれているものを、自らのかたちに作り替え、封じ込めることで、それを超えようとする。つまり、タッチをさまざまなダッシュとして、リスナーやオーディエンスに届けているのである。

二〇〇七年に発表した久保田麻琴プロデュースのアルバム『Taruphology』のブックレットに

はこんな一文がある（寺村摩耶子「ある日、世界の果てから」抜粋）。

「（前略）そして、『薄板界《はくばんかい》』。『時計の秒と秒のあいだに挟まっている、薄くて目に見えない夢の板。そこから無限に広がるファンタシューム層』。これも、つかのまの一瞬をあざやかに切りとり、（永遠＝無限）に結びつけようとするアガタワールドを一言であらわした世界といえるだろう。私たちが歩いたり、話したり、仕事したりしている間にふと挟みこまれた一瞬の夢心地。月が昇った一刻や、水晶のきらめき、百合の匂い。次の瞬間には消えてしまうような、一見何でもないような瞬間にこそ夢が宿っていることを、アガタモリオの歌は教えてくれる。あるいは、歌そのものが『薄板界』であり、『ファンタシューム化合物』なのだ」

タルホが説くこの「薄板界」とは、言わば「夢の世界への通路」、さもなくばあがた流「A'」「デジャヴ」現象のセット（書き割り）である。この通路（書き割り）を辿って行けば、あらゆる存在を知覚できるというのだ。ただし、目的地を目指してまっすぐ歩いているうちは決して見つからないという。

タルホは次のように言う。

「一体僕が考へてゐるのに、この世界には無数のうすい板がかさなつてゐるんだ。それは大へんにうすく、だからまつすぐに行く者には見えないが、横を向いたら見える。しかしその角度は最も微妙なところにあるからめつたにわからぬ。そして、この現実は吾々が知つてゐるとほり、何の奇もないものだが、薄板界は云はゞ夢の世界といふもので、そこへはいりこむと、どんなふしぎなことでも行はれる。僕の月世界旅行はこの別の存在をとほつて行くのだから、おそろしい明暗のギラギラとかゞやいたヘロドロタス山も虹の入江もすぐおとなりだ。一たい、こゝに僕と君といふ二人が、このかぎられた時間と空間のなかにゐるのがほんとうであつたら、同じやうに、同じ僕と君とが、又別の時間と空間とのなかに存在することも可能でないか──もしそれが夢なら、こゝにこの僕たちが歩いてゐるのも夢だよ。ねえ、でなけりや不合理」(『タルホと虚空』より)

また、「童話の天文学者」ではさらに薄板界を覗ける者をこう記す。

「よくわき見をしたがる人は、黒板がチラッと網膜をかすめる瞬間だけにおいてもすでにある種の気持があたえられるので、何云うともないその夢心地を求める素質をもっていると説明される」

あがたがこれまでに生み出した膨大な楽曲群に散りばめられた大小さまざまなオブジェや情景は、きっと普通の人の何十倍、何百倍も一瞥《いちべつ》をくれ、わき見をして得てきたものなのだ。

そして、ついでに言えば、あがたの脳裏にはマルセル・デュシャンの「アンフラマンス」(超薄)もよぎっただろう。分離と結合、開始と終了、あるいは物質と非物質の境に見出される認知限界ギリギリの刹那的世界。そのパサージュ(経路)をデュシャンはそう名づけた。「煙草の煙が吐き出した口と同じように匂うとき、二つの匂いはアンフラマンスによって結ばれる」。このようなインヴィジブルな、すなわち視覚では捉えられない世界である。ほぼ同時代に生み出された「薄板界」と「アンフラマンス」は物理を超えた〝薄い世界〟なのだ。

デュシャンがニューヨーク・ダダの中心的人物でもあったこと、加えて、薄板界とアンフラマンスの相似性や、「ヒコーキDADA」(『浦島2020』収録)といった作品の存在からすれば、あがたは密かに魔法の小径を行き来して何かを拾ってくるようにも思えてくる。

師の佐藤春夫が言う通り、タルホが「童話の天文学者──セルロイドの美学者」ならば、あがたはさしずめ「未来的デジャヴの手品師―ブリキのロックンローラー」と言ったところではないか。
――二〇二一年、二子玉川のジェミニ・シアターであがたさんのライヴを観て、「サブマリン」（『乗物図鑑』収録）の歌声を聴いた時、私はディランが一九七〇年代中盤に行った「ローリング・サンダー・レヴュー」をふと思い浮かべたんですね。もちろんバンド編成も関係していたと思いますが、サウンドと雰囲気がそのまま「ローリング・サンダー・レヴュー」だったというくらいに。全曲ではなくて、あの歌ともう一曲ぐらいですけど、そこにディランを見たのです。スカーレット・リヴェラ（ヴァイオリニスト）もいましたね（笑）。

　言葉を吐き出して、それを空中に消化するというか解き放つというか……。その放ち方がどこかでディランと共通するものを感じたわけです。それはこの曲が「ローリング・サンダー・レヴュー」ということではなく、もっと本質的なことで、あがたさんの言葉の扱い方などにディランを思わせるものがある。あぁ、こういうところにディランが宿っていたんだな、と。

「言い方がカッコよすぎるけど、ニヒリズムだと思うんだよね。ニヒリズムって言うと、『なんだ、それ⁉』っていう感じかもしれないけども。だって無から始まって有になって、無に帰っていくわけだから、その無への憧憬、郷愁なわけだよね。これはお前が言ったり、歌ったりしなくたって、昔の哲人は全て同じことを言ってるよっていうぐらい、ボブ・ディラン以前にあらゆる哲学者、あらゆる思想家が同じことを言ってますよ、っていうぐらい同じことでしかないんだけどさ。やっぱりあの六〇年代のポップス・シーンに、突然なんとも形容しがたい、投げやりでニヒリスティックなものを投げかけ、ポーンと突き放したあの『ライク・ア・ローリング・ストーン』が突きつけてきた時の驚きと言ったらなかった。だから歌う虚無はディランによって教えられたし、さらにもっと朗らかで透明で喜ばしい虚無を突きつけてきたのはタルホでさ。また、イノセントで愛らしい虚無を突きつけてきたのが（ヴァーツラフ・）ニジンスキーの舞踊みたいなね。もし、そういうトライアングルを作るなら、たとえばこういう三人なわけだよ、俺にとっては。で、俺は俺の中でそういうマーブリング性をグルグルさせながら、それをみんなに歌にして問いかけたいと思ってるわけ。

で、虚無や死や、それこそ全てはいつか終わるわけだから、それは必ずしも虚しかったりネガティヴだったり悲しいことだったりではない、と。ただ、どういう片づけ方をするか。突然いまパチッと切れて、この現象が終了したとして。それは震災や天変地異が起きることかもしれない。そういう時、悔いが残ろうが、片づけ切ってなかろうが、その突然訪れるかもしれない虚無や、無を前提としたうえで歌ってみる。俺たちの往復運動とそことの距離の測り方っていうものを試してみる。そういうことが俺の中でいつもテーマになってるんだ。そういう無邪気で、朗らかで、アナーキーな音楽をやり続けたいわけ」

――あがたさんの歌は、虚無と希望が折り重なるようになっていて、そこのせめぎ合いの中からギリギリに出てくる音とか言葉とかが魅力的だと思っています。虚無的だけど、どこかで絶対に希望を見ている。決して希望を捨てていないと言いますか。そこがいいんだろうと思います」

「それを一番に教えてくれたのも稲垣足穂だよね。六〇年代の終わりっていうのは、全共闘運動があり、吉本隆明や埴谷《はにや》雄高がいて、すぐ後に三島の自決があり、みんなが時代に対してすごく真摯にシリアスに向き合っていた。俺たちもそうだった。俺たちなんかまだ、その尻尾のあたりでやり残したことに決着をつけたくてやってるだけかもしれない。そんな中で、あれもこれもシリアスなんだけど、最後は朗らかなことなんだよっていうことを、タルホほど無邪気にクールにかっこよく俺たちに投げかけてきた人はいない。特に近代の文学者の中ではまさに孤絶した唯一無二の人だよね」

証言1

不世出の異才！　永遠の音楽少年のあがた森魚。

三浦光紀

◉音楽プロデューサー

一九七〇年、岐阜県中津川市で日本音楽史上、最大の野外音楽フェス「第二回全日本フォークジャンボリー」が開催されると聞き、私はこの歴史的イベントを後世に伝える為、会社から高価な録音機材を持ち出し、日本初の野外録音を敢行しました。

そこで、幸運にもはっぴいえんどと高田渡に出会います。

翌一九七一年の「第三回全日本フォークジャンボリー」は、前年に映画『ウッドストック／愛と平和と音楽の三日間』が世界的にヒットしたこともあり、前年比の数倍の規模にまで膨れ上がっていました。

ステージもメインステージと二つのサブステージの三カ所に分かれた為、私一人では手に負えなくなり、先輩エンジニアやディレクター、さらには名エンジニアの吉野金次さんにも助けてもらい、全ステージを録音すべく万全の体制で臨みました。

しかしながら、二日目の夜に「プカプカ」のモデルと言われた、ジャズシンガーの安田南が登場した時、客席から火炎瓶のような物が投げ込まれたのを彼女が見て注意した途端に、一部の客が何か叫びながらステージにビール瓶や物を投げ込み、大混乱になりコンサートは中止になってしまいました。

今回は録音も中途半端に終わり、目ぼしいアーティストとも出会えなかった事で収穫もなく、会社にも損失を与えかねない状況になってしまい、失意のまま、編集室でサブステージの録音テープを回していました。

そんな時、流れてきたのが「赤色エレジー」だったのです。

まるで嗚咽しながら歌ってるかのような歌唱法と生まれて初めて体験した異色のボーカルは余りにも衝撃的でした。

しかも、「どこか懐かしくて、新しい」その曲は大ヒットを予感させ、クビも覚悟していた私にとっては、暗闇の中の一筋の光に思え、安堵したのを今でも思い出します。

私は早速、この声の主を探し出す様、スタッフに指示したところ、大手証券会社の蒲田支店でアルバイトをしている山縣森雄（あがた森魚）さんだと判明しました。

後日知った事ですが、その証券会社で鈴木慶一さんのお母さんも働いていてその縁であがたさんと慶一さんは後に、はちみつぱいを結成することになります。

あがたさんは自慢話など一切しない人ですが、いつだったか証券会社時代の話になった時、自分は優秀な黒板書きだったとハニカミながら話してくれました。

私はあがたさんに会い、来春、新しいレコード会社（ベルウッド・レコード）をスタートさせるので、「赤色エレジー」はその第一弾シングルとして発売する旨を伝えました。

あがたさんとデビューの為の準備をしてた一九七一年の秋頃、あがたさんが友部正人さんと西岡恭蔵さんを連れて、私のマンションに遊びに来ました。

皆んなで音楽や詩についての話をしてる内に、何故か各人が自分の持ち歌を披露する流れになり、私はそこで初めて西岡恭蔵本人が歌う「プカプカ」と友部正人の出来立ての「一本道」を聴く幸運に恵まれます。

私はこの「名曲」三曲は、何としてもベルウッドから発売したいと思い、友部さんは既にCBSソニーからアルバムの発売が決まってたのですが、「一本道」のシングル盤だけはベルウッドから発売させてくださいとお願いし、恭蔵さんには、自分の曲は全て大塚まさじさんの為に書いたと言ってたのを、もしも本人が歌う気になったら、私に連絡してとお願いしました。

　今にして思うと、あがたさんは、アーティストは小室等、高田渡、はっぴいえんど、だけだったベルウッド・レコードに、本人のあがた森魚、はちみつぱい、西岡恭蔵などレーベルの中核的アーティストを紹介してくれたベルウッドの恩人でもあるのです。

　そして、一九七二年四月二五日ベルウッド・レコードのスタートと共に発売された「赤色エレジー」は予想通りヒットしてくれ、あがた森魚とベルウッド・レコードは、音楽業界の新しい波として評判になりました。

　あがた森魚は、ただの一発屋ではなく、高い音楽性と深い教養に裏打ちされた異能のアーティストで、私には作家性と大衆性を兼ね備えた、ヴェルベット・アンダーグラウンドを彷彿とさせるアーティストに思えました。

　ここで、あがた森魚の音楽についての主なコメントを紹介させていただきます。


「ボクのロックは、あがた森魚と細野晴臣にトドメを刺す」（矢吹申彦）、「国宝級の声を持った男」（久保田麻琴）、「キーの指定がない稀有な歌手」（矢野誠）、「異質な、異物感の溢れる声だった。それはディランを初めて聴いた時の怖さのようなものに似ていた」（鈴木慶一）などと、一流のクリエイターが自分の言葉で的確に評してます。

　特に印象的なのは、ある時、矢野顕子さんに「日本で一番、歌の上手い人は誰ですか？」と尋ねたら即座に「あがた森魚」と答えた事です。彼女の衝撃のデビューアルバムのタイトルは、あがた森魚の不朽の名盤『日本少年（ヂパング・ボーイ）』をリスペクトして『ジャパニーズ　ガール』と名付けたのは、有名な話です。

　あがた森魚の「赤色エレジー」と共に産声をあげたベルウッド・レコードも、今年五十周年を迎えました。

　私は創業時、日本のＵＲＣレコードや米国のフォークウェイズ・レコーズ、更には、リプリーズ・レコード時代のレニー・ワロンカーなどを念頭に、「レコード芸術の追求」と「アーティスト至上主義」を掲げ、クオリティが高く、時代と共に価値が上がる作品作りを目指してレーベルを運営してきました。

その結果、「日本のポップ音楽の歴史にベルウッド・レコードが残した功績は、URCと並んで非常に重要なものだった。もしベルウッドが存在してなかったら、いま私達が日常的に聴いている音楽はかなり違った姿になっていたと思われるほどだ」（佐藤良平）と評価されたり、今、世界的なアナログ盤の人気再燃の中、昨年末小学館から出た『プカプカ／西岡恭蔵伝』（中部博著）にも「ポール・マッカートニーのレコードコレクションにベルウッド・レーベルのレコードが数多く集められているのは有名な話らしい。生前のジョン・レノンもベルウッド・レーベルのレコードを大切に所有してたという」と書かれるなど注目される様になってきました。

この事は、あがたさんを初め、ベルウッド・レーベルから、数多くの名盤を出してくれた天才アーティスト達と熱心なファンの方々のお陰だと、心より感謝しております。

五十年も付き合っていただいたあがたさんは、円熟の人などではなく、絶えず進化、挑戦し続ける角熟の人です。

ベルウッド・レコードもあがたさんのように角熟の精神で時代を超える作品を提供出来るよう、挑戦し続けたいと思ってます。

みうら・こうき　一九四四年、山形県生まれ。一九六八年、早稲田大学卒業後、キングレコード入社。七二年、キング・ベルウッド・レコード創立。取締役制作部長就任をかわきりに、日本フォノグラム（現・ユニバーサルミュージック合同会社）、ニューモーニングレーベル、フォーライフ・レコード、ジャパンレコード、徳間ジャパンコミュニケーションズの創立に参加し、プロデューサーとして活躍。二〇一八年、ベルウッド・グループ創立。取締役ファウンダー就任。一二年にはＣＤ四枚組ボックス『三浦光紀の仕事』が発売される。プロデューサー個人名でのＣＤ発売は日本初。

第二章 ◉ 「ロックはバリケードをめざす」そして「はちみつぱい」

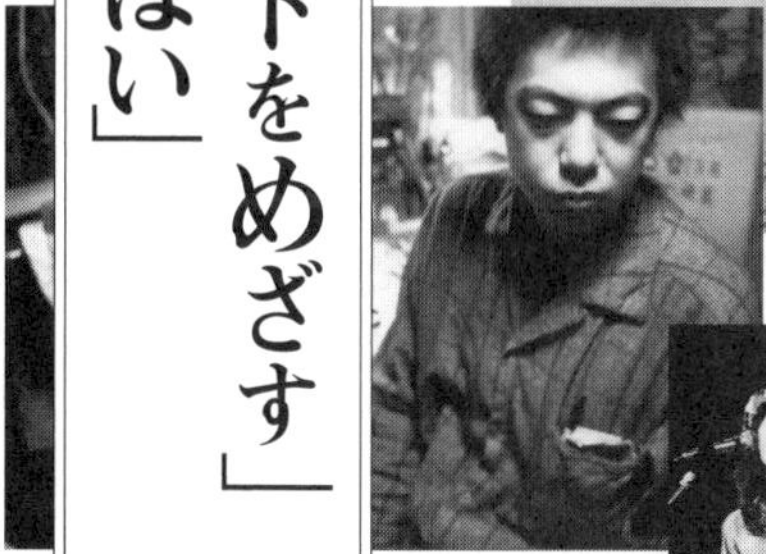

上：1971年　御茶の水 明治大学近くを歩く
中：1970年ごろ　いがぐり頭のあがた森魚
下：1972年　第10回三ツ矢フォークメイツフェスティバルにはちみつぱいと出演（撮影：迫水正一）

鈴木慶一との出会い

これまでメンバーの体調不良や死などさまざまな理由により何度か活動休止に追い込まれたムーンライダーズだが、二〇二二年三月、十六年ぶりに日比谷公園大音楽堂（日比谷野音）でライヴを行い、また、翌月には十一年ぶりのアルバム『It's the moooonriders』をリリース。さらに七月には八二年に発表したいわくつきの名盤『マニア・マニエラ』の再現ライヴを行うなど、結成から四十七年目を迎え精力的な活動をみせている。

いわゆる下町には松本隆が描いてみせた風街のような場所はない。だが、鈴木慶一は自身が生まれ育った羽田周辺に横たわる風景、土手や湾岸や工場街を描写し、それらを〝路地裏のサウンドトラック〟としてセンチメンタル＆ダークネスに鳴らすことで存在感を示した。山の手育ちが多いはっぴいえんどとは明らかに違った「東京」がそこにあった。

あがた森魚と鈴木慶一（以下、慶一）の出会いについては、慶一が家族と対談形式で語り下ろした『火の玉ボーイとコモンマン』に具体的に記されている。この中には、父で俳優だった故・鈴木昭生の「あがたには、あいつの映画のためにこの家を貸したんだ」（家を貸しただけではなく、あがたが監督した『僕は天使ぢゃないよ』にも出演している）「斉藤哲夫は8ミリのいかがわしい映画を持ってきて俺に見せてくれたんだよ」といったざっくばらんな話がいろいろ出てくるが、二人の出会いの対談相手はムーンライダーズのメンバーで、慶一の実弟・鈴木博文（以下、博文）。実家に戻った兄弟の気のおけない会話である。少々長いが、兄の話を抜き書きさせていただこう。

「あんたと同じようにギター弾いてうたう少年が自分の勤めている会社にいるっていうんだよ。そのころ、おふくろは蒲田の証券会社で働いていたんだ。それで一枚のチラシを僕のために持ってきた。『ルネサンス』という名前のコンサートのチラシだった。

そして『あんたと同じような子』というのが、そのころおふくろと同じ証券会社でアルバイトしていたあがた森魚君だった。『その子がコンサートやるらしいの。あんたも家にこもっていてもしょうがないから、これでも見に行ったら』といわれた。

僕は行こうか、行くまいか、さんざん迷ったのね。というのは、僕はずいぶん電車に乗ってないんだよ。ほら、僕は小学校も中学校も高校もすべて歩いていける距離のところでしょ」

慶一は高校三年の三学期を迎えて、受験もしないと決めて、家にこもってひとりで曲を作ったり録音したりしていた。あるインタヴューでそう語っている。

あがたはこのころ明治大の学生で杉並の和泉校舎に通っていたが、自宅は横浜にあり、通学途上にある大田区蒲田はアルバイトをするには格好の場所だった。

勤務先は野村證券蒲田支店。自画自賛することが少ないあがたが、この仕事については「よくできた」と言うほどだからよほどうまくいっていたのだろう。

「野村證券はね、最初に東京駅にあった八重洲口支店で働き出すわけ。そこには六八年から一年ぐらいいて、それで六九年になってから、夏か秋から蒲田支店に行くようになった。それは上大岡（横浜市港南区）の家から近いから、そっちで働くようになったんじゃないかな」

——運命ですね。はちみつぱいのアルバム『センチメンタル通り』のジャケットも蒲田でしたね。

「蒲田の飲食街だね」

——あがたさんは、なぜか警察官の格好をしてへたり込んでいますよね。

「あの写真を撮る時も、百軒店のB・Y・Gの傍のバーで明け方までみんなで飲んで、それから撮ろうなんて言って、もうけっこう黙っってても酔っぱらってたっていう感じだよ」

——確かにグダグダ感が出てますよね（笑）。

「しらじらと夜が明けてきたころを狙ってたっていうこと」

——撮影は井出情児さん。一九七三年のリリースでしたね。でも、はちみつぱいという名義から離れてしばらく経っていたとはいえ、あがたさんはやはり仲間ということで一緒に写っている？

「まだまだ、全然仲間だったはず。一番っていうか。『赤色エレジー』の前もシンパシーはあったけど、やっぱりベルウッドでデビューしたでしょ。で、『赤色エレジー』が世に出た。そこから一、二年というのは、はちみつぱいはあがたと一緒の仲間ってことで、それはそれで、俺自身もはちみつぱい自身も世間的に評価というか、それなりに知られるようになってきていたわけだから」

——ところで、証券会社でアルバイトしていたということですが、具体的にはどんな仕事ですか。

「ラジオの短波放送から流れてくる株価の値動きを黒板に書きこんでいくっていう仕事。そのバイトがめちゃくちゃおもしろかった。いまもチョークで書くっていうアナログなバイトがあれば、一生それをやりながら歌ってたかもしれない。性に合ってたね。三百銘柄ぐらい並んでるんだけど、その値動きを覚えといて書きに行って、どんどんそれを書き加えていくわけ」

あがたは真面目に働きながらも、休憩時間になるとロッカーからギターを持ち出し非常階段で弾いたり、時には社内のパーティーで歌ったりしていたのだという。

「年末にクリスマスパーティーがあったわけ。会社の娯楽室で、そこで『歌わせろ歌わせろ！』なんて言って、歌ったんだよ。二曲ぐらい歌った記憶がある。その時、慶一君のお母さんも見てるはずなんだよ」

再び、慶一である。

「（中略）髪を伸ばしたり、髭を生やしたり、バナナの皮を吊るしたりしてたけど、家の中の意識革命、しょせん畳の上のヒッピーだ（笑）。要するに実物に触れてない」

「（中略）『イージー・ライダー』の主人公も旅に出たんだ、僕も旅に出なきゃと、自分に言いきかせて電車に乗った（笑）。

その日が一九七〇年二月二八日、コンサート会場は御茶ノ水の全電通ホールだった」

大田区の自宅から御茶の水へ出向くことを「旅」にたとえるほどの引きこもりぶり。小学校から高校まで電車に乗らずに通学し、引きこもっていた当時は電車に乗ることも稀だったようだ。また、ギターを弾いては宅録ばかりして夜も遅くまで起きていることから、母親からは「ボイラーマンの資格を取れ」と言われたと明かしているが、本人は高校の演劇部で音響を担当していたこともあり音響技師を考えていたともいう。

雪の日だった。慶一は意を決してコンサート会場に向かった。

「（中略）いろんな人が出演してたけど、どれがあがた君かわからなかった（笑）。考えてみりゃ、顔も知らなかった。そのとき、斉藤哲夫君も出ていた。芝居もあったし、客席では酒が配られているようなコンサートだった」

「（中略）芝居はつまらなかったし、ロック・バンドも出ていたけどGSっぽくていかさないし、でもうたってる人にはおもしろい人がいたんで、それがあがた君かわからなかったけど、とにかく会おうと思って、そのコンサートの後にあがた君に連絡をとった。

　そして、あがた君がウチに来ることになった当日、電話で道を教えて、こういったんだよ。『マザーズ・オブ・インヴェンションの〈フリーク・アウト〉をフル・ヴォリュームでかけてますから、その家へお入りください』。彼がこの家にやってきた。僕はパジャマ姿で、あがた君は、」と言いかけたところで、「相変わらずのあの調子だった？」という弟の問いかけが入る。兄は「うん、モグラみたいな感じで（笑）」と返し、こう続ける。

「それで、話をして、音楽は何が好きだとか、そしたら、あがた君、急にその場で、ギターをバーンバーンと弾いてうたいだすんだよ。僕はシャイだからそういうの信じられないじゃない。しばらくボーッとして見てたんだけど、僕もギターを弾きだして、ここはこうしたほうがいいんじゃない、とかいって、それでまた会いましょうということになった。

　それからだよ、僕にとって激動の一九七〇年が始まったのは」

　初めて聴いたあがたの歌声を、慶一はこのように書いている。

「異質な、異物感の溢れる声だった。それはディランを初めて聴いた時の怖さのようなものに似ていた。（後略）」

「その後何日か心がざわわしてしょうがなかった。今まで聴いた事のない音楽が、頭から離れなかった」

　あがたと出会った日についても、自分の本での兄弟間の会話と『あがた森魚読本』に寄稿したものとではやはりいささかも趣が異なる。

「あがたくんは全身黒づくめで現れたね。互いに小さな声で、音楽や文学や映画や友人の話をずっとずっと続けた。そして、いよいよギターを出して曲を披露し合うと言うより、あがたくんがずっと歌ってた。私はずっと伴奏をする。何故かと言うと、まだ自分の曲になんの自信もなかったんだよ。だから出来れば歌いたくなかった。でも、また一歩踏み出したんだ。何曲か聴いてもらったね。大体、私は途中で辞めちゃったけどね。

黒ずくめの出口が目の前にいる、そう思ったよ」

あがたとの邂逅《かいこう》から始まった〝激動の年〟に起こった出来事を日記につけたというが、一九七〇年は社会的にも激動の年であった。

慶一があがたたちのライヴを観に行く二日前、人気GSにいた俳優と有名プロデューサーがロック・ミュージカル「ヘアー」日本版東京公演の打ち上げで大麻パーティーを開いたのが発覚し、逮捕。これにより三月からの大阪公演中止が決定した。このミュージカルは、細野晴臣や松本隆と共にエイプリル・フールのメンバーだった小坂忠が、彼らとの新バンド結成（のちのはっぴいえんど）を断ってまで参加したものだった。

また、当時は騒がれていなかったはずだが、大阪万博こと日本万国博覧会開催を翌日に控えた同年三月一四日には、初の軽水炉型原子力発電所、日本原子力原電・敦賀発電所一号機（二〇一五年四月二七日廃炉）が商業運転を開始。万博の開会式に運転開始日を選んだことは意図的に感じられる。実際、国家的プロジェクトにもかかわらず、当日の新聞の扱いは奇妙なほど小さい。

もちろん万博自体に罪はない。本博覧会では、サインシステム、動く歩道、モノレール、電気自転車、電気自動車、テレビ電話、携帯電話、缶コーヒー、ファミリーレストラン、ケンタッキーフライドチキンなど、現代社会に普及している製品やサーヴィスが初めて登場した。

また、一九七〇年はフォーク、ロックの豊作とも呼べる年で、既成の歌謡曲以外から多彩な顔ぶれが集まった。RCサクセション、遠藤賢司、南正人、よしだたくろう、斉藤哲夫、赤い鳥、はっぴいえんど、フラワー・トラヴェリン・バンド、南高節とかぐや姫（かぐや姫）、浅川マキらがレコードデビューを飾ったのである。

ところで、この時、十八歳の慶一の「パジャマ」はドノヴァン（・レイッチ）を思わせるとんがり帽子と星の柄の魔法使いみたいな自作のものだったという。マザーズの『フリーク・アウト！』といい、ドノヴァンの「メロー・イエロー」の世界に誘ってくれそうなバナナの皮やパジャマといい、ヒップを気どっていた様子がうかがえる（もっとも、PANTAとTOSHIの「頭脳警察」というネーミングも、『フリーク・アウト！』の収録曲「フー・アー・ザ・ブレイン・ポリス？」からだし、細野もアマチュア時代、同盤に登場する架空の少女「スージー・クリームチーズ」をバンド名にしていたことがある。ロック初とされるコンセプト・アルバムはかくもアヴァン・ギャルドでかっこよかったということか）。

かたや、二十一歳のあがたは気どらない。気どったという話を聞かない。やれ、割れた眼鏡をかけギターをトレンチコートにくるんでURCに押しかけた、喫茶店で人目も憚らずいきなりギターを弾いて歌い始めた、第一印象は「モグラみたいな感じ」。そんなのばかりだ。

一方、あがたは、慶一との出会いをこう話す。

「窓が開いてて、そこから音楽が聞こえてきた。その選曲はすごいと思った。玄関を開けて入っていったら、ソファーの上でパジャマ着てうずくまってにやにやと笑ってた。お母さんが言うほど、見るからに引きこもりっていうわけじゃないけど、なんかものぐさでぼぉっとした若造がいるなって感じがした（笑）。部屋にはなんかいろんなものがいっぱい転がってたね」

「東京のディープ・サウス」羽田発〝東京シャイネスボーイ〟と「北のウォール街」小樽発〝日本少年〟は出会った時点で、その印象は今日までほとんど変わらず、それぞれの逸話のなかに描き出されている。あまりにも対照的だが、ふたりはすぐに何度も会うような仲になっていった。

もちろん「若造」というのは、あくまでも古希を過ぎた現在の回想である。当時あがたは初めての出会いについて、このような文章を残している。

「窓から聴こえてくるフランク・ザッパのフル・ヴォリュームのサウンドに招かれるようにさまよい入った応接間の古色蒼然たるソファの上に不精ひげを生し、パジャマを着たままひざこぞうをかかえて、あの人懐っこそうな笑顔でそこに座っていたのが鈴木慶一だった。北海道から出てきた僕が東京の現在を必死に吸い取ろうとしていた反面、鈴木慶一は、そんなことは意にも介さずか、彼の小さな牙城にやんわりとひきこもっていた。彼の物腰の柔らかさ、言葉の機微に、こいつとは友達になれるかもしれないという予感がした」

鈴木慶一に、この当時のフェイヴァリットを問うた。ミュージシャンでは「ザッパとドノヴァン」、楽曲ではジェフ・ベックとジミー・ペイジがツイン・リードをとった「ザ・ヤードバーズ『幻の10年（Happenings Ten Years Time Ago）』とザ・バーズ『霧の5次元（Fifth Dimension）』」との答えが返ってきた。

あがたは『風都市伝説』（北中正和責任編集）でこうも語っている。

「慶一君たちと知り合えたのは、偶然とはいえ、本当に幸運なことだった」

生意気な年ごろということもあり、実際はポーカーフェイスで本当の気持ちなどおくびにも出さなかったようだが、心の中ではお互いに感謝していたようだ（二〇一二年、慶一はあがたに向けた文章で「いくら感謝してもしきれないからしないよ」と書いた）。

一九七〇年二月末に「るねっさんす・冬祭り」であがたの歌を初めて聴き、三月に出会いを果たした慶一はこの月、高校を卒業。翌四月一八日、あがたはさっそく慶一を連れて新宿・御苑スタジオにURCの早川義夫を訪問している。

スタジオ内で、早川は、岡林信康のリハーサルではっぴいえんどをバックに仮歌を歌っていた。アルバム『見るまえに跳べ』のひとコマだ。岡林はメディアが「フォークの神様」と呼ぶURCのスターだった。早川はこのアルバムのディレクターに指名されていた。はっぴいえんどは、その五日前に、のちに『ゆでめん』と呼ばれる、ファースト・アルバムのレコーディングを終えたばかりだった（この時、松本隆は早川に「力石徹に捧げる歌」の歌詞を早川に渡し作曲を依頼したが、未完に終わっている。早川はのちに「人の詞に曲をつけるのは苦手」と語っている）。

その後六月一日にリリースされた岡林のアルバムは、ボブ・ディラン&ザ・バンドを倣った構成といい、大江健三郎の短編集と同名のタイトル（「見つめる前に跳んでみようじゃないか」と歌う、ジャックスの「堕天使ロック」がヒントになっているのだろう。岡林はアルバムでも同曲をカヴァーした）といい、まさに時代を反映した作品は細野や鈴木茂らの演奏力も手伝って順調なセールスを記録した。

一九六〇年代半ばからの十年間、ディランやザ・バンドが日本のミュージシャンに与えた影響は大きなものがあった。あがたはデビュー前の自主制作盤でディランの「ハッティ・キャロルの寂しい死」（The Lonesome Death of Hattie Caroll）をカヴァーしている。また、ムーンライダーズは、新メンバー・白井良明のお披露目にもなった新宿ロフトのレコ発ライヴで「オールド・ディキシー・ダウン」（The Night They Drove Old Dixie Down）をセットリストに加え、石田長生もアンコールでは毎回のように「ウェイト」（The Weight）を演奏していた。

ガロの「学生街の喫茶店」がリリースされたのは一九七二年。作詞家・山上路夫は「学生でにぎやかな　この店の　片隅で聴いていた　ボブ・ディラン」と書いた（この曲には、細野も「宇野もんど」というバッファロー・スプリングフィールドの曲名をもじった変名でベーシストとして参加している）。

さらに、大阪・難波元町には「ディラン」という小さな喫茶店があった。一九六九年の夏に始まったこの店の名づけ親は、「ザ・ディラン」を西岡恭蔵、永井洋と結成する大塚まさじ。

高校時代、ディランに夢中になった西岡はこの店の常連客だった。中川イサト、加川良、友部正人、『ボブ・ディラン全詩集』などの翻訳で知られる詩人・片桐ユズルらも集まった。さらに一九七一年から九年間、大阪・天王寺公園野外音楽堂で伝説の野外コンサート「春一番」を開き、現在も「祝春一番」を主宰する福岡風太がやって来る。西岡は近畿大学の学生、福岡は関西大学の学生。店長の大塚にいたっては開店当時十九歳。溜まり場と化した同店に居合わせる者は大半が若かった。

西岡は一年でグループから抜けたが、残ったふたりは「ザ・ディランⅡ」として活動。一九七一年七月にはボブ・ディランの「アイ・シャル・ビー・リリースト」を意訳し「男らしいってわかるかい」（B面「プカプカ〈みなみの不演不唱〉」）としてURCからリリースした。

ちなみにレコードデビューの一週間後の一九七二年五月、第二回「春一番」にはちみつぱいと共に出演したあがたもこの時「ディラン」に寄った。

このように西岡や大塚の他にも、高石友也、岡林、高田渡、加川良、友部、遠藤賢司、吉田拓郎、斉藤哲夫など、ディランからの影響を受けたミュージシャンは数知れなかった。

あがたは岡林のレコーディングを見て、「自分と一緒にやれるミュージシャンがいたらいいなと考えた」という。シンガーの発想である。慶一もまた、スタジオを初体験したことに加えて、自身が日本語をロックのリズムに乗せるのに努力し、その難しさを知っていたこともあり、「シンクロニシティー」という言葉を使ってこの日の驚きを表現している。

五月三日。あがたと慶一は早くも「アンク・サアカス」と名乗って、コンサートに出演した。代々木区民会館で行われた「ホスピタル21」。ジャックス・ファンクラブのコンサートである。もちろん、すでに解散したジャックスはいない。彼らのファンが主催したのだ。

メンバーは、あがた、慶一、慶一と都立羽田高校時代に一緒にやっていた山本明夫、その後初期はちみつぱいで「煙草路地」「月夜のドライブ」など名曲を残すことになる、同じく慶一の同級生で音楽に詳しい山本浩美。しかし慶一は、アンク・サアカスを「あがた君のバックバンド」と記している。「IFC（インターナショナル・フォーク・キャラヴァン）前夜祭」などすでにいくつかのコンサートで歌っていたあがたをリスペクトしてそう思ったのだろうか。それとも、あがたはシンガーで、バンドメンバーという意識は最初からなかったのだろうか。

なお、同コンサートには、元ジャックスのドラマー・木田高介、それに遠藤賢司、のちに武蔵野タンポポ団に入る若林純夫なども出演していた。あがたたちは「ハッティ・キャロル――」と

「漆黒の雨」を歌った。

ともあれ、出会いからわずか二カ月でここまで来た。音楽をやりたくてたまらないという若い二人の熱い思いが伝わってくる。行動を共にするあがたと慶一は、その後バンド名を「あがた精神病院」「あがた癲狂院」と目まぐるしく変えていくが、あがた中心の構図は変わらない。

――こういうバンド名になった理由はなんですか。

「『精神病院』とか『癲狂院』とかっていうのは、当時のアングラ劇の影響だね。バンドを作りたいと言って、慶一君とセッションしてるうちにその都度名前をどんどん変えてったんじゃないかな。バンドを作るにあたって、慶一君と一緒に作ろうとしたのか、『あがた』なんとかっていうぐらいだから俺のバンドを作ろうとしたのか」

慶一はこう話す。

「あのころは、お芝居や漫画や映画がカウンター・カルチャーとして牽引力があった。音楽はそれを追う感じだった。そこで、その影響下にあるバンド名となった」

「～精神病院」や「～癲狂院」と名乗っていたころ、慶一はすでに「こうもりが飛ぶ頃」や「土手の向こうに」を作っていた。後者はアルバム『センチメンタル通り』に収録された、はちみつぱいの忘れ難い一曲である。しかし当時は、この曲もあがたがヴォーカルをとっている。

――やっぱり、あがたさんは歌が上手いからということだったのですか。

「上手いわけじゃないよね」

――おそらく慶一さんは、演奏者として自分のことを考えていたのかなと。だから、あがたさんの歌に演奏をつけようと……。

「そんなことはないよ、慶一君も作ってたから、並行して。お互いに、あのころはいろんな歌を作ってた。毎週のように、多い時は週に二日も三日も慶一宅を訪ねた。いずれにしても、けっこうな数やってたんだ」

『蓄音盤』の誕生

このころにはあがたの友人、小野太郎とこさか（小坂）陽子が加入する（小野の本業は俳優で、のちに山崎哲率いる劇団「つんぼさじき」の看板役者となる）。

同月二九日、明大和泉祭コンサートの前夜祭で、慶一は斉藤哲夫と初めて話をする。慶一は、あがたが通っていた杉並区の明大和泉キャンパスに練習で入りびたっていたという。

翌日、アンク・サアカスは同キャンパスで催された「実験コンサート・心が涙に濡れている」に出演。ザ・モップス、ブルース・クリエイション、ブレッド&バターらの前座だった。

全共闘が破棄を目論んだ日米安全保障条約が自動延長された直後の七月二日から八月一日にかけて、あがたの自主制作アルバム『蓄音盤』がレコーディングされる。

レコーディングにあたり、あがたと慶一は、細野晴臣にベーシストとして参加してもらうため、彼の白金にある自宅を訪ねている。慶一は「あがた君の作った曲を聴いてください」と頼んだという。細野から「どんな曲をやるの？」と訊かれたふたりは、ヴァーカル：あがた、ギター：慶一で、その場で自作曲を披露。首尾よく「参加」の返事を取りつけた。レコーディングの日付からすると、『ゆでめん』発売〝前夜〟である。

他のレコーディング・メンバーは、バンドの小野（ドラムス）、こさか（タンバリン）に加え、立教大学で作詞作曲部「OPUS」(現・ムーンライダーズの武川雅寛、岡田徹、白井良明も同部出身者)の渡辺まさる(のち渡辺勝、ピアノ)、明治学院大学の斉藤哲夫(アドヴァイス)など。渡辺は、一九七〇年二月にURCからシングル『悩み多き者よ』でデビューした斉藤や、先の岡林のアルバムに参加している。いずれも早川―あがたのラインで繋がったミュージシャンである。また、ディレクターは「ニューミュージック・マガジン」(現ミュージック・マガジン)系列の読者投稿誌「ミュージック・レター」編集長で、その後あがたやはちみつぱい、はっぴいえんど、小坂忠とフォージョーハーフ、シュガー・ベイブなども所属することになる音楽事務所「風都市」の設立メンバーとなる前島邦昭。この時前島はまだ高校生だった。

『蓄音盤』は限定百枚で制作された。制作に十六万円かかったので、一枚千六百円で売ったという。儲けは、ゼロ。費用は野村證券でのアルバイト代などで賄った。同年の大卒初任給は三万五千円前後。二〇二一年度は三年連続で落ち込み、事務系で二十一万九千四百二円(経団連調べ)。その比較からすると、現在の百万円前後になるだろうか。いずれにせよ、学生にとってはかなりの大金だ。自主制作とはいえ、あがたは念願のアルバムをリリースした。販売の連絡先は慶一の実家。注文者は電話で連絡し彼の家まで取りに行ったという。

――『蓄音盤』にあがたさんにとっての原風景的なものはあるのですか。

「ジャケットを見ればわかるけどさ、北海道の郷土土産のような感じがするよね。アイヌ文様みたいなものを上の飾りに使ったりして。だから『北海道特産』なんて書いてあったと思うけど、やっぱり北海道から出てきて音楽をやってるっていう自分のアイデンティティ。そういうものを押し出したいなというイメージだよね。まぁ、蓄音盤っていうのは蓄音されたレコードだから」

――学生が大枚はたいて自主制作盤をつくって、いろんな人に聴いてもらう機会になったわけですが、手ごたえ、自信というものはありましたか。

「いやぁ、自信なんか全然なくて、こんなんでいいのかなと思いながらも、ともかく早く作ってみんなに聴いて欲しかった。なんとも一言では言えないな」

――当時はあがたさんもそうだし、慶一さんもそうだし、細野さんたちはっぴいえんどのファースト・アルバム（通称『ゆでめん』）もまだリリースされたかどうかで……（『蓄音盤』は八月四日、『ゆでめん』は八月五日発売）。

「細野さんは当時からすでに実力のある人だったけど参加してくれた」

一方、慶一は、あがたの自主制作盤の繋がりで細野から誘われ、九月一六日の「日本語のろっくとふぉーくのコンサート」（日比谷野外音楽堂）で、ゲスト・メンバーとしてはっぴいえんどのサイドギターを担当する。

慶一は述懐する。

「これは大変なことで。彼らはもう八月にファースト・アルバムを出しているからね。レコード・デビューしているバンドとやれるんだからさ。ドキドキしながら野音へ行ったことを覚えてる。

あのはっぴいえんどというバンドは、ライヴに関してはどうしても今ひとつうまくいかないバンドだった。細野さんはなんとかしなくてはいけないと思ってたんだろうな。それでいろいろなミュージシャンをいれるライヴの試みをしていたんだよ。その試みのひとつとして僕も声をかけられたんだね」

本人はてっきり正式メンバーになったものと思ったようだが、この一回きりだった。慶一が好きなバンドを訊かれ、CCRを挙げたことが原因だったという逸話がある。当時、細野らが夢中になっていたバッファロー・スプリングフィールド、あるいはモビー・グレープなどと答えていれば、慶一ははっぴいえんどの一員となっていたのだろうか。もし、そうなっていれば、はっぴいえんどはあのままではなかったし、何よりはちみつぱいという屈指のロックバンドも誕生しなかったことになる。

とはいえ、その三年後、一九七三年九月二一日の文京公会堂、すなわち、はっぴいえんどのラスト・コンサート「CITY―Last Time Around」で慶一は「はっぴいえんど」としてピアノで参加。また、二〇二一年一一月五、六日に日本武道館で開かれた松本隆作詞活動五十周年記念オフィシャル・プロジェクト「風街オデッセイ二〇二一」にもやはり「はっぴいえんど」として、両日ともピアノで参加している（筆者が観た二日めのラスト『12月の雨の日』ではヴォーカルもとった）。

はちみつぱいも結成されていないどころか、ライヴ演奏も聴かない段階で声がかかったということは、『蓄音盤』における慶一の演奏が細野にとってよほど印象的だったということだろう（もしくは、のちの風都市スタッフではっぴいえんどのマネージャーを務めていた石浦信三の発案だったかもしれない）。そして、それから半世紀をへだて再び声がかかったことも、両者の親和性や信頼関係を感じさせる（慶一作の『火の玉ボーイ』のモデルは細野で、細野作の『東京シャイネスボーイ』のモデルは慶一であることもファンの間ではよく知られている）。

それにつけても、こうしてみていくと、あがた、そして慶一の、才能と必要な人を引き寄せる力は両者ともにすさまじいものがあると改めて思う。

あがたは、たまたま通りかかった道端の電信柱に貼ってあった「ロックはバリケードをめざす」のビラでコンサートを知り、しかも当日だったことからその足で会場に向かう。

そして、そのひと月後には、コンサートで出会った早川相手に飛び込みオーディションを実現。また、翌夏には自主制作盤に細野が参加。遠藤もデビューアルバム『乙女の儚夢《ロマン》』にデュエットなどで参加している。また、斉藤とも「サアカス社」という集団を結成し、イヴェントを企てていく。短い期間で出会った〝才能〟をフルに生かしている。

慶一もあがたとの出会いをきっかけとして数カ月のうちに重要な人物と知り合い、確固たる足がかりをつかんでいく。

ふたりがバンドを結成し約五カ月経った七〇年一〇月、バンド名からあがたの冠がなくなり、「はちみつぱい」となる。あがたが、ザ・ビートルズ唯一の二枚組アルバム『ザ・ビートルズ』(通称ホワイトアルバム)収録の『ハニー・パイ』から思いついたのだった。最初は「蜂蜜麺麭」と書いた。あがたいわく、「全部漢字で、四文字でね。はっぴいえんどの平仮名に対抗しようと思ったわけじゃないけれども、ちょっと不思議な柔らかい言葉なんだけど、漢字で四文字で書けるものって何だろうなって思って。日本語の語彙にこだわりたかったから」。

ディランはあがたの中でいまも非常に大きなものがある。しかし、あがたは語っている。

「1965年、東京オリンピックの次の年、高校二年生だった僕の耳にボブ・ディランの音楽が突き刺さってきた時の驚きといったらなかった。そして、ビートルズ。この二つが僕の音楽のスタートであり、すべてだった。

僕はこう叫んだ。

ビートルズという太陽に向かって深呼吸したら、ディランという影が僕の背中に出来た」（一九八四年三月二五日付「北海道新聞」『マイワンダーランド』より抜粋）

衝撃度から、ディランがクローズアップされがちだが、実はビートルズの存在も極めて大きかったのだ。

――この時、蜂蜜麺麭と名づけた時点ではあがたさんもメンバーのひとりなわけですよね。このかたちで、はちみつぱいとしてステージに上がっていたのですか。

「うん、何度もあるよ。山本浩美さんは早くからいなくなったけど」

ところが、はちみつぱいの年表に目を通すと、七一年の一二月の時点で、メンバーは鈴木慶一（ヴォーカル、ギター）、鈴木博文（笛、パーカッション）、藤井盛夫（ピアノ）となっており、あがたの名前は消えている。

あがたがバンドから抜けた理由はこう記されている。

「しかし、あがたは、自分で納得の行く歌ばかりを作ると、はちみつぱいが『あがた森魚一色』になってしまうと考え、ソロ活動に進んで行きます」

あがたにこのことを訊いた。

「基本的に合ってるよ。確かに、そこで『僕一色になるんじゃないか』って思ったかもしれない。だんだん、はちみつぱいも自分たちのカラーが出てきて、フェアポート・コンヴェンションやザ・バンドやその辺のものを吸収しつつ、彼らっていうか、当時は僕も一緒ではあったけれども、やっぱり独自の音楽性が徐々に成立し始めるわけだよね。俺は基本的にプレーヤーじゃない。でも別に反目したわけでもないし、こいつらと俺は違うなと思ったわけでもないんだけれども、はちみつぱい全体が作りだそうとするサウンドと俺のとでは、絶妙に違う部分があるなぁって感じがちょっとしたわけね。ここのところはうまく言えないんだ」

あがたは、バンドにおいても、また、風都市においても、自身と周囲との差異を感じていた。

「全体を見渡したとき、その（風都市の）中で自分一人が異質だった（笑）。というのも、ぼくは歌い手ではあるけれど、厳密な意味ではプレーヤーじゃない。プレーヤーである慶一君たち才能あるミュージシャンがいて、はじめて可能になったことがたくさんある。デビューしたころのぼくのアルバムは、いろいろなものを彼らに負っているんです。実は、はじめはぼくもはちみつぱいのメンバーだったんです。でも、ぼくはバンドでやっていけるタイプじゃなかった。歌うことで精一杯だったんだから」（『風都市伝説』抜粋）

慶一は先の自伝において、こう語っている。

「一九七〇年に今僕がやってる音楽の基礎はすべてできた（後略）」

「名前はそんなふうに決まったけど、メンバーはすごく流動的で、僕とあがた君と勝君をとりまくミュージシャンが入れ替わり立ち替わりしてたという感じかな。で、そのまわりのミュージシャンとはいろいろコンサートをやっていた。みんなでアルバイトをしちゃあ、お金をためてさ」

「音楽ができない人は、そういう形（ガリ版刷りの詩集を持ってきたり）でコンサートに参加するんだ。

このあたりのコンサートに出演していたのはあがた君、斉藤君、なぎらけんいち、ぱふという吉田美奈子のグループ、それにサユリグループ。これはサユリという男がやっていて、なんでサユリかというと、吉永だったから（笑）」

また、別のインタヴューではこのように語っている。

「理想の形は、あがた君のバックとか斉藤哲夫さんのバックでギターを弾いたりピアノを弾いているのがいいなと思っていた。でも自分の曲をやりたくなるよね。そのとき自分で歌うわけだよね。でもバンドをつくってはちみつぱいになったときに、やっぱりフロントに立って1人で歌うというのに違和感を持って」（Libra Vol.16 No.9 2016/9）

そして翌七一年二月、慶一は短期間ながら「ほうむめいど」というバンドに在籍し、渋谷のB・Y・Gでもライヴを行っている。これはなぜなのか。

「（中略）松本隆さんの弟の松本裕君がやっていたバンドで、誘われたんだよね。しかし歌詞も曲も異常にダサくてさ（笑）。でも、どうして参加したのかというとメンバー探しのためだった。そのころのバンドというのはまだメンバーが固定していないバンドが多くて、メンバー探しのためにバンドに参加するというのがザラにあったんだ。

このほうむめいどからは、ギタリストの本多信介君をはちみつぱいに引き抜くということになるんだ。彼はすごく速く指が動いた」（『火の玉ボーイとコモンマン』）

ほうむめいどとはちみつぱいは引き抜き合いをしたことになるが、慶一が一枚上手だった（その後、松本裕はレコーディング・エンジニアとしてアルバム『火の玉ボーイ』を担当）。

話をあがたに戻そう。

――それは、あがた森魚とはちみつぱいではなくて、ただ、はちみつぱいという名前で？

「そう。ただ、一九七一年の春から夏にかけて、わりと早くから抜けちゃったんだよなぁ。僕が抜けたのは。中津川へ行ったのは七一年だから、その年の春先ぐらいかもしれない」

――中津川（第三回全日本フォーク・ジャンボリー、八月七日〜九日）は「あがた森魚とはちみつぱい」で出演しています。この時点では、すでにはちみつぱいから抜けていたということになるわけですね。この直後に「風都市」の所属になるのでしょうか。

「僕もデビューするにあたって、マネージングしてくれる人が欲しかったし。風都市っていうのはすごい気運があったから、はちみつぱいも僕もそこでやらせてくださいっていうことかな」

――石浦さん、そして前島さん、石塚幸一さん……。石塚さんは直接の担当になられたのですか。

「そう。なんとなく漠然と、はちみつぱいのマネージャーだったんだけども、僕もデビューするっていうんで、風都市があるといいなってことで彼らについてもらった」

――はちみつぱいの年表を見ると、あがたさんの名前が最初に書いてあるんですよ、メンバーの名前として。慶一さんは若いけど、あがたさんが抜けてからは実質的なリーダーになっていくし、ムーンライダーズでも慶一さんがリーダー。やっぱりリーダーシップがある方なんだなと。

ただ、はちみつぱいでは、あがたさんに対して、敬意とか遠慮とかそういうものを感じます。

「まだ、自分で主導してやろうってところまではいってなかったのかな。僕がいろんなアイディアを出しておもしろがったり、遊び心があったりしてたっていうのが強かったのかもしれない」

――中津川に出るきっかけとして、あがたさんがはちみつぱいと連れ立って出るというのはわかるのですが、これはサブステージですね。

「野っぱらの道の脇にある、ちょっと日除け雨除けぐらいはあるかもしれないくらいの本当に小さなステージが二つか三つあったような気がするんだけど。記憶では、鈴木博文君と本多信介君と僕しかいなかったような気がする。慶一君と渡辺勝君はなぜか参加していなくって、聞こえてくるのは、自分の弾き語りとフーちゃんのリコーダーと本多信介のギター。

はちみつぱいは別で独自に演奏したと思うんだ。だけどその時行ったのは、僕と慶一君、それと高校生だったフーちゃん、本多信介はいた。ともかく、中津川フォークジャンボリーの出演者メンバーに『あがた＋蜂蜜ぱい』って表記にもなっていたんだけど」

このステージについて、鈴木兄弟はこう語る。

「それでコンサート自体はどうかというと、僕はあがたさんのバックでトレーナー・クラリネットというのを吹いた。この楽器はリードがついているんだけど、運指はたて笛と同じというもので、本当だったらヴァイオリンの武川さんがやるはずだったんだけど、大学の都合かなにかで行けないということで、僕がトレーナー・クラリネットで武川さんの代役をやることになった」(博文)

「はちみつぱいのほうは、渡辺勝君、本多信介君と僕の三人」(慶一)

「全員でリード・ギターを弾いてるの（笑）」(博文)

はちみつぱいは単独で、「こおりがとぶころ」、のちの「すかんぴん」につながる「煙草路地」「棕櫚《しゅろ》の木の下で」を演奏した。

——そのステージを見て感動した和田博巳さんが、「ぜひ、自分もはちみつぱいに入れて欲しい！」って言ってくるわけですか。

「そうだね」

和田はその日、出演する岡林信康にギターを貸していて、中津川に来ていたという。願いが叶って、和田はバンドに加入することとなりベース担当になるのだが、「それまでベースに触れたことがなかった」と、慶一は自著で明かしている。

それに先立つ同年五月、和田は岡林のサード・アルバム『俺らいちぬけた』のレコーディングにアコースティック・ギターで参加。もっとも、この時点で和田はアマチュアだった。そして、はちみつぱいのギターは足りている。それなら、中村文一が抜け、欠員の出たベース・パートに加入してもらおうと考えたというわけだ。和田は中古のフェンダー・ベースを買ってメンバーとなった。レコーディングといい、グループ参加といい、いまでは考えられないことだろう。

和田は上京後、新宿のジャズ喫茶「ＤＩＧ」で働いたのち一九六九年、高円寺駅前に「MOVIN'」を開店。当初はフリー・ジャズ中心のジャズ喫茶だったが、ウッドストックの映画を観て感動しロック喫茶に衣替えしたところ、これが当たり、ロック・ファンが大勢詰めかけたという。

その中には、はちみつぱいに加入する駒沢裕城、伊藤銀次、山下達郎などがいた。友部や武蔵野タンポポ団のシバなど、ライヴを行ったシンガーもいた。また、山下はザ・ビーチ・ボーイズの曲名を借りた自主制作盤（『Add Some Music to Your Day』）を作っていたが、駒沢と伊藤は偶然ここで聞いた。これがきっかけとなり、山下は伊藤を通じて大滝詠一と会い、最終的にはシュガー・ベイブとしてナイアガラ・レーベルからデビューアルバムをリリースするに至る。

携帯電話もネットもない当時は喫茶店が出会いや文化交流の場となっていたのだ。

「中途半端な連帯」あふれる時代に

ここで、時間はやや遡るが、あがたが自主制作盤で「もてないおとこたちのうた」(早川義夫ソロ・アルバム『かっこいいことはなんてかっこ悪いんだろう』収録) をカヴァーするなど、敬愛する早川との出会いについても、少し触れたい。本格的な出会いは次章で詳述するURCレコード東京事務所だが、実はその前に重要なシーンがある。なぜ、あがたが早川に会いに行ったのかを解く鍵である。あがたとのインタヴューからその部分を抜粋する。

「一九六九年は、演劇活動こそやってたけど、もう全共闘運動もなりを潜め、なんかポカーンと穴が開いたような感じで、なんとなくダラダラしていた。俺はボブ・ディランを目指さなけりゃいけない。『絶対ボブ・ディランみたいな奴がいるはずだ！』とか思いながら街をうろついてね。どこで何をやってるか全然リサーチ力がなくて、今日のようにネットワーク・メディアがないし、『ぴあ』もまだなかったし、新聞の文化コラム欄に少し紹介が載ってるぐらいで、全く右も左もわからない時代。辺りはまるで絵に描いたような全共闘世代一色の神田カルチェ・ラタン (と呼ばれたエリア) なんだけど、もうそんなムードはなくなっていた。

で、その年の秋一〇月ごろに俺と西村とで駿河台下の辺りを通ってたら、電信柱に『ロックはバリケードをめざす』というビラが貼ってあった。これ、なんだ？　半分剝がれかかってヒラヒラして、もう映画の『真夜中のカーボーイ』みたいでね。俺たちみたいな風太郎がひょろひょろ歩いてて、なんだ、これ？　って感じでさ。出演：早川義夫、遠藤賢司……。なんか聞いたことはある。『ロックはバリケード……』、このタイトル、カッコいいぞ！　みたいなね。なんか気配を感じて。で、その日だったんだね。すぐ傍だったから、その全電通ホールっていうところへ行って」

――非常に映像的ですね。

「浮かぶでしょ？　でもバリケードどころじゃねぇよ、この年の初めに安田講堂も陥落しちゃってるわけだから。だけどなんかありそうだなって。こういうタイトルつけてる音楽のイヴェントって、これは思うところがあるんだなって。俺が見たのが、早川、エンケン、それとはっぴいえんどになる前のヴァレンタイン・ブルーだった。

ちょうど行ったら、早川義夫がピアノの前に座って歌い始めた。ソロだね。ジャックスはもう解散してるから。薄暗くて、トム・ウェイツのジャケット（アルバム『クロージング・タイム』）みたいでね。いきなり、『ぼく～おし（唖）になっちゃった』（『からっぽの世界』）って始まって。もう度肝を抜かれた。『ライク・ア・ローリング・ストーン』の真逆のようなさ。ディランの歌はやっぱり、時代に真正面からぶつかってきたけど、早川さんの歌は、ある種自閉的な自分の美学の世界にぐいっと俺たちを引きずり込んだ。その次に出演したエンケンも結局似たような個の表現としての世界観が深くてね。音楽性はそれぞれ違うけど、内向してて、重たい。

だから日本のロックはこれかもしれないなって強く、第一印象を突きつけられた節もあるよね。たとえば、それまでのカレッジ・フォークやグループ・サウンズとも全然違う。

でね、その前だったと思うけど、新宿駅西口広場のむしろ政治集会的な『フォークゲリラ』っていうのがあったんだね。『友よ～』なんて、みんな歌ってるわけ。たまたま通りすがりだったが、ともかくそれを見たわけ。あ、これじゃ全然俺の世界と違ったって、パッと感じたわけ。歌声喫茶の延長は全然興味の対象外だった。厳密に言うと、世に言うフォークを求めていたわけではないんだよね。フォークで連帯って、まぁ意識は連帯なんだけどね。みんなで朗々と歌うなんてことは……。ボブ・ディランから影響を受けたものはそれじゃなかったからね。

だからフォークゲリラっていうのも、警官の規制を受けながら、デモ活動とか座り込み集会とかしてたけど、俺のやりたいこととは違うな、と。彼らはむしろ民主青年同盟（日本共産党系の日本民主青年同盟。略称：民青。全共闘などの反代々木系学生や新左翼諸派を「トロツキスト」と批判し、激しく対立した）と近いなと思った。みんな仲良くやろうぜ、みたいなね。あれはあれで否定はしないけど、俺のやりたいものではなかった」

「良い音楽を安く」をスローガンとして「関西勤労者音楽協議会」（関西労音）が結成されたのは一九四九年一一月。当初の会員は四百六十七人だったが、各地に地域単位の組織が次々に結成されていき、一九六五年には百九十二労音、会員六十五万人を超す巨大組織に成長した。

ところが、組織が拡大していくにつれて、全国の労音が日本共産党（日共）や左派労働組合の拠点とみなされ、音楽業界全体に特定の党派の路線を持ち込んだと批判をされるようになった。

URCレコードを設立した秦政明はインタヴューで証言する。

――六十年安保のころのうたごえ運動というのは、日共先導的な部分がありましたでしょ。

「全くそうです」

――その辺に関して立場が違うという？

「大阪労音は完全に日共の牙城だったわけね。それで、ちょうど67年頃に、内部的にいろいろもめちゃって、で、会員数が減るってこともあったりして、それで随分脱けたんですね（後略）」

余談ながら、音楽評論家で「ニューミュージック・マガジン」を創刊した中村とうようは大阪労音のブレーンの一人で、ブルースを紹介するために公演の司会役も務めていた。同誌創刊時スタッフだった音楽評論家の田川律、「日本で最初の情報誌」と言われた「プレイガイドジャーナル」（一九七一～八七）を創刊した村元武ももともと大阪労音の事務局にいた（黒沢進編『資料日本ポピュラー史研究初期フォーク・レーベル編』参照）。

関西でフォークの潮流が起こった原因の一つには労音の存在がある。そして、日本共産青年同盟（現・民青）中央コーラス隊が演奏活動を開始したことからうたごえ運動に繋がっていった経緯を思えば、体質的にそういう流れを組むフォークゲリラに対し、あがたがどこか相容れないものを感じたとしても不思議ではない。

「歌ってマルクス、踊ってレーニン」と言い、革命歌、労働歌、平和のうた、ロシア民謡などをレパートリーとしながらも、党派性の異なる新左翼からは「歌って踊って日共民青」と揶揄されることもあったという。

――あの駿河台辺りの敷石を剝がして機動隊に投石したり、全共闘はそういうことをやっていたのですね。だから、かなり荒れているわけですよね。

「うん。もう内ゲバなんかもしょっちゅうあった」

――あがたさんは全共闘や闘争に対してシンパシーはあったのですか。

「一つの姿勢の表明として、ノンポリとさ、全共闘シンパ、民青などいろいろあって。でも俺は過激なほう、三派系（『マル学同中核派』『社学同』『反帝学評』の三派全学連）のシンパだったと思う。デモには行ったけど、運動そのものにのめり込んではいなかった」

歌はメッセージや政治や社会活動の道具になってはいけない。内奥に秘めたものを持っていても、いや、持っていればこそ、ただ、ストレートな言葉を載せるだけでなく、もっと歌全体で表現するものでありたい。あがたはそう考えた。

近代流行歌の開拓者でもあった演歌師・添田《そえだ》唖蝉坊《あぜんぼう》はこのような言葉を残している。

「私は『新流行歌』が新しい意味と内容とを持つことに興味を感じて、遂にその中に身を投じたのであったが、当初それは政治運動の具であった。やがて『具』であるだけでは私には満足できなくなった。単に悲憤慷慨風刺嘲罵《ちょうば》を怒鳴るだけでは慊《あきた》らなくなってきた。それはあまりに上《うわ》辷《すべ》りであった。ほんとうに心から『うたって』みたくなった。人間の心をうたい、民衆の、私たちの、生活にもっとぴったりと触れて行きたかった。

そしてまた、歌を真の『歌』の道に引き戻したかった。過去の演歌は、あまりに社会壮士的概念むき出しの『放声』に過ぎなかった。

謂《い》うならば、芸術的良心といったようなものが、私の体内を匍《は》い廻《まわ》るようになっていた。

その希《ねが》いの現れが、むらさき節となった。

このむらさき節に於《おい》て、稍《やや》完全に近い宿望の発現を得た私は、愉しかった。漸《ようや》く演歌に打ち込める気持ちとなった」（『唖蝉坊流生記』／鎌田慧・土取利行『軟骨的抵抗者　演歌の祖・添田唖蝉坊を語る』所収）

「中途半端な連帯感でその気になるなよ」――あがたはそう言っているのかもしれない。

この四年前、高校時代のあがたがラジオから流れたディランの曲に衝動を受けた夏、現地ではこのようなことが起こっていた。

一九六五年七月二五日、ロードアイランド州ニューポートで行われた「第五回ニューポート・フォーク・フェスティヴァル」にボブ・ディランは大トリで登場。トレードマークのアコースティック・ギターをエレクトリック・ギターに持ち替え、ポール・バターフィールド・ブルース・バンドをバックに「ライク・ア・ローリング・ストーン」や「マギーズ・ファーム」を演奏したのは、ロックファンの間では遠く神話化された出来事である。その場にいた歌手のマリア・マルダーによると、観客の三分の一は激しい野次を浴びせたという。また、「それでも仲間か?!」との野次も受けたと、ディランは回想している（その後、急遽アコースティック・ギターを抱えてステージに戻り、「ミスター・タンブリン・マン」「イッツ・オール・オーヴァー・ナウ、ベイビー・ブルー」を歌った）。これらの証言は、マーティン・スコセッシ監督が『ノー・ディレクション・ホーム』で明らかにしている。

なぜ、ディランがプラグインしたギターを持ったのかについては諸説ある。たとえば、「言葉でメッセージを伝えるというスタイルに限界を感じた」とすれば、もっともらしいが、理由をある事柄だけに短絡・収斂させるべきではない。「偉大なるフォーク・ミュージックの中には、神職や魔法、真理、聖書と呼べるものがある。僕の音楽の中にもそれを持ちたいと努力している」とかつて述べた事実に照らしても、相応の理由を提示しなければならないだろう。そのうえで、言うのだが——。ディランは過激な演奏によって、フォーク愛好家たちの左翼的な連帯をぶち壊したかったのではないか。もし、そうであれば、「ウディ・ガスリーの後継者」として、フォーク愛好家たちの左翼的なコミュニティから喝采を浴びてきたディランが〝変節〟した結果、米国産ロックが誕生したということにもなりかねない。

これに先立つ一九六四年六月、ディランは四枚目のアルバム『アナザー・サイド・オブ・ボブ・ディラン』（同年八月発売）の収録曲『マイ・バック・ペイジズ』を録音している。その中にこんな一節がある。

「Ah, but I was so much older then, I'm younger than that now」

（あぁ、あのころの僕よりもいまのほうがずっと若いね）

そして、レコーディングのためのセッションを見ていた作家のナット・ヘントフに語っている。

「あれが悪いとかこれが良くないとかいう批判の曲はもう書かない。他人のために曲は作らない。もう誰かの代弁者なんかでいたくないんだ」（二〇一六年八月「ローリング・ストーン」デヴィッド・ブラウン）

歌詞で繰り返される「あのころ」とはいつなのか。ヘントフとの語らいをみる限り、フォーク愛好家たちから喝采を浴びてきた時期を指しているのは明らかだろう。ここからは、善悪や白黒という二項対立的なものにわける凝り固まった自らの精神や言説のありようを「老成したもの」と見做したと受けとることができる。教条に捉われず、しなやかな姿勢でものをみることができるようになったいまのほうがはるかに若い、と。「自由を求め」ながら次第に硬直化していった運動周辺のシンパサイザーとの訣別は、すでにこの時点で決定されていたのではないか。

あるいは『フリー・ホイーリン・ボブ・ディラン』のジャケット写真で知られる恋人スーズ・ロトロとの交際期間は、ディランがプロテスト・ソングを歌っていた時期とほぼ一致する。

彼女は両親が共産党員という急進的な家庭に育ち、その影響で早くから社会活動を行っていた。中学生の時には公民権運動として人種別カウンターを設けていたスーパーマーケットでピケを張り、公民権運動団体の人種平等会議ＣＯＲＥ（Congress of Racial Equality）の職員を務め、二十歳の時には政府によって渡航が禁止されていたキューバへの学生訪問団に加わってチェ・ゲバラと面談した。

また、中高生のころからグリニッヂ・ヴィレッジ周辺で展開していたフォーク・ソング復興運動に親しみ、一九六一年、十七歳の時にレコード・デビュー前のボブ・ディランと知り合い恋人同士となったのだ。

彼女との別れによって、ある種の呪縛から解き放たれた。フィンガー・ポインティング（責任追及、非難）を楽曲のテーマとすることに感動しなくなった……。そんな側面が少なからずあるのではないか。

二〇二〇年にディランの自作詞集『The Lyrics 1961-1973/1974-2012』で計三百八十七曲の歌詞を訳出した、アメリカ文学／ポピュラー音楽研究者・佐藤良明は自著『Ｊ－ＰＯＰ進化論』の中でこう述べている。

「六〇年代のロックというのは、同世代の連帯意識によって育まれたという歴史的いきさつがあります。当時の、特にアメリカの若者たちは、しだいにロック音楽に集結しつつ、巨大な反体制的理想追求集団を築いた。しかし六〇年代が七〇年代にさしかかるあたりになると、ロックのジャンル割れが顕在化していきます」

日米の違いはあれど、当時のフォーク・ミュージックには連帯を求める空気が漂っており、そこが一つのプロテスト性として顕在化していた。しかし、一歩間違うとおかしなことになる。たとえば、自由を求めるかたちが全体主義的になっていけば、それはもはや自由のままではいられない。「連帯を求めて孤立を恐れず」は全共闘のスローガンだが、ヴェトナム反戦、全共闘運動に呼応して『勝利を我らに』（We Shall Overcome）などを歌う新宿西口のフォークゲリラに、あがたはどこか硬直化した、あるいは偽善的な匂いを嗅ぎとっていたのかもしれない。

あがたは言う。

「いや、その大衆の善良性をこそ愛おしく思うし、自分の根元にもそれはある。けれども、心やさしい人ばっかり集まってくるのは嫌なわけです。そんな善良な市民代表になったってしょうがないという。やっぱり、もっとあぶれてる奴もいるじゃない？　ダメな奴も、イジメ、疎外にあっている奴もいるじゃない？　そういう奴も入ってきて、乱れないとダメなんだ」

「ロックはバリケードをめざす」が開かれたのは一九六九年一〇月二八日。

この年三月、潜行中の日大全共闘（日本大学全学共闘会議）議長・秋田明大が公務執行妨害で逮捕された。全共闘最強を誇ったバリケードも機動隊に解除され、そのころまでに構内の拠点を失いつつあった。それでも残った少数の学生で活動を続けていた。その日大救援会が主催したものだった。

このコンサートには、のちに乱魔堂を結成し、あがた、はちみつぱい、はっぴいえんどとも音楽事務所「風都市」で一緒になる洪栄龍のブラインド・レモン・ジェファーソンも出演した。また、ヴァレンタイン・ブルーにとってのデビュー・コンサートとなった。遠藤賢司はヴァレンタイン・ブルーをバックに「夜汽車のブルース」やドノヴァンの「カラーズ」などを歌った。

「ヴァレンタイン・ブルーは、ちょっとアヴァンギャルドすぎて、アル・クーパーらがやってたブルース・プロジェクト、そういうサウンドに近いかなと思ったんだけども、それとも違うし、なんなんだろうと思いながら、あんまり印象に残らなかったんだ。ともかく早川さんとエンケンさんとそこで出会って。少しして、この人たちのところで俺もレコードを作ってみたいなと強く思って。でもデモ・テープの作り方もわからないし、『直接聴いてもらうことはできないですか』って電話したんだよ事務所に。そしたら、『じゃあ、事務所にいらっしゃい』って言われて。その時、電話に出たのが早川さんかどうかはわからない」

ヴァレンタイン・ブルーはその年九月に大滝詠一が加入、一〇月に鈴木茂の参加が決まったばかり。「ロックはバリケードをめざす」が開かれる二日前にも、細野晴臣と松本隆は解散が決まっていた「エイプリル・フール」のメンバーとしてライヴを行っている。いわば、バンドとしてほぼぶっつけ本番で、練習不足は否めなかった。オリジナルもまだ「12月の雨の日」の原曲「雨あがり」くらいしかないということもあり、当日のセットリストは「ミスター・ソウル」「ブルー・バード」「クエスチョンズ」と全てバッファロー・スプリングフィールドのカヴァーだった。細野自身も「演奏はガタガタだった、練習不足で」と、このときのパフォーマンスを振り返っている（門馬雄介『細野晴臣と彼らの時代』）。

この章の最後に、あがたやはちみつぱい、斉藤哲夫、はっぴいえんどらが当時ライヴを行ったB・Y・Gについて書いておきたい。

一九七一年四月下旬、「B・Y・G」が開店した。渋谷・道玄坂からほど近い百軒店にいまもあるロック喫茶／バーである。当時はライヴハウスで、玄米食レストランでもあった。B・Y・Gの名は、フランスのレコードレーベル「BYGレコード」（一九六七年設立）から採った。この年はカリフォルニア州サンフランシスコに、ヘイト・アシュベリーを中心として十万人ものヒッピーが集まったムーヴメント、「サマー・オブ・ラヴ」が起こった。また、ジャニス・ジョプリン、ジミ・ヘンドリックス、オーティス・レディングらが出演し、野外フェスの先駆けとなった「モントレー・ポップ・フェスティヴァル」が同州モントレーで開かれたのも同じ年だ。翌年にパリで五月革命の蜂起が起こったことからも、当時の空気が知れよう。フリージャズ中心のレーベルながら、創設メンバー三名の頭文字をかけて「Beautiful Young Generation」としたあたりはいかにも時代の気分を反映している。日本でも、この前年に「モーレツからビューティフルへ」のキャッチコピーで、加藤和彦がヒッピー風のファッションで出演し、「Beautiful」の文字を見せながら都会をぶらぶら歩くという富士ゼロックスのテレビCMが話題と共感を呼んだ。

さて、百軒店は、大正初期に始まる円山町の「円山三業地」に隣接する形で開発された商店街である。〝西武王国〟を一代で築き上げた堤康次郎が箱根土地時代、旧中川久任伯爵邸を分譲し前年の関東大震災で被災した東京の老舗・名店を誘致。まだ郊外の田舎町に過ぎなかった渋谷町（東京府豊多摩郡）は被害が微少だったこともあり、中央聚楽座という劇場を中心に上野精養軒、資生堂、山野楽器、天賞堂など都心部から百十七店が集まった。

三業地とは「置屋」「料理屋」「待合」（茶屋）の三業の営業が許可された地域を指す。いわゆる花街である。東京は杉並区以外、どこの区にも花街があった。たとえば、新宿区なら神楽坂、四谷荒木町、十《じゅう》二《に》社《そう》だ。

百軒店は一時、浅草六区をしのぎ東京一と評されるまでに発展するが、東京大空襲によって一帯は全焼。月日の流れには抗えず、東京育ちの年配者でもなければ、映画館が三館建っていた時代など想像もつかない。それでも、現在も一九二六年開店のクラシック喫茶「ライオン」をはじめ、五一年のカレー「ムルギー」、五二年の中華麺「喜楽」、坂下の道玄坂小路には五五年の台湾料理「麗郷」と、老舗が路地の四方に張りつくように点在し往時をしのばせる。役人が言うところの「界隈性を有する路地的空間」である。

道玄坂から百軒店に足を踏み入れると、右手に「道頓堀劇場」というストリップ劇場がある。前身の「渋谷道頓堀劇場」のオープンは一九七〇年。そして、最盛時には四百人を超える芸者を擁した置屋も一九六〇年代後半からラヴホテルに転業していき、大正初期から続いた三業地は青線（非合法売春地帯）という裏の姿を伴いながら、やがてラヴホテル街として知られるようになった。

演歌歌手の三善英史は一九七三年、「円山・花町・母の町」がヒットし紅白歌合戦に出場した。このころはまだ、その風情が十分に残っていたのだろう。三業組合（見番）が解散したのは平成に入ってからで、昔は路地を行くと三味の音が聞こえてきたものだ。

また、この界隈は音楽喫茶が立ち並んでいた。「オスカー」「DUST」「SWING」（その後「ありんこ」）「ブルーノート」「SAV」「デュエット」「DIG」「プラネット」（その後「音楽館」）道玄坂小路の「ジニアス」など。DIGがレコード盗難の憂き目にあい、オーナーの写真家・中平穂積（現・「DUG」オーナー）は激怒と失望から閉店。一九六九年、その跡に入ったのが「BLACK HAWK」だ。当初ジャズ一辺倒だったが、数年後はロックに方向転換する。

そういう環境の中にB・Y・Gができた。まだ「パルコ」も開店しておらず、渋谷区役所や渋谷公会堂が完成したのに合わせて、現在の公園通りが区役所通りと呼ばれ始めたころだ。かろうじてその通りに面した東京山手教会地下に「渋谷ジァンジァン」（二〇〇〇年閉館）という小劇場が六〇年代の終わりに出現した。

あがたは開店前からすでに始めていた音楽集団「サアカス」のライヴをB・Y・Gで常打ちでやるようになった。『風都市伝説』にはそれに至る前、一九七一年三月一九日に催した時のガリ版チラシが掲載されている。

五月五日、渋谷東急文化会館リトル・プレイハウスで行われた「第三回斉藤哲夫・あがた森魚サアカス」とし、発行はサアカス社、主催は曲馬団となっている。出演はあがた、斉藤の他に山本厚太郎（山本コウタロー／当時、ソルティ・シュガー）、大滝詠一、金延幸子（当時、愚）、蜂蜜麵麭、ぱふ（吉田美奈子、野地義行）となっている。

また、タイトルは「櫻特報」で、画は赤瀬川原平。全共闘世代に愛読され、「右手にジャーナル、左手にパンチ（「平凡パンチ」）」とも喧伝された週刊誌「朝日ジャーナル」において、赤瀬川は雑誌内雑誌と銘打った「櫻画報」で「アカイ　アカイ　アサヒ　アサヒ」と発行元の朝日新聞社を戯画化し、自主回収・編集長更迭などの騒動を引き起こした。「櫻特報」はジャーナル当該号と同じ日付となっており、「画報」キャラクターの「馬オジサン」と「泰平小僧」もそのまま登場させるなど、赤瀬川やあがたのパロディ精神が垣間見えるような作りとなっている。

その後「サアカス」は「地下室のサアカス」と名を変え、活動の場をB・Y・Gに移している。

余談ながら、私が遠藤賢司にインタヴューを申し込んだ時、彼が指定してきた場所はB・Y・G。そして、渋谷・クラブクアトロでのライヴを終え打ち上げを開いたのもここだった。もう随分前だが二十一世紀の話である。デビューしてから三十数年は経っている。松本隆も二〇二一年、この店を訪れたことをSNSにアップしていた。

玄米食とライヴで始まったB・Y・G、そして風都市。百軒店は、若き日を過ごした彼らにとって忘れられない記憶がある特別な場所なのかもしれない。

そして半世紀の時を経て、あがたが二〇二二年七月にリリースした四枚組ベスト盤のタイトルは『ボブ・ディランと玄米』。偶然の一致か。それとも、原点は微動だにしないのか。答えはどちらもイエスであり、ノーであるだろう。

証言2

浮き上がったアイディアを初動に持っていくスピードの速さは誰も敵わない。また、それが驚くべきアイディアだったりする。

鈴木慶一

◉ミュージシャン

あがた君はシンガーというイメージよりも、まず、コンセプチュアルな音楽を作る人だと思っています。シンガーとして考えた場合、デビュー当時『赤色エレジー』ほかいろいろあって、変化を感じたのは『君のことすきなんだ』ですね。奇を衒っていない感じというか、あのアルバムの歌い方はすごくナチュラルな感じがあったんです。次のポイントは、ヴァージンVS《ヴィズ》を結成した時。ここでまた、ちょっと変わって、ニュー・ウェイヴっぽい歌い方になった。初期のディラン的な歌い方からすれば、ホップ・ステップですね。そして、さらに『バンドネオンの豹』でタンゴを取り入れていく。あれ以降はもう独壇場でしょう。要するに、あがた流の歌い方というのを完全に確立したと思うんですよ。それはどういうことかって言うと、いわゆる普通のメロディ通りに歌うのではなく、非常に抑揚が激しくて、音程を塗り潰していく感じの歌い方になっていった。現在に至る歌い方というのは、やっぱりすごい発明をしたんじゃないですか。彼にとって、歌い方の発見みたいなものがあったんだと思う。だから、「いま」に繋がっている歌い方はそこから始まった。『バンドネオンの豹』の辺りから。

『日本少年(ヂパング・ボーイ)』では、細野晴臣さんがメインのプロデューサーで、もう一人、矢野誠さん、そして私がいて、任される時はやりましたけれど、細野さんが全部差配する感じですよ。関わり方が部分的にこの曲は誰、この曲は誰みたいな感じになっていた。

あがた君の関連で、私がプロデュースに関わったのはこの他に、ヴァージンVSの『羊ヶ丘デパートメントストア』、これはなぜかお蔵入りになった時期があった。二〇〇〇年代直前の一九九九年、『日本少年2000系』、そして『べいびぃろん(BABY-LON)』。もちろん、自主制作の『蓄音盤』から関わっていますから、ミュージシャンとしてはかなり参加しています。『蓄音盤』の時は私も十八歳。私が高校の時にオタクで、引きこもって、家でテープレコーダーばかりいじっていたノウハウがあれで活かされたのでおもしろかったんですけど。

そして一枚目の『乙女の儚夢』もはちみつぱいを結成したばかりで楽しく終わって。次の『日本少年』も膨大な時間がかかったけど、こんなにたっぷり時間かけて、実験ばかりできて、嬉しいっちゃなかった。

フィニッシュの辺りでこりゃ手間がかかるなと思ったのは『日本少年2000系』ですよ。『日本少年2000系』は、ソロ・ミュージシャンとしてのあがた森魚を全面的にプロデュースするのは初めてだった。『日本少年』は二人がかりだったから、で、このアルバムは対峙して作っていくうえで、最後の方になってこんなになっちゃうのかっていうくらい変わっていく。あがた君は、要するに思いついたことをどんどんすぐやる。その機関車みたいな推進力がすごいんです。それで、どんどん拡張していくんですよ。途中で「二枚組にしたい」とかマスタリングの途中で「歌詞を変えたい」とか言い出す(笑)。この拡張に追いつけるかどうかというのは、いろんな意味でプロデューサーとしては、とても大変なんです。

アイディア先行の人だから、面白いと思った後に、果たしてこれは実現できるんだろうかとか、そういうことまで考えなくてはいけないわけですよね。でも、そのアイディアが実に素晴らしいんですよ。それはすごい。実現を目指したくなる。

私があがた君単独のアルバムに参加したのは

『タルホロジー《Tarphology》』、そして五年前のアルバム『べいびぃろん』が最後です。あれははちみつぱいがバッキングをして、あがた君の曲を演るんですよ。でも他に提供曲が出て来て、本多信介も曲を提供し、私も提供し、岡田君や渡辺勝も提供したのか。要するに、はちみつぱいの中で曲を書く人全員が曲を書いています。だから「はちみつぱいのアルバム」という人もいて。

『べいびぃろん』はいいアルバムと思っています。はちみつぱいで演ったということにすごく大きな意味があって、それによって軋轢も生まれるんだけど。みんないい歳になって、簡単に言うことを聞かないしね（笑）。その頃は若い人たちと作ってたようでしたし。

　あがた君は頭の中に暴風雨が吹いているという感じですね。たぶん、何かをやりたいと言った時にイメージするんでしょう。きっと。イメージした時にそれから派生する妄想がたくさんあるんでしょう。で、それが膨らんでいって、本来の初期の考えが隠れてしまう場合もある。妄想のほうが拡大していって、それが曲になってしまう場合もあるんじゃないか。だけどね、その脳内暴力性が一番面白いところでもあるんですよ。「脳内暴力度が高い」と『あがた森魚ややデラックス』で私がコメントしたのはそういう意味なんです。

　浮き上がったアイディアを初動に持っていくスピードの速さは誰も敵わない。また、それが驚くべきアイディアだったりするんですよ。そこがすごいんです。いつもそう思う。そのアイディアを実現するまでにはまた手間暇がかかるんだろうけれど、その初動のアイディアの発想が素晴らしいんです。それは私も影響されまして、アルバムのコンセプトを作るということ。それをまず考えるというのがね。大事なことなんだなと思います。

　もっとも、スタートはいいんだけれど、そこから先、迷走する場合が少なくないというのはありますけどね。自分でも迷っているんだろうな。でも、アイディアの発端は素晴らしい。一作目からコンセプチュアル・アルバムで、コンセプトを考えて最後まで持っていく。いろいろあるんだろうけれど、最初のアイディアが光っているからみんな惹かれるんですよ。あがた君との音楽作りは魅力的だなと思う。「シアトリカルな音楽を作りたい」という点で、あがた君と私は同じだと思う。

それにしても、二十一世紀の一〇年代に入ってからの、あがた君の精力的なペースには驚いた。もう少し遡ってみると、結構ダラダラ過ごしていた日々もあったしね。ヴァージンVSのころなんかは。もっと昔のことを言うと、私が初めて会ったころはおとなしい陰鬱な二人だった。陰鬱の人がだんだん喜怒哀楽が激しくなって、年をとってタフネスになったのかな。そこの過程は見ていないんで。ずっと一緒にいたわけではないし。だけど、急激にタフネスぶりを発揮し始めたというか。みんなどうしたんだろうなと思っていると思う。あがた君のあの多作ぶりは、たぶん年中冒険しているんじゃないかな。

すずき・けいいち　一九五一年、東京生まれ。中学二年の時、『空と言う名の屋根の下にいる』を初めて作詞・作曲する。七〇年、あがた森魚らとはちみつぱいを結成。解散後ムーンライダーズをはじめ、高橋幸宏とビートニクス、鈴木博文とTHE SUZUKI、Controversial Spark、ケラリーノ・サンドロヴィッチとNo Lie-Sense、PANTAとP.K.Oなど数々のバンド、ユニットを結成。『座頭市』『アウトレイジ 最終章』の映画音楽で日本アカデミー賞最優秀音楽賞など内外の賞を受賞。『ヘイト船長とラヴ航海士』で日本レコード大賞優秀アルバム賞受賞。任天堂の『MOTHER』『MOTHER2』の楽曲を手がけたことでも知られる。二〇二二年四月、ムーンライダーズの十一年ぶりのオリジナルアルバム『It's the mooooriders』を発表。

第三章 ◉ 赤色エレジー

上：1972年　デビュー曲『赤色エレジー』ジャケット
中：1972年　デビュー曲『赤色エレジー』見本盤のレーベル面
下：1972年　デビュー曲『赤色エレジー』ベルウッド盤のレーベル面

「なんでお前、下駄履いて来るの？」

一九七二年、ベルウッド・レコードがキングレコードの社内レーベルとして設立された。フォーク系レーベルとしてはURCレコード、エレックレコード、また、浅川マキがデビューしたアビオン・レコードが先行していたが、いずれもインディーズで、メジャーでは南こうせつとかぐや姫などをリリースしたPANAM（日本クラウン）に次ぐ斯界の先駆けであった。

設立者は三浦光紀。前年秋、担当した「出発《たびだち》の歌―失なわれた時を求めて」（上條恒彦＋六文銭）が世界歌謡祭でグランプリに輝き、国民的ヒットとなる。その手腕を買われ、三浦は一九七二年のベルウッド独立時に二十八歳の若さで取締役制作部長に就任する。彼の脳裏には、米国のルーツ・ミュージック復興の牽引車となったニューヨークのフォークウェイズ・レコード（現・スミソニアン・フォークウェイズ・レコーディング）、一九六〇年代にノスタルジックでドリーミーな音楽を輩出したロサンゼルス郊外のバーバンク・サウンド、そしてURCをミックスしたようなレーベル構想があったという。ちなみにベルウッドというネーミングは三浦の後押しをしていた、当時の講談社文芸部長・鈴木実の名からグランプリ曲を作曲した小室等が命名。メイン・ロゴの「松ぼっくり」はフォーク・シンガー高田渡の長兄がデザインした。

キングはプレ・ベルウッド時代にあたる一九七一年にも、シングル盤で小室の「雨が空から降れば」、はっぴいえんどの「12月の雨の日」、高田の「自転車に乗って」を、また、アルバムも、小室『私は月に行かないだろう』、高田『ごあいさつ』とフォーク系のレコードをリリースしているものの、本格的に参入したのはやはりベルウッドの旗揚げからである。

あがた森魚は一九七二年四月二五日、そのベルウッドから第一回発売シングル盤「赤色エレジー」（B面「ハートのクイーン」）でレコード・デビューした（同時発売でシングルで友部正人「一本道／まちは裸ですわりこんでいる」、アルバムで六文銭『キング・サーモンのいる島』、高田渡『系図』、山平和彦『放送禁止歌』の三タイトルも発売）。演奏は当時二十歳の鈴木慶一が率いる蜂蜜ぱい。他のバンド・メンバーは渡辺勝、本多信介、和田博巳、武川雅寛、カシブチ哲郎。独立レーベルの趨勢を占う第一弾として、宣伝チラシには「新歌謡曲」と書かれ、「ニュー・ミュージック」のルビが振られた。早稲田大グリークラブで三浦の一年後輩だった音楽プロデューサーの牧村憲一によれば、この冠で呼ばれた日本で最初の曲である。

きっかけはデビュー前年の一九七一年八月、岐阜県恵那郡坂下町（現・中津川市）にある椛《はな》の湖《こ》畔にて開催された、日本初の野外フェスティヴァル「第三回全日本フォークジャンボリー」（通称・中津川フォークジャンボリー）だった。あがたは蜂蜜ぱいと出演。サブステージではあったが、この時の歌と演奏を会社で録音テープの整理中に聴いた三浦があがたに声をかけ、ベルウッドの第一弾としてデビューが決まった。

三浦は「電話でレコード出さないかっていったら、嬉しくて泣き出しちゃってね、可愛いなと思って」と、インタヴューで答えている（『資料 日本ポピュラー史研究初期フォーク・レーベル編』）。

あがたは当時についてこう語っている。

「北海道から東京に出てきて、音楽でも文学でも何でもいい、自分の感受性を生かせるアーティスティックなことがしたいと思ってました。そういうもやもやっとした気持ちを抱えて毎日を生きていたときに出会ったのが、林静一さんのマンガ『赤色エレジー』の単行本です。アパートで同棲する男の子と女の子との他愛のない物語なんだけど、ぼくには深く感じられるものがあった。それで、誰にも頼まれずに勝手に主題歌をつくってしまった（笑）。それが歌のほうの『赤色エレジー』です」（『風都市伝説』）

あがた森魚と聞いて、還暦以上の人ならまず「赤色エレジー」を思い浮かべるだろう。オイルショックが高度成長期の終焉を告げたとするなら、当時はかろうじて末期にあたる。流行語で言えば、「昭和元禄」最終期ということになろうか。当然、時代の美意識はモダニズム一辺倒で、大方の視線は「明日」へ「未来」へと向いていた。そこへ突如、大正時代の演歌師を思わせる古風な哀歌《エレジー》が流れた。プロテスト・ソングでもなく、さりとてストレートなラヴ・ソングとも一線を画している。どこか厭世的な暗ささえ感じさせる歌とすすり泣くような歌唱は、とてもその時代を謳歌する若者のものとは思えなかったはずだ。

そのころ、各分野で伝統とは異なった地平から新しい文化が芽吹いていた。

当時の「流行とできごと」を紐解くと——。一九六七年は「フーテン族」「シンナー流行」「ミニスカート」「アングラ」「ハプニング」「フリーセックス」。一九六八年は「サイケデリック」「ノンセクト」「ノンポリ」「失神」。一九六九年は「ナンセンス」「ニャロメ」「あっと驚くタメゴロー」「オー、モーレツ!」。一九七〇年は「ノーブラ」「ロングヘアー」「スケスケルック」「ウーマン・リブ」「鼻血ブー」。一九七一年は「シラケ」「アンノン族」「脱サラ」。一九七二年は「ナウ」「未婚の母」「あっしにはかかわりのねえことで」などとなっている。

ヴェトナム戦争、中国文化大革命からひろがった世界的な反戦・革命的気分とは別に、そういった問題を急進的にとらえる人間ばかりでなく、一般の中にも、これまでの「社会的なしきたり」＝秩序・常識・社会通念＝に背を向ける人々が現れたのもこのころだ。もっとも、旧弊を脱しようとすれば、時に価値紊乱《びんらん》を引き起こすこともある。

そんな新旧の瓦礫を押しのけつつ現れた若者が各界で登場した。あたかもこの半世紀ほど前、世界同時多発的に勃興し運動化したダダイスムというニヒリスティックな芸術思想と同じように。音楽の世界ではフォーク・シンガーやロック・ミュージシャンがそれに該当するだろう。そして、そのひとりがあがただった。

ところが、デビュー曲「赤色エレジー」に火がついたのは、意外にもテレビ番組『11PM』（日本テレビ／読売テレビ）への出演がきっかけだった。日本初の深夜ワイドショーとして高視聴率を誇っていた番組である。硬派な社会問題を取り上げる一方、お色気も売り物にしたため「俗悪番組」「エロブンPM」などと呼ばれ、PTAや世間からの批判や抗議は多かった。

あがたは「赤色エレジー」の発売からひと月半ほど経った六月一五日に「若者のアングラアート事情」という特集で、大道芸人らと出演した。長髪、GパンにTシャツ、本人いわく「家にあったズック靴はボロボロだし、下駄なら少しちびていても大丈夫だろうとあまり考えずに履いて行った」ら、司会の大橋巨泉がおもしろがりからかった。「なんでお前、（テレビ局のスタジオに）下駄履いて来るの？」。そんな格好で、あがたはギターを抱え「赤色エレジー」を歌った。

すると翌日から、『小川宏ショー』『夜のヒットスタジオ』（フジテレビ）『桂小金治アフタヌーンショー』（日本教育テレビ、現テレビ朝日）など複数の番組から引っ張りだこになった。時代が混沌とする中、突如現れたバンカラ・シンガーといった様子が新しかったのだろう。

番組で、時にコメンテーターなどから厳しい言葉を受けることはあったが、存在が知られたことも手伝って、オリジナル・コンフィデンスのヒットチャートも上昇し、四月の発売一週目に八〇位だったのが、八月には最高の七位まで駆け上がり、最終的に六十万枚の大ヒットを記録。秋には『ミッドナイト・リサイタル〜何が出ますやら三奈と森魚』（TBS）と銘打った、青江三奈と組んだ番組までつくられた（司会は朝丘雪路）。青江はその時すでに紅白歌合戦の常連で、ミリオンセラーを連発し、長者番付の歌手部門でも上位につけるほどの人気歌手だった。

この年、あがたの記事は新聞・雑誌で六十本超。女性誌も少なくなく、また、その内容からしても女性ファンも多かったようだ。

——あがたさん自身にマーケティング的な発想は全くなかった？

「ないですね。根底的にもうできちゃっているわけじゃない。『赤色エレジー』をこいつに下駄履かせてって。アコギ持ってはにかんで、こういうキャラクターで……というマーケティングを、あがた森魚が知らないうちに作ろうとしても、こちらは、それに合わせているというより、そのものなわけだから」

——周りから見たら狙っているんじゃないかと思われる要素があったわけですね。

「青島幸男と中山千夏が司会のお昼のワイドショー（日本テレビ『お昼のワイドショー』）があって、八代英太もアシスタントでいて。そこに竹中労がゲストで出て、俺も出て、ずらっとテーブルに並んで喋っていたわけ。すると八代英太が『あんなにしてまで売れたいものなんでしょうかね』って言ったんだ。生放送だよ。すごいよ、みんな厳しいよ。当然むかっとくるじゃん。そうしたら、今度はこっちにいた竹中労が、『あれは赤色エレジーではなく黒色エレジーですね』

って言うんだよ。すぐ隣にいたから、ぶん殴ってやろうかと思った。大島（渚）と野坂（昭如）の殴り合いじゃないけれど、そういうことをけしかけておいて歌わせるんだよ」

――歌う前に言うのですか。

「歌う前か後かはもう覚えてない。でも歌うために出ているんだから、当然歌ったんだよ」

――ゲストに呼んでおいて、すごいですね。

「でも嫌いじゃないんだよ、俺。そういう破天荒なものが。非常にマーケティング的ロックンロールかもしれないしさ。その構造自体が、その混沌自体が、僕らの模索した六〇年代から七〇年代だったんだから」

――あがたさんの意識はともかく、彼ら番組側にとってはカウンター・カルチャーを体現するひとり。これくらいの修羅場は潜り抜けてこいよ！　という感じなんでしょうかね。よく言えば。

「よほどチャラいか、なんかあるのか。試してみようというのがあるよね」

――まぁ、その世界の先輩方ですからね。

「あれがまさに一九七二年。五十年前の夏ごろだよ。歌謡界の大御所、アイドルがいてね。俺のようにすっぴんで、下駄つっかけて、ゾロゾロ歩いてるのがひょっと出てきてさ」

――メディアは時代の寵児的な扱いをしたわけですから。

「したし、まぁ、そういう立場、役割を担ったわけですよね」

――だから、ちょっと試してやろうくらいのきついカウンターを放ってきたのでしょうね。

「まさに！　だから、いろんな人に道理の通らないことを言ったりするのも、俺の中ではワケがあって、立て板に水みたいに喋れるとは限らない。だから歌うとも言える。多くの作家だってそうだろうけど。逆にそれができたら評論側に回っちゃうだろうから」

――より表現できる領域があるから、歌を歌ったり絵を描いたりするわけですよね。

「やや飛躍するけど、一時期所属した渡辺プロダクションのころに一緒だった森進一さん。あの人は歌うこと以外は一切やらなかったじゃない。俳優やったりとかコメンテーターしたりとか。とにかくどう言われようと、森進一節を聴かせるという。あれは彼の歌唱性も含めて、ストイックで魅力のある人だったけど、歌い手は本当はワン・アンド・オンリーで、歌い手でいればいい。俺もいかほどのものであれ、映画を作るとか、ファンも予期しない新しいスタイルの音楽をやるとかしていないで、いまもロン毛で、下駄履きで、何年経っても洗いざらしのジーンズ履いて、ずぅっとあがた森魚をやっていればあがた森魚そのものでいられたのかもしれない」

――髭つけて、下駄履いて（笑）。五十周年ですから、アトラクションの一環で。

「ジョークにしかならない（笑）。ロックとはなんだとか定義づけしたけれど、そこでも竹中労とのこととか質疑応答された時、『あなたはなぜそういう格好をしてテレビに出て来るんですか』とか、たとえばそんな質問があったりね。『あなたは音楽をちゃんとやっているんですか。譜面書けるんですか』とかいろいろなこと言われて。俺、ギタリストでもピアニストでもないし、作・編曲家でもない。ただ、歌い手になりたくて、突発的に自分自身でも予期しなかった不思議な歌を歌った。これは自分としては納得なわけだよね。ものすごく納得なんだけれど、いま言ったみたいに、『あなた、何があるんですか』って言われた時に、答えようがないんだよ。『音楽的に優れているか』と問われた時に何も言えないわけ。だから誰に何を言われようと、『俺は歌いたくて歌っているんだよ』としか反論できない。外側からもう少しガードがあれば、とも思った。そこに所属事務所の『風都市』があろうが、キングレコードがあろうが、ベルウッドがあろうが、はちみつぱいがあろうが、自分のアイデンティティしか拠り所はない。『風都市』のあがた森魚でございい、ベルウッドのあがた森魚でございい、ではないんだよ。冷静に考えれば、孤独だったわけだけど、その孤独すら生きがいだった。だって、よくわからないけれど、次の日はフジテレビ、次の日はNHKに出てくださいって。『下駄を必ず履いて来てください』みたいなことになっていくわけじゃない。広告代理店が作ったわけではないのに、スタイリングしてお膳立てまでして、僕は自ら出て行ったわけだから。

だから、めちゃおもしろいよ。こちら側にはこうせつの『神田川』も生まれてくるし。陽水の『傘がない』も生まれてくるし。あちら側には演歌系の『昭和枯れすすき』とか。わりと日本のベタな演歌世界、日本人独特の日本人の芸能の世界に敷衍して行ったようなことがあったりね。はっぴいえんどや『風都市』がこれまでの日本の音楽性や芸能界への反問として、出て行こうとしたわけだけど、あがた森魚はそれともまた、全く違うベクトルだった」

――矢沢永吉さんも二〇二二年末にキャロルでデビューして五十周年です。キャロルもいた、はっぴいえんどもいた、あがたさんもいた。陽水さん、拓郎さんもいた。世間一般からすれば、そういう人たちがひと固まりになって短期間に出てきたわけです。はっぴいえんどは当時、激しいものを求めていた時代の中では洗練されていてあまり目立たなかった感じがありましたね。

「多くの人の認識としてはベタなロックではないけれど、ロックの本質の王道をはっぴいえんどが一人で引っ張っていたところがあるからね。あの時代の歌謡界なり音楽シーンなりでは、多くの人はロックの本質をイメージしたりかたちにしたりすることができなかった。必ずしも内田裕也さんやキャロルではなかったわけだから」

「赤色エレジー」
愛は愛とて何になる
男一郎まことはとて

幸子の幸は何処にある
男一郎ままよとて

昭和余年は春も宵
桜吹雪《ふぶ》けば情も舞う

さみしかったわどうしたの
おかあさまのゆめみたね

おふとんもひとつほしいよね
いえいえこうしていられたら

あなたの口からさよならは

言えないことと想ってた

はだか電燈舞踏会
おどりし日々は走馬燈

幸子の幸は何処にある
愛は愛とて何になる
男一郎まこととて

幸子の幸は何処にある
男一郎ままよとて

幸子と一郎の物語
お泪頂戴ありがとう

「愛は愛とて何になる　男一郎まこととて」のコード譜は、Am、Dm、Am、Dm、Am、E7、Amである。Am、Dm、E7というわずか三つのコードが循環していくだけだが、ひと度聴けば、「いま、ここ」から遠く離れた時空間へとあっという間に連れていかれる。「舞踏会」や「走馬燈」が目の前に現れるのだ。

あがたは若いころ、「赤色エレジー」を歌うと、舞台袖で見ていた細野晴臣や西岡恭蔵から「もうすぐ泣くよ！」「ほら、泣いた！」とからかわれたらしい。しかし、単純なコード展開から、これだけの〝世界〟を創造できるのは、ひとえにあがたの声があってこそだろう。泣くことさえ厭わない情念とあの声が重なり合った時、余人には真似のできない魔法がかかるのである。

それでも、あがたはデビューしたころから、やや風変わりでわかりづらいキャラクターだったようだ。控えめに言っても従順な人物とは思えない身なりで、かと言って饒舌でもなかったからだ。


ところが、声がかかった番組には全て出た。「フォークにテレビは似合わない」「テレビの商業主義的なやり方は嫌いだ」、あるいは「時間が限られ、フルコーラス歌えない」などと言って、テレビ出演を拒むというスタンスがあった時代である。

吉田拓郎はそのひとりだった。森達也は著書『ぼくの歌・みんなの歌』でこう書いている。

「この頃の吉田拓郎は、テレビというメジャー媒体に出ないことでカリスマ性を獲得していた。テレビでは自己主張が思うようにできないとラジオでその理由をしゃべっていて、リスナーである僕らは、その反骨に魅せられた」

また、加川良は、宣伝のためにラジオスポットを流したら、「商業主義的なことは一切やるな」とスタッフに怒ったという（『資料　日本ポピュラー史研究　初期フォーク・レーベル編』三浦光紀インタヴュー参照）。

時流におもねらない、既成のシステムに与《くみ》しない。そんな彼らを「反体制的」として評価する向きもあった。そうであれば、〝素直にテレビに出るフォーク・シンガー〟に当てが外れる思いを抱いたファンも少なくなかったことになる。フォーク・シンガーのパブリック・イメージ、皮肉っぽく言えばステレオタイプに反するからだ。

さらに、森は書く。

「ところが、あがた森魚には、その類の気負いはまったくなかったようだ。『赤色エレジー』がヒットしたその年か翌年の正月番組『スター隠し芸大会』に、彼が出演していたことを僕は覚えている。クレージーキャッツやザ・ピーナッツと共にニコニコと嬉しそうにコントに興じる彼の姿は、華やかなテレビ画面の中で、明らかに異物だった（後略）」

ギターを抱えてどこへでも

彼が奇矯に映った振る舞いは他にいくつもある。

『赤色エレジー』の着想源となった同名の劇画を「ガロ」（旧・青林堂）誌上に一九七〇年一月号～一九七一年一月号まで連載した林静一はこう語る。林の作品を読んだことがない人でも、ロッテのキャンディ「小梅」のキャラクター「小梅ちゃん」は知っていると思う。女性の表現において、「現代の竹久夢二」とも評される人物である。

「あがた森魚さんは、面識がないままに『赤色エレジー』を作って歌っていたみたいで、まわりの人に『原作者に断らないとないとやばいよ』と言われて連絡してきたんでしょう。新宿のローレルという喫茶店でしたが、僕はテープを渡されると思っていたんですよ。彼は、いきなりギターを取り出して『愛は～愛とて～』と歌い出すんです。舞台とおんなじ声量でね。他にも客がいるんですよ。どうしたものかと困ってね。1番が終わって『2番もお聴きになりますか』って聞かれても、『もう、結構です』って答えるしかないものね」（二〇〇四年「レコード・コレクターズ」一一月増刊号『Jacket Designs in Japan』）

林はかなり恥ずかしい思いをしたようだ。普通の人は一緒にいる人に気を遣うことがある。いわば、その瞬間は人の時間で生きている。一方、あがたは自分の時間で生きている。そんな感じがする。とはいえ、あがたはあらかじめ、そのように意識して行っているわけではないだろう。自分勝手ということではない。おそらく「そうしたい」という意識＝情熱が人並みはずれて強く、それを実行することとの間に落差がない。エネルギーも強力だ。だから、一旦その〝モード〟に入ってしまえば止める術がない。純粋さの証でもあるが、それがしばしば、周囲にいる者を驚かせたり、当惑させたりするのだと思う。あがたはいつも全開で、オンステージで、素っ裸なのだ。ちなみに、「ローレル」はいまも新宿三丁目に健在だ。創業一九四七年というから、現存するなかでは屈指の老舗である。

補足ながら、新宿にはもう一つ林がお気に入りだった喫茶店があった。三越（現・ビックカメラ新宿東口店）裏にひっそりとあった「茶房青蛾」（八一年、閉店。二〇一七年、店主の長女によって東中野に復活）である。林静一が、ローレルで「赤色エレジー」を聴かされる前に、まだ見知らぬあがたと待ち合わせたのが青蛾だった。ところが、あがたがギターを携えてやって来たのを見て、ここはふさわしくないことを予感したようだ。古民家を改築し、竹久夢二の原画を飾ってあったその店は、対話するにも「静粛」がマナーで、ギターを弾くなどもってのほかのこと。そこで、そのすぐ向かいにあったローレルへと席を移したのだが、案の定だったわけだ。

レコード・デビューの数カ月前、あがたが自主制作のシングル盤（散面「赤色エレジー」演奏‥南部菜食バンド　あがた森魚、鈴木慶一、鈴木博文、武川雅寛、小野太郎／華面「清怨夜楽」＝『乙女の儚夢』では「清怨夜曲」＝演奏‥池田屋六重奏団）と描き下ろし絵本とのセット『うた絵本』（幻燈社）出版のためにイラストを依頼する際に指定されたのが青蛾だった。

その一年半前には、はっぴいえんどでアルバム・デビューする前の松本隆がファースト・アルバムのジャケットを依頼するため、やはりその青蛾で林に会った。同アルバムのジャケットに「ゆでめん」と大書された看板が描かれたことから通称「ゆでめん」と呼ばれるようになったのはよく知られているが、この製麺所は西新宿・十二社に実在した。林は当時製麺所の近くに住んでおり、見慣れた景色の一片としてこれを描いたようだ。

それにしても、ローレルも青蛾も一九四七年に開店し、また、外国人観光客向けガイドブックで「日本のグリニッジ・ヴィレッヂ」と紹介された「風月堂」もその一年前に開店した。これらの名物喫茶が同時期に創業したのはただの偶然とは思えない。

三つの喫茶店が生まれたこのころ、新宿東口では「光は新宿より」のスローガンを掲げた、戦前から新宿周辺の縁日などで露店を出していたテキ屋の中でも特に勢力を誇っていた暴力団関東尾津組の「新宿マーケット」が幅を利かせていた。新宿大通り（現・新宿通り）によしずやベニヤを張った闇市が玉音放送の五日後から大挙したのである。やがて、事実上なんの規制も受けなくなった闇市たちがそこに殺到し、正規の流通経路には乗せられない物、すなわち闇物資をもつ者も需要を求めてやってきた。東京区裁判所経済犯専任判事・山口良忠が、配給食糧以外に違法である闇米を食べなければ生きていけないのにそれを取り締まる自分が闇米を食べていてはいけないのではないかとの思いから、闇市の闇米を拒否して食糧管理法に沿った配給食糧のみを食べ続け、栄養失調で餓死したのも一九四七年一〇月のことだ。いち早く営業を再開した伊勢丹百貨店もまだ「鐵兜《てつかぶと》を鍋に再生」という広告を出していた。

また、一九四五年、東京大空襲により一帯が焦土と化したため、「歌舞伎の演舞場を建設し、これを中核として芸能施設を集め、新東京の最も健全な家庭センターを建設する」という復興事業案がまとめられ、この都市計画から四八年、新しい町は歌舞伎町と名づけられた。結局、財政面などからこの構想は実現せず、新宿コマ劇場が建設されるにとどまった。町名こそ残ったが、「健全な家庭センター建設」という当初の目論見と現実との落差はまるでコントである。

銭や厘という貨幣単位が通用停止となるまでにはまだ六年待たねばならない。窮乏と混乱のさなか、自然発生的に露天商が軒を連ね、自転車タクシー（輪タク）が道路を往来していた時期、これらの店がどのように始まり、それぞれの道を辿《たど》っていったのか。これはこれで、別の読み物になるだろう。そんな喫茶店にその後の文化をさまざまに彩る人物が訪れていたというのもおもしろい。ある場、ある人が、一つのステーションとなり得た時代が確かにあったのだ。

こんな逸話も残されている。

あがたは一九六九年の暮れ、デモ・テープを募集していたURCレコード東京事務所（渋谷区神宮前・東京セントラルアパート＝現・東京セントラル表参道ビル）に押しかけるようにして、早川義夫に直に歌を聴いてもらっている。早川はその年の夏、のちに〝日本のロックの嚆矢〟とも言われるジャックスを解散し、URCでディレクターとして働きながら、ソロアルバム『かっこいいことはなんてかっこ悪いんだろう』を同レコードからリリースしたばかりだった。

早川の楽曲は陰鬱で、せつない。そして、ジャケットの裏には「僕はこのレコードを、どうしても流行に乗り遅れてしまうような方に捧げようかと思う」と書かれている。流行に乗り遅れてしまうような人がひとり、陰鬱で、せつない音楽に針を落とす……。しかし、そんな陰鬱さやせつなさや寂しさの中からも名曲が生まれる。同アルバムに収録された「サルビアの花」は多数の歌手に歌われてきたが、あがたも一九七七年のアルバム『君のことすきなんだ』でカヴァーし、ライヴでは今日に至るまで折にふれセット・リストに入れてきた。

この時の話をあがたに訊いた。

——URCにはどうして、いきなり実演でいこうと思ったのですか。

「デモ・テープをどうやって作ったらいいのかもわからなかった」

——あぁ。その日、あがたさんはどんな様子で？

「ガット・ギターが俺の部屋にあった。楽器屋で買ったような気もするし古道具屋で買ったような気もする。安いギターでブランド物では全くない。ともかくそれを、ギターケースもなかったからトレンチコートで巻いて。で、眼鏡が割れてたんだ。片方が縦に割れてたんだよ、猫の目のように。まぁ、大方酔っぱらって暴れて。そのころは喧嘩も日常茶飯事だったたから。だから、風体からして奇妙だったと思うよ。早川さんもその後に書いてるからさ、初対面の時の印象をね。眼鏡が片方割れてたと。あの当時だってそんな奴そうそういないからさ。もちろん、雰囲気出そうと思ってそうしたわけじゃなかったんだ。

俺、わりとヘラヘラしてんの。陰鬱としたニヒリストみたいに俯《うつむ》いて、腕組んで……なんて、見える時があるかもしれないけれど、意識としてはいつもフランクで、無邪気。しかも、世間知らず。

ともかく、その場で聴いてもらえることになって。一生懸命歌いたいんだけど、緊張してオロオロしながら、声がひっくり返ったりしながら、何度も歌い直して」

当時インディーの総本山であったURCにいきなり、晒《さらし》ならぬトレンチコートで巻いたギターを抱え、独り乗り込むあがた。早川の前で、緊張のあまりオロオロしながらちゃんと歌えず、つき添いの友人に「今日は出直そう……」と制止されても、何度も歌い直すあがた。磁石のS極とN極が一緒になったような極端なパーソナリティーは、すでにこのころから発揮されている。

翌夏にリリースすることになる自主制作盤『蓄音盤』のジャケットに「このレコードアルバムを、製作に協力してくれたみんなに、そして早川義夫及びBOB DYLANに捧げます。あがたもりを」と書いたほどだから、よほど心酔していたのだろう。実際、このアルバムにはかなりジャックス的な雰囲気が漂っている。

この〝あがた森魚劇場〟を目撃した人間は他にもいる。細野晴臣と中川五郎だ。たまたま同じURCの事務所の奥でカレーを食べていた彼らは、この光景に怪訝な表情を見せたという。また、後日わかったことだが、あがたによると、大滝栄一（大滝詠一）もここにいたようだ。

この日のことを早川も証言している。

「あがた君は、突然、音もなく事務所にあらわれてね、それで、歌を聞いてほしいんだけどっていって、すごい厚い近眼のメガネで、ひび割れてんだよ片方、すごい迫力よ。で、ノートをひろげてさ、書いてある字が大きいんだよね、やけに。で、友達が一緒にいて、やるんだけど、あがっちゃってるかなんかで、うまく歌えないんだね、何度もくりかえすんだけど。で、友達が今日はやめた方がいいんじゃないかというんだけど、あがた君が、イヤやりますっていって、最後までやったわけだけど。よかったよ。

　結局俺は、そういうどもりながら歌う姿、緊張してる状態でなおかつ歌うっていうね、そういうのも含めて全て、すごいと思ったのね。これはいいものを持ってるなって」（『資料　日本ポピュラー史研究・初期フォークレーベル編』早川義夫インタヴュー）

　東京都千代田区出身の早川にしてみれば、あがたのバンカラな格好や振る舞いはさぞ破天荒に映っただろう。

　一九七〇年、季刊「フォークリポート」冬の号で、あがたはこんなことを言っている。

「電車の中の女の人の化粧の臭いことには腹が立った。排気ガス臭かった。男子のアイビー・ルックのコギレイなカッコ、グリーンのスラックスにサーモンピンクのセーター、細い傘持って、バッカじゃないか！（北海道では、不潔な学生服に無帽長髪、ゴム長靴でバンカラぶってた）知ってる人は誰もいなかった。東京では、外見的な服装の中に、自己の内面を覆い隠すといった反露出症性のためみんな一緒に見えちゃう」

――早川さんの前で何を歌ったか覚えていますか。

「『かーみさまーなんてーいーるのかーいー♪』って歌を歌った（「神さまなんているのかい」）。あと、『冬が来る～冬の祈り』。それから『漆黒の雨』っていうね。井伏鱒二の『黒い雨』からタイトルをもじって。親友の西村の作詞なんだけど、ノーマン・メイラーっていう作家をもじって、野間迷乱っていうペンネームでね。原爆を皮肉るというかなんというか、笑い飛ばすような歌。全部『蓄音盤』に入ってる。

あのころのポピュラー・ミュージックは、やっぱりディランとドノヴァンだったのかな。ドノヴァンのつくるメルヘン的な世界がすごく好きだった。ディランと表裏一体のようなところがある。どっかでラヴ&ピース的なお花畑の世界も、僕の世界ではあったわけだけど」

——オリジナルで勝負しているわけですね、最初から。その辺はいかにもあがたさんらしいと言えば、らしいと思いますけれども。早川さんの評価も良かったと聞いています。

「その時はすごい絶妙な言い方をしていたね。たぶん、そこに細野さんたちがいたからだと思うんだけども、『他の人はどう思うか知らないけど、僕はいいと思うな』って言ってくれたんだよ。にこやかな顔で。もうオロオロしてたし、表現性として成り立っていたかどうかは関係ないんだけど、何かを感じ取ってくれたんだね」

——緊張して、本来の力は出し切れなかったかもしれないけれど、そこを差し引いても、どこか光るものを感じたのでしょうね。で、その早川さんの肝煎りでＩＦＣ前夜祭に出るという流れになるのでしょうか。

「うん。なぜ出演させてくれたんだろうね」

——これが初ステージということになるんですね？

「それが七〇年の初頭になってる？　公の場では初めてですね」

——はい。一九七〇年一月です。その時、ステージで弾いたギターを覚えていますか。

「当然、ＵＲＣに持っていったギターだったはず」

——ところで、五郎さんや細野さんは、変な奴が来たなって思ったんじゃないですか。

「そりゃそうでしょう!!（笑）。なんでこいつ、わざわざギター持ってここで歌うのかなって。

こいつ、自信持って来てるのか、なんか気の迷いで来てるのかって。もう得体が知れないじゃない。やるんだったらちゃんとやれよみたいなさ。でも俺の人生もやっぱりその延長線上でさ、こいつどこまで真面目に、あるいはこう、ある種の完成度っていうか。自分の中で完成度を求めつつも非完成に向かってフィードバックしていく。この往復運動をあえてどっかでしてしまうんだね」

――もう存在自体がダダですよね（笑）。あえて完成を目指さないみたいな。

「だから、ビルド・アンド・スクラップを自動的にセルフの中で行い続けるっていう。できかけるると壊す、できかけると壊す。それはたぶん、俺の中で表現のようなものに対して一番ストイックなところ。自らそうせざるを得ない」

――それはすごいですよね。もはやアート作品ですよ、あがたさんが。

「俺、『あがた森魚デビュー五十年』だからさ。ショーケースで、誰か学芸員の方がちゃんと」

――そうですね。ただ、音楽的なあがたさんの五十年という切り口だけでは、モノラルなアプローチでもったいないと思います。

「モノラルすぎる。まぁ、モノラルでもいいんだけどね（笑）」

伊藤野枝に捧げたアルバム

先述の通り、早川の推薦を得て、あがたはIFC前夜祭で初ステージを踏む。

IFC前夜祭が開かれたのは、一九七〇年一月一三日。場所は千代田区平河町の日本都市センターホール（一九九六年閉館）。コンサートに出演した顔ぶれは遠藤賢司、中川五郎、斉藤哲夫、ヴァレンタイン・ブルー（細野晴臣、大滝栄一〈詠一〉、松本隆、鈴木茂）、愚（金延幸子、中川イサト、瀬尾一三、松田幸一）。なぎらけんいちも飛び入りで歌った。当時、ヴァレンタイン・ブルーの撮影でこの場にいた写真家・野上眞宏は「寒い日だった。客の入りもいまいちだった」と語っている。

なお、ＩＦＣの本番は、『花はどこへいった』（『Where Have All the Flowers Gone ?』）などで知られる米国のフォーク・シンガー、ピート・シーガーが来日不可能になり中止された。しかしその当時から、あがたは独自の美学をもっていたのだと思う。些細な事柄には頓着しない。ある物事についてそれを些細とみるかどうかは当然、個人差がある。おそらく世事の大半はあがたにとって些細なことなのだ。

重ねて言えば、二〇二一年一一月、百寿を目前に没した天台宗の尼僧で作家の瀬戸内寂聴が出家前、瀬戸内晴美の名前で書いた、アナキストの大杉栄と伊藤野枝の伝記小説『美は乱調にあり』は、あがたの美意識に確かな補助線を引く役割を果たしたものである。これを読んだ遠い日、大杉や伊藤、また、瀬戸内の中に流れるアナーキーな個人主義を汲み取り、自身を重ねたはずだ。もちろん、その前に、瀬戸内が伊藤の中に自分を映したことは明らかだろう。

あがたが私の前で、そのようなことを口にしたことはない。だが、瀬戸内を敬愛していること、また、大杉や伊藤について語ったことは何度かある。そうなると、ここが一本の線で結びつかないはずがない。そして、「美は乱調にあり」「諧調は偽りなり」という大杉の言葉を、あがたは瀬戸内の作品を通じて、偶然の必然として得心したに相違ない。「乱調」は文字通り「乱れた調子」、「諧調」は対照的に「調和のよくとれた調子」のことだが、現にあがたのライヴをはじめとするさまざまな振る舞いを見ていると、これらの言葉を肉体化している。その「美」の中に、明らかにこれらが息づいているように思えるのだ。

「赤色エレジー」の大ヒットを受けて、一九七二年九月に発売されたデビューアルバム『乙女の儚夢』は伊藤への「愛おしさと慰謝」として作った、とあがたは言う。アルバム付属の「乙女の儚夢　花鳥風月號《ごう》」と題したブックレットには、伊藤の顔写真がページ一面に掲載されている。また、写真に添えて、「その姚《うつく》しき女こそ、伊藤野枝と云ふ」のひと言に始まり、官憲の手によって虐殺されるまでの彼女の二十八年の生涯のあらましを綴っている。

「伊藤野枝という本当に唯一無二のヒロインに対する慰謝として、僕は作った。（伊藤は）ダダイストの辻潤に出会い、アナーキストの大杉栄に出会い、辻潤とも子どもをもうけ、大杉栄とも子どもをもうけた。それを恋愛と呼ぶのか。男と女の一つの生き方の、有機的な、あるいは何かをそこに共有し合おうとした、そのことへの一つの強くて激しくて厳しかった生き方なのか。でもね、なんでもそうだけど、時代なんて、黙っていれば、五年経てば、十年経てば、まさにこのコロナ禍がそうであるように、『あったね、あんなころも』って。何も躍起にならなくても去るものは去り、また元に戻り、また、違うものが生じるんだからさ。

あの時代に、関東大震災前後の、大正のああいうモダニズムの時代に、デモクラシー的に変革していこうっていう中で、彼女たちがなぜムキになって生きなきゃならなかったのか。ムキにならなくても時代は変わっていくわけだからさ。でも、ムキになってその一つの体制や大きな社会の流れと拮抗した一つの生き方があったっていうことに、僕らは何かを感じるわけだからさ。良かれ悪しかれ選ばれて、馬鹿な無謀なことをした人たちかもしれないけれども、一つの人間のヒユーマニティのひな型がそこにあったっていうことだよね」

アルバム『乙女の儚夢』には、このような思念・想念・情念が底に流れている。このアルバムは変則観音開きの表三面と、内側三面にわたって描かれた林静一による極彩色の美しい世界が繰り広げられるという当時でもかなり贅沢なつくりである。大正ロマンを漂わせる独特のロゴは、赤瀬川原平の手によるものだ。新人のアルバムがこのようなものであったことに今更ながら驚かされる。

ともあれ、「奇矯」というような人々の感想は彼にとってどうでもいいことだろう。それは伊藤野枝に向けて自身の音楽を作ろうと妄想し、アイディアを練り上げ、作品化するということだけでも十分な証になる。

本当に大事なことさえ踏みにじらなければ。死守できれば。かくして、あがたが頓着しない些事はしばしば「奇矯」として繰り返され、各時各地で小さなさざ波を起こしたのだろう。風変わりな逸話は折にふれ、聞く。

ところで、半世紀前の話を書いている。あがたが本格的に始動した時代と言っても、同時代体験のない世代は実感をつかめないだろう。あがたのダダイスティックかつデジャヴ的未来憧憬の迷宮に分け入る前に、ここで一九七二年がどんな年だったのかを振り返ってみよう。

二月、グアム島のジャングルで生活を続けていた元日本陸軍軍曹・横井庄一が任務解除命令を受け約三十一年ぶりに帰国。「昼間はジャングルに潜み、朝夕は警戒しながら食べ物を探し廻る野良犬生活」を送りながら、「島に眠る数限りない友軍の魂が私を助けてくれる」と信じて生きたのだ。彼の発言にあった「恥ずかしながら帰って参りました」がその年の流行語となった。

以下、札幌オリンピック開催、KCIA（大韓民国中央情報部＝現・同国国家情報院）が風刺詩を発表した詩人の金芝河《キムジハ》を連行、情報誌「ぴあ」創刊（二〇一一年休刊）、上野動物園にジャイアントパンダのランラン・カンカン来園、アポロ十七号打ち上げ（二〇二二年九月現在最後の有人月面探査）、ウォーターゲート事件発覚、ミュンヘンオリンピック開催、日中国交正常化に伴い、台湾が日本との国交断絶を宣言、米軍北爆（ヴェトナム戦争）再開、東西ドイツが互いを国家承認し基本条約締結……。

東西で目まぐるしく時代が動いた中で、特に人々の耳目を引いたのは二月の連合赤軍あさま山荘事件（死者三人、重軽傷者二十七人）、五月の沖縄復帰（沖縄県再設置）とイスラエル・テルアヴィヴ近郊の空港で起こった日本赤軍による乱射事件（死者二十六人、重軽傷者百人）である。

そして、ヒッピー・コミューンを支えるための情報や商品が掲載された『ホール・アース・カタログ』（以下WEC）が全米でベストセラーとなったこともトピックとして挙げておこう。発行人はスチュアート・ブランド。彼は、グレイトフル・デッド、のちに「ローリング・ストーン」誌を創刊するヤン・ウェナーらと共に、『カッコーの巣の上で』の原作者であり、単なるトリップを超えたアナーキーな精神運動としてのサイケデリック革命を推進するヒッピー・コミューン「メリー・プランクスターズ」の主宰者ケン・キージーやジャック・ケルアック『路上』の登場人物（ディーン・モリアーティ）のモデルとされるニール・キャサディらが全米を虹色に塗ったバス・ファーザー号に乗って、アシッド・テスト（LSDが合法だった当時のカリフォルニア州で、彼らが主催した体験イヴェント）をして回った際の乗組員であった（ビートルズのテレビ映画『マジカル・ミステリー・ツアー』のモデルとなったとも言われている）。

一九七二年は、カウンター・カルチャーが滅ぶ運命にあることがさまざまなかたちで表出し、物語られながらも、新たな芽吹きを予感させた時代だったのである。

たとえば、アップル・コンピュータを創業したスティーヴ・ジョブズは二〇〇五年に米・スタンフォード大学で行った演説の中でWECとブランドに触れ、最後に聴衆に向け「Stay Hungry. Stay Foolish」と言った。いかようにも解釈できるが、全米屈指の大学での講演ということからすると「現状に満足するな」「常識に捉われるな」くらいの意味だろうか。これはWEC最終号の背表紙に掲載されたメッセージであると共に、ジョブズ自身が「こうありたい」と述べたことでもあった。

ジョブズは単にパーソナル・コンピュータを開発し、成功したということではない。コンピュータは、それまで政府や大企業が占有していた。いわば、体制側の道具だった。ところが、ジョブズはそれらに対抗する「カウンター・ツール」として個人の手に届けられるコンピュータを開発したのだ。日本ではあまり語られてこなかったが、ここが原点である。また、ジョブズ自身もLSD服用による作用を「人生でトップクラスの重要な体験」と述べたり、仏教に傾倒し禅センターに通ったりするなど、ヒッピー・カルチャーの申し子のような人物であった。グレイトフル・デッドを愛聴していたことも含め、ジョブズがWECに同調するのはむしろ当然のことだろう。

映画は、『ゴッドファーザー』『キャバレー』『ポセイドン・アドベンチャー』『ラスト・タンゴ・イン・パリ』『ゲッタウェイ』『ラスト・ショー』『ダーティ・ハリー』『時計じかけのオレンジ（A Clockwork Orange)』『フレンチ・コネクション』『暗殺の森（Il conformista)』『断絶（Two-Lane Blacktop)』『黒いジャガー　(Shaft)』『女囚７０１号　さそり』『忍ぶ川』『八月はエロスの匂い』『純子引退記念映画 関東緋桜一家』『札幌オリンピック』『旅の重さ』『人生劇場 青春篇・愛慾篇・残侠篇』……といったところか。

　邦楽はまだ歌謡曲が中心で、ヒットチャートを賑わしたのはこういう曲だった。ちあきなおみ「喝采」、和田アキ子「あの鐘を鳴らすのはあなた」、小柳ルミ子「瀬戸の花嫁」、宮史郎とぴんからトリオ「女のみち」、天地真理「ひとりじゃないの」、沢田研二「許されない愛」……。

　音楽、映画とも洋邦問わず、とても一年のうちに登場したとは思えないほどの豊穣さである。

　この年の冬、あがたに先行してよしだたくろう（現・吉田拓郎）が「結婚しようよ」をヒットさせていた。オリコンで「赤色エレジー」が最高位七位の時、「結婚しようよ」は一位だった。最後のグループ・サウンズ（GS）ともいえる沢田研二と萩原健一らの結成したPYG《ピッグ》は、萩原がテレビドラマ『太陽にほえろ！』の初主演で俳優業が忙しくなり満足に活動できなくなってきていた。このふたりをもってしても、一旦退いた潮を押し戻すことはできなかった。そのGS終焉の間隙を縫うようにして、よしだの屈託のないラヴ・ソングがメインストリームに躍り出た。

　また、この年の二月にりりィがアルバム『たまねぎ』、三月になぎらけんいち（現・なぎら健壱）がアルバム『万年床』でデビュー。同月、アンドレ・カンドレから改名した井上陽水がシングル「人生が二度あれば」で再デビュー。四月に成毛滋のフライド・エッグがアルバム『ドクター・シーゲルのフライド・エッグ・マシーン』、六月に加藤和彦のサディスティック・ミカ・バンドがシングル「サイクリング・ブギ」、七月に西岡恭蔵がアルバム『ディランにて』、荒井由実（現・松任谷由実）がシングル「返事はいらない」、いとうたかおがシングル「あしたはきっと」、九月に桑名正博のファニー・カンパニーがシングル「スウィート・ホーム大阪」、金延幸子がアルバム『み空』、伊藤銀次のごまのはえがシングル「留子ちゃんたら」、野澤享司がアルバム『白昼夢』で各デビュー。一〇月には五輪真弓がキャロル・キングと元ザ・シティのベーシスト、チャールズ・ラーキーが参加したロサンゼルス録音のアルバム『五輪真弓／少女』、シングル「少女」の同時発売という鳴り物入りのデビューを果たした。さらに一二月に中山ラビがアルバム『私ってこんな』、上田正樹がシングル「金色の太陽が燃える朝に」でデビュー。矢沢永吉のキャロルもクリスマス・キャロルにちなんでか、一二月二五日にシングル「ルイジアンナ」でレコードデビューを飾った。

また、十六歳にして「ガロ」で入選し、前年まで高田らと武蔵野タンポポ団のメンバーだったシバ（漫画家としてのペンネームは三橋乙揶《おとや》）が三月、シングル「青い空の日」でデビュー。さらに、同月に発表することになっていた頭脳警察のファースト・アルバム『頭脳警察1』は「内容が反社会的」との理由で発売中止。録音し直し五月に発表したセカンド・アルバムも一カ月で発売中止になり、収録曲をすべて差し替えたサード・アルバムを一〇月に発売した。ベルトルト・ブレヒトの「赤軍兵士の詩」、そして「銃をとれ」などが、同年に連合赤軍が起こした「あさま山荘事件」と結びつけられてしまったのも不運だった。

特にURCとベルウッドがしのぎを削るようにリリースしたこの年は、その後の音楽界をかたちづくる重要なシンガー、ミュージシャンが数多く登場した。

一九六〇年代後半、欧米、日本を中心とした世界の若者は、学生運動によってお互いの理念、思想、哲学を共有し、激しい政治運動を行った。これによって国の枠組みにおさまらない対抗文化（カウンター・カルチャー）や反体制文化（ヒッピー・カルチャー）を構成するユートピア的な「世界的同世代」、あるいはコスモポリタン（世界主義者、地球市民）という世代的な視座が加速度を増してゆく。米国のヒッピー・コミューン、フランス・パリでゼネラル・ストライキを主体とした左翼学生の主導する労働者、大衆が一斉蜂起した五月革命（May68）などはその典型的な例である。

ともあれ、一九七二年は若者がプロテストの言葉を飲み込み、「政治の季節」から退場した年として記憶される。

「赤色エレジー」は時代の裂け目に咲いた一輪の花である。演出家で作家の久世光彦《てるひこ》に言わせれば、「明るく健康的な歌の氾濫の中に一輪拗ねて咲いた地獄花だったのかもしれない」となる。

あがたは、先行するよしだや泉谷しげる、友部正人と共に〝ニュー・フォーク四人の旗手〟と呼ばれた。あるいはその異色ぶりから、〝フォーク界の異端児〟とも呼ばれた。

あがたが他のフォーク・シンガーと違っていたところは、前述したようにテレビをはじめメディアへ積極的に登場したことだ。当時、多くのフォーク・シンガーはテレビ局から依頼があっても出演を拒んだ。それが既成の音楽界や芸能界とは一線を画した、アウトサイダーもしくはアンダーグラウンド（アングラ）的な姿勢だったということだろう。新宿のクラシック喫茶・風月堂にまだべ平連やフーテンがたむろしていた時代、「若者は体制になびくことなかれ」という振る舞いが当世風であったことは間違いない。それがかっこよかった。実際、そういうサインは名称や意匠にも表れていた。ちなみに一九六九年、会員制レコードクラブから出発し、岡林信康『わたしを断罪せよ』をはじめ、遠藤賢司『Niyago』や、はっぴいえんどのファースト・アルバムなど数多くのフォーク、ロックのアルバムを発表したインディペンデント・レーベルＵＲＣは

「アングラ・レコード・クラブ」の通称である。また、「ラヴピース」と呼ばれたニコニコマークが「週刊少年マガジン」の表紙を飾ったのもこの年だった。

これまで、いくつかの事柄や表現物を列記してきたが、そうしたところで同時代的な空気が共有できるわけではない。それでも、いくつかの傾向や特徴は見つけられる。たとえば、林静一の「赤色エレジー」の連載が「ガロ」で一九七〇年から一年間続き、七一年にあがたによって「赤色エレジー」という歌が作られ、七二年にその「赤色エレジー」がヒットし、同年に上村一夫の『同棲時代』が「週刊漫画アクション」で連載開始。翌年には同作がテレビ化、映画化され、また、南こうせつとかぐや姫の「神田川」もヒットする。「同棲」は流行語になりブームにもなった。

ついでながら、庶民的なところで時間的補助線を引くと、煙草は数十円で買え、大衆食堂も三百円でお釣りがきた。国鉄（現ＪＲ）も初乗りが三十円。いまや数百店舗を擁する一大チェーンとなった「大戸屋」は当時池袋駅東口の大衆食堂「大戸屋食堂」として、牛丼大手の「松屋」も西武池袋線江古田駅前に一軒あるだけの大衆食堂だった。高度成長期末期とはいえ、まだまだ貧しかったのだ。なぜ、こんなことを書くかというと、筆者は学生時代、毎日のように山手線を池袋で乗り換え江古田まで通っていたので、どちらの暖簾も数えきれないほどくぐった。過ぎてしまえばあっという間だったとの思いもあるが、やはり五十年という時間の流れは相応に大きい。

「幸子と一郎の物語」とはなんだったのか

さて、「赤色エレジー」が生まれた背景について知りたいと思う。

原作は、昭和四〇年代後半の東京を舞台に、マンガ家のタマゴでアニメーション会社のアニメーター・一郎とトレーサー・幸子のやるせない同棲生活を描いた。ストーリー性を持ちながらも、ポップ・アートにも近い、断片的なスケッチの連作となっている。

熱量を感じさせない、ひんやりとした絵だ。動いていても静止しているように見える。余白もある。大小のフレームの中に、若者の恋愛、夢、貧乏、孤独、絶望などがない交ぜになっている。

あがたは、この作品の主題歌とも言うべき歌を作りたかったのかもしれない。実際、二〇〇七年に映像化（アニメーション映画『赤色エレジー』）された時、同曲は主題歌となり、あがたは音楽監督を担当した。

ところで、シングル盤発売の約二年前、板付空港（現・福岡空港）行の日本航空三五一便「よど号」がハイジャックされるという事件が起こった。「世界革命」を標榜した共産主義者同盟（ブント）の分派・赤軍派九人が北朝鮮行きを要求、日本初のハイジャックとなった（余談ながら、そのうちのひとりは、かつて久保田麻琴や山口冨士夫も在籍した、水谷孝率いる伝説的ロックバンド「裸のラリーズ」結成メンバーの若林盛亮＝北朝鮮在住）。既述の通り、七二年二月には連合赤軍（赤軍派と京浜安保共闘革命左派が合流して結成）が「あさま山荘事件」を起こした。凄惨な「総括」という名のリンチで同志を殺し、銃砲店から猟銃を強奪。さらに人質をとって立て篭もり、警察とのべ十日にわたって銃撃戦などを繰りひろげた。

物騒な世相の中、「赤色エレジー」を赤軍の歌と誤解する向きもあったと聞く。

――ひと言で言えば、林静一さんの『赤色エレジー』のあの世界にグッと持っていかれた。どういうものを感じて、自ら歌うものまで作ろうと思ったのか。まず、そのあたりを伺いたい。

「うら若き二人が、同じ屋根の下に、結婚するでもなく一緒に暮らす。僕は結婚とか、恋愛とかっていう概念も知らなかった。つまり恋愛なんてしたことないわけだから。あっ、あったあった、手順で行くと一回あったんだ。でもそんなのはまぁ、淡い片思いに近い恋心だったから。

もちろん、同棲なんかしたこともないし。一方的に惚れた腫れた、ちょっと手を繋いだなんてことはあったとしても、本当のところは何もわかっちゃいないんだから。そういう時に『赤色エレジー』を読んで、何に感動したかって言うと、やっぱり男の子と女の子が漠然としながらも自分たちの夢をもって、気持ちが惹かれあって一緒になるって素晴らしいなぁってこと。未来のことはわからないけれども、古今東西、いや少なくとも、あの昭和の時代、恋愛は男と女の永遠の命題であったはずだったということ。映画のジャンルにも戦争ものがあり、アクションものがあり、サスペンスものがあり、それに恋愛ものっていうのがあり。ただ、恋愛はおそらくは、人々の生活の中にあっても恋愛たり得ていたし、日常にも重要なものとしてあったはずなんだ」

――確かに恋愛ものというのは、音楽でも文学でも映画でもいろんなところでいまだにあります。

「そう、存在はしてるんだけども、恋愛に対する概念や在り方っていうものは全然変わっちゃったのではないだろうか。僕からすると、少なくとも恋愛っていうものは、自分の中で漠然と思い描いていた恋愛の、最もピュアで、ロマンティックで、なんかストイック、なんとでも言いようはあるけれども、愛し合って実際一緒に住んでるんだけど、どこかストイックでプラトニックなものなんだよね。社会への向き合い方も全部含めて。だから、僕もこういう恋愛したいなって、『赤色エレジー』のこういう人たちになりたいなって思った時、すごい愛おしく思ったわけね。彼らを。だから、この人たちに向けて幸子と一郎の歌を作ってみたいと思ったわけです」

――ええ。

「『赤色エレジー』の連載が始まったのが一九七〇年一月号で、翌年の一月号まで十三カ月間続いたんだよね」

――六九年の暮れから少しずつ……。

「そう。だから作品は六九年の夏から秋にかけて少しずつ書き溜めながら、下書きしながら。月刊の連載一回ごとに書いていったんだとは思うんだけどね。（全体的には）大きなストーリーはあっても、作品全体がコラージュ的なんだよね、画風っていうか作風が。一つのベーシックなテイストがしっかりあるのに、回ごとにテイストが違っていたりする。そういったある種のポップ・アート的なもの。当時はアメリカのポップ・アート的な感覚が強く希求されていたし。ともかく六〇年代の終わりごろの林静一さんの中にあった時代の推移、いろんなことが終わってしまったという一九六八～六九年頃の空虚感がそこに強くあったと思うんだよね。

幸子と一郎は、中卒同士かもしれない。だから出世とか、作家志望とか、学生運動をやったとかではなく、全くその逆で、地方から集団就職で出てきたかもしれない若者たちだよね。なぜ幸子と一郎にそういうシチュエーションを選んだかって言うと、林静一さんは東映動画（現・東映アニメーション）にアニメーターとして勤めていたわけです。そうすると、アニメーターっていうかアニメーションの実働は、下絵を描いたり、一秒二十四枚のセル画っていうセルロイドに絵を一枚ずつ描いてコマ割りしていく。一枚一枚ベタ塗りしていって……。大変な作業だよね。彼自身もそういう経験があるし、周りにもそういう青年たちがいて、だから、カップルになったそういう人たちもモデルにして。その人たちの総体のモデルとして幸子と一郎っていうのを描いてあの物語にしたんだろうと思うわけ。地方から東京に吸い上げられて集団就職した子たちもいたんだっていう時代背景を含めて。

『赤色エレジー』では、もろに全共闘世代の高学歴のエリート学生たちの、社会との葛藤なんてことを描いてるわけではないんだよね。だから、あえてそういう幸子と一郎を主人公にして連載を始めたっていうね」

――よく恋愛至上主義という言葉を使いますが、それはいまの話や、伊藤野枝と大杉栄がどこかで溶け合い、消化されて……。その一つが「赤色エレジー」であったりするのかなと思います。

「うん、絶妙にブレンドされてるよね」

――では、やはり「赤色エレジー」が恋愛至上主義たる所以の出発点になりますか。

「なぜか『赤色エレジー』を歌い、デビューしちゃったわけだからね（笑）。俺の中でのさまざまな意味でのスターティング・ポイント。もし、あがた森魚の歌を一曲で表現しろって言ったら……。『赤色エレジー』に答えが全部入ってるって言えば、そうとも言えるよね。しかも、その恋愛至上主義っていうものが一人ひとりの人間のものであり、男と女のものであり、出会った二人のものであり、かつ社会と向き合っているものでもある。さらに、それが私的であれば、あるほど、社会とちゃんと対峙している。これが伊藤野枝たちがやってきたことだし、（高村）光太郎と（長沼）智恵子の男と女もそうだったかもしれない。ちょっと特殊かもしれないけど、（坂口）安吾と（矢田）津世子の恋愛もそうだったかもしれない。星の数ほどあるとは思うけど。

私的で、純度が高ければ高いほど、しかもそれが、どこかでヒューマニティや表現性と結びついていれば、社会と拮抗しているし、激しく向き合っている。恋愛ってすごく社会そのものと、絶対にいろんな意味で拮抗する。一人の人間が、氏、育ち、学歴、過不足なく社会との豊かな交流を持ち、滞りなく人生を終えるっていう。その、あるプロセスに恋愛っていうものがあるとしたら、それ全体を問われちゃうわけだから。やっぱり、束の間の惚れた腫れたでは済まない。大方済まないわけだし、そこで、その人の品格から心身から諸々問われるわけだから。そうすると、恋愛ほど、こんなパーフェクトな、全てを問われるロシアン・ルーレット的、人生双六《すごろく》的営みはないわけだよね。だから、そういうことをやっぱり、もっとみんなも大事にしてほしいって思わないでもない」

――ちょっと聴くと、線が細い印象があるのですが、実は軟弱じゃないですよね。

「軟弱じゃない！　むしろ『男一郎ままよとて』っていうさ」

――「ままよとて」なんていう言葉も、現代では使わない。そういうところも大正的と言うか。

「(尾崎紅葉の)『金色夜叉』的な世界だよね。だから、ちょっと硬派な男組の世界ではあるんだよね。だからといって、『幸子と一郎への大正浪漫的な応援歌』と頭の中で組み立てたわけじゃないよ。なんかわかんないけど、愛着の気持ちとエールを送りたい気持ちと、なんとも言えない、こう、ちょっと似ていて、違う、彼らの現代の現実的な生活への悲しみに対して、悲しみそのものをちゃんと美化してあげたいみたいな。いま言った幾つかの要素が絶妙に、ガロ的に混ざったのかもしれないよね、まさに。つげ義春の世界でもあるかもしれないし……。(つげ義春の作品に)『チーコ』ってあるじゃない、手乗り文鳥にピースの箱を被せて空中に放り投げてさ。そのつかの間の幸福と不幸。でも希望は失わない」

――「赤色エレジー」はすぐできた？　下りてきた？

「うん。あきらかに下りてきた歌だね。『愛は愛とて～』って、たぶんそこから始まったんだよね。サビのところからできたんじゃなくて、出だしの『愛は愛とて〜何になる〜男一郎ままよて〜』って。幸子と一郎、もう昭和の時代のとある若いカップルであっただけなんだけども、まだ大学まで行く人はそんなに多くなかった時代（註：あがたが大学に進んだ一九六八年の四年制大学進学率は一三・八パーセント）、不特定多数の庶民のある姿を描いた林静一の漫画を読んだ時にちょっと感動したわけだよね」

――この歌は、そんなに長いものではないのに全てがある。そんな感じがします。

「三拍子のマイナーのワルツなんだけども、別に八洲《やしま》秀章さんとの対比で話すつもりではないんだけども。なんかね、昔の寮歌とかさ、ちょっと男気の演歌師の演歌とか、応援歌とか校歌とか、拳を振りながら歌う歌。気概のある歌ぐらいの気持ちで作った側面もある。誰彼の希望を鼓舞する応援歌みたいな気持ちはあったんだよね」

――それはあがたさんの意識のうえに当時からあったのでしょうか。それともできあがったものが無意識にそうなっていたのか。どちらだと思いますか。

「なんか労わってあげたい気持ちと愛でたいっていうのと、似たようなことだけど、この二つが絶妙に混ざってる気分だったね。それと鼓舞してあげたい気持ちとね。で、ちょうど全共闘運動、安田講堂が陥落してみたいな、あそこは六八年ぐらいで突然頓挫しちゃって途方に暮れてる若者たちの挫折感っていうと大袈裟だけど、なんか無に戻ったみたいな……。あの感じっていうのは僕の中にずっとあったんだよね、六〇年代後半から。林静一が、一九七〇年っていう一年間において、その気分を狙ったかどうか。潜在的にはそれもあっただろうし」

――実際の時間というか、歌の原型ができたのはすぐですか。

「そうね、なんか歌を作りたいぞと。『赤色エレジー』の劇画に感動したわけだから。ともかく、『幸子と一郎は愛しあった〜』とかって、こういう歌になったかもしれないしさ。だけど、かたちやモティーフが浮かんでも、なんかしっくりしないなと思っているうちに『愛は愛とて』っていうのが出てきて。本当に明治・大正の、苦学生がふと、生活にくたびれた、ぼそぼそって、その時代の幸子と一郎みたいな人の気分になって、そういうのがぼそって出たのかもしれない」

――これはすごいものができたぞ！　っていう感じはありましたか。

「すごいものができたっていうよりは、すごくこれ、ピッタリだなって思う、これだよ！　これがひとつの気分だよ！　って感じだよね。なんてズレがないんだろう！　っていうか。もうちょっと的確な言葉があるといいんだけど」

――一九七〇年代の時代背景でみると、まず、大阪万博があって、少し後にオイルショックがあって、デビューしたのはその間。基本的には高度成長期の最後に当たりますね。

「オイルショックの直前だからね」

――そういう意味では時制に即していない。プレ・モダン的ですね。でも林静一さんの漫画といい、あがたさんの「赤色エレジー」といい、あれだけ注目されて、また、ヒットしたことを考えると、一見反時代的ではあるけれども、その印象ほどでもなかったということですか。それだけ評価されて受け入れられたということは。

「だから、いろいろと切り口はあるわけですよ。八洲秀章さんまでが登場しちゃうんだからさ。『あざみの歌』にも似てますね、とか！（笑）」

――随分と昔（一九四九年）の歌ですよね。

「俺は、言われてみれば、滝廉太郎の『荒城の月』に似てるなとか、後にして思ったりもした。でも、なんだろう。そういう意味では、非常にガロ的な、他愛ないプリミティヴさ。ある意味ではつげ義春の男と女、林静一の男と女。あまりにも無邪気な、いじましいどこにでもいる男と女。そういった歌を作ろうと思ったわけじゃないけど、幸子と一郎のあの生き方に、俺が中学・高校のときに憧れてた男性と女性の出会いと慈しみの姿だなぁって思うところがあって、感銘したわけ。日本の戦後の近代人が一番欲していたものの一つは、敗戦国の民衆ということで失った自我やアイデンティティのようなものではないか。日本という国家の失望は、個々の家系、家族の失望だった。僕の知る限り、昭和三十年代は日本映画の最盛期であり、戦後の日本人にエールと楽しみをプレゼントした最大の娯楽だった。そこに東映映画の片岡千恵蔵がいた。彼の演じた大石内蔵助から、多羅尾伴内に至るまで、彼の含めるように諭し、勇気づける言葉に、敗戦国の人民家族たちはどれほど力づけられただろう。千恵蔵は敗戦国のなんでも知っているパパだったのではないかな。戦後の昭和を生き抜き、高度経済成長の希望に後押しされて上京した若者が、幸子と一郎ではなかったか。

どこにでもいる男の子と女の子でさ、二人でね、アパートでさ、一緒に暮らすなんて、想像するだけでキューンとするわけです。胸が。こういう、普通の、でも、ものすごく自分の感性をわかってくれる女の子と一緒にいることがね。

根底には、この混沌とした社会に問いかけを持つ感性を持って生きている。そういう男女になって、出会って、自分たちの理想や希望を確かめ合いたい。そういう感性の自分たち同士を確かめ合いたい。そういうことかな。一つ屋根の下に暮らし、何かを連帯するっていうことは。だから、そういうものは、僕自身の意識の中で強く、すごく強くあった。だから、その他愛ない幸子と一郎なんだけど、あまりにも他愛ないことなんだけど、林静一の漫画の中にはそれがあった。そのことがすごくツボにはまったわけね」

——あがたさんの場合は、ボブ・ディランに衝撃を受けても、いわゆるディランズ・チルドレンのようにはならずに、もう最初から自分の表現世界のほうを優先していったということが、まず大きいのだと思います。

「優先というよりは、やりたいことにまっしぐらでありたいということかな。たとえばダダイスムをやってみようっていうわけじゃなくて、結果、振り返るとちょうどダダ、それがダダなのか、マルセル・デュシャンの『大ガラス』(未完作『彼女の独身者たちによって裸にされた花嫁、さえも』The Bride Stripped Bare by Her Bachelors, Evenの通称)かはわからないけど、そういうのが突然やって来たみたいなことだよね」

——ダダ的と言いますか……。あがたさんにアヴァンギャルドが備わっていたのだと思います。

「なんか試行錯誤してたんだけど、パカーンとそこに出会ったみたいなね」

ディランに衝撃を受けながらも、フォロワーにならず、独自の境地を切り開いたあがた森魚と、ロイ・リキテンスタインやアンディ・ウォーホルらポップ・アートの感覚を随所に採り入れながらも、近代日本が辿ってきた美を十分に湛えた作品を生み出した林静一はどこか似ている。ひと言で言うなら、湿度だ。その一定の湿度を最後まで保ち続けたのが「ガロ」であり、また、最初から持ち続けているのがあがた森魚なのだ。敢えて言うが、現代において、この湿り気を失わずにいる表現者は極めて少ない。

――ところで、これまでに何百という曲を書いてこられたわけですが、なかなか「パカーンとそこに出会った」というようなでき方は、しないものですか。

「しないもんでしょ（笑）。だから『乙女の儚夢』みたいな曲は、『赤色エレジー』と類似してるけれども、それは別に二番煎じを狙ったわけじゃなくて、流れでそうなって生じた曲なわけで。だから、特に『赤色エレジー』そのものもそういう狙い方、作り方をしようと思ったわけでもないし、してきたわけでもないし、それが僕の流儀だったわけでもないし。で、『赤色エレジー』。いや、その時々でね、これはいままでになかったかたちだなっていうような曲は作ってきてはいるけれども」

――あがたさんがデビューした一九七二年は、全共闘運動はすでに衰退し、加えて、いわゆる過激派の残党が犯した「あさま山荘事件」が起こり、ヴェトナム戦争もかなり泥沼化して、アメリカは二進《にっち》も三進《さっち》もいかない状況になってきて、名目上は七五年の春まで続きますけど事実上ダメになってきていたわけですね。そういうこともきちんと考えていかないと、「赤色エレジー」がヒットした理由は絶対わからないと思うんですよ。

「まさに、そう。いま、あなたが言ったこと、誰かに聞かせてあげたいと思うよ（笑）」

――もちろん「赤色エレジー」は秀逸なのですが、やはり、あの時代の裂け目のタイミングで出たからこそ、あれだけ必要とされたんじゃないかな、と。この曲が六〇年代に出るのと七五年に出るのとでは反応の仕方が全然違ったと思います。もちろん、どんな表現物もタイミングがあると思いますが、まさに一九七二年に出るべくして出た、だから大衆の心に届いた。人が必要として聴いたということですよね。

「(美空)ひばりさんと戦後みたいなもんでさ。あの時代の、なんか一つが潰えた。三島(由紀夫)が自決し、全共闘も終わり、俺たちはどこへ行くのか、これから何が始まるんだ。そういうところで、たまたまあの歌がぽとっと落ちてきたっていうところもあるよね」

――あがたさんのスターティング・ポイントにしてターニング・ポイントと言いますか。デビュー曲にそういう言葉はおかしいかもしれないけれど、結果的には良かれ悪しかれ方向性を定めるものになっていった。あるいは、少なくともご自身の中では、これはこうだっていう節目となった曲というのは他にもあると思うのですが、単にそういうことでもない。やはり、「赤色エレジー」はまた違った膨らみというか、彩りというか、そういうものをもっているように感じます。

「あまりにも早すぎた。デビュー曲だし、自分は、世間のことも業界のことも何も知らないし、ある意味ね。知らないけど、パパーッとそこの板に乗せられたら演じれたっていうか、それを歌えたわけ。で、日本の音楽業界ってこういうことなんだなとか、いまの日本はこういう状況なんだなって、僕なりに把握しなければならなかった。

でも僕たちより前は、ロック的な、GSとか、コンテンポラリーというかカレッジ・フォークをやってる人ももちろんいたけれども、歌謡界でしょ大方は。そういう中に俺がポーンと投げ入れられてさ、やっぱり(その道の)先輩がいなかったたっていうね。たとえば、細野さんは先輩かもしれない、はっぴいえんども先輩かもしれない。でも彼らだって始まったばかりだったわけでね。そりゃ、こっちに内田裕也さんたちがいたとかさ、あっちにカントリー&ウェスタンの人たちがいたとか、向こうにはジャズの人がいたりとか、そういうのはあったけれども、その人たちが『俺のとこ来いよ!』って、そういうことではなかったわけだから」

――そういうパースペクティヴも当時、まだ芸能界の中にはなかったですよね。

「ともかく、前がいないから（笑）。しかも、こっちは見たこともない品種だから。すべてが探険で、何から何まで一からやらなけりゃいけなかった。そこは大変だった。内外からの逆風や批判もあったから。ましてや、歌謡曲や『あざみの歌』を引用してなんて魂胆はどこにもない」

――ところで、ソロ・ミュージシャンでいくんだと決めて、実際にそうしてこられたわけですが、なぜ早々にソロで！　と決めたのですか。

「『赤色エレジー』は俺の中でも特殊で孤立してるんだよね。だから、ライヴをやるときに曲目に入れるのが難しいんだ。（セットリストの）どこに置いたらいいかわからない。もちろん、あれが俺の全てではないんだけども、あまりにも過不足なく、俺であり、過不足なく、あの時代であり、すでに僕自身の顔だ。ある種、時代を敏感に感じている人にも響いて、受け止めてくれたし。普通のおじさん、おばさん、それから学ランの詰襟を立てた『押忍！』っていうような人たちが『すごくいいです！』なんて言って寄ってきたりとか」

稲垣足穂は『一千一秒物語の倫理』において、「私の其の後の作品は（エッセイ類も合わして）みんな最初の『一千一秒物語』の註である」と語り、本作が自身の文学的立脚点であることを明らかにした。あがたにおける「赤色エレジー」も似たような感じがあるのかもしれない。タルホ、二十二歳。あがた、二十三歳。そして、ディランが「ライク・ア・ローリング・ストーン」を発表したのは二十四歳。少なくとも自らのメルクマールを若くして打ち立てたという意味では、あがたを扇動し、また、先導した両者に引けをとっていない。

――やっぱり、想念が人並み外れて強いというか、あがたさんの人並み外れた〝思う力〟というのは、曲や詞を書く原動力になっているでしょう。もしかすると、そこが、集団で何かを恒常的にやっていくうえで不向きな作用をしているのかな、と。最初からすぐにソロになってしまったということを考えてみると、そういうこともあるのかなと思ったのですけれども。

「謙虚に話すけど、たぶん、あの時、自分が、『赤色エレジー』っていう歌を作った時ね、これはなんだろうと思ったたし、これははちみつぱいじゃないと思ったんですね、きっと、直観で。その瞬間、パッと思ったわけじゃないよ。作って、何度か歌ってるうちに、この歌なんなのかなぁって。いままで作ってきた歌とも違う。やっぱり、はちみつぱいで培われてきたフェアポート・コンヴェンション風のトラッドをやってみたいとかアメリカン・ルーツ・ミュージックもやってみたいとか、ザ・バンドとかグレイトフル・デッドとか、いろんなああいう流れも漠然とある中で、俺の歌はそんなにアメリカのルーツ・ミュージックを踏まえたものじゃ、きっとないな、と。その『赤色エレジー』の奥底にある、日本の近代のネイティヴでもなくて……。むしろ、近代が受け入れた異文化へのおののきとエキゾティズムのようなものかもしれない。だって、当時は細野さんぐらいだよ。日本の持っている、深いところでのエキゾティズムの歴史を認識していたのは」

――ええ。

「だから、そのささやかな発芽が『赤色エレジー』だったんだよね。エキゾティズムだったと思うんだ。『荒城の月』だって、なんかネイティヴな印象にはなってるけれども、実はすごくエキゾティックだったわけで。あれは日本人が近代洋楽に触れていく中で、西洋音階のエキゾティズムとの葛藤で、滝廉太郎が発明したと思うからさ。だから、当時ニュー・ウェイヴだったわけだし。そういうのはある時、突然パッと下りてきたんじゃないかな。広告代理店の企画会議でできることではないわけだから。そうすると、個々がそういう初源的なもので形成されていく時に、はちみつぱいが始まりかけていく中で、俺はプレーヤーでもない。俺は『赤色エレジー』を作ったけど、慶一は『塀の上で』を作ったけど、勝は『ぼくの倖せ』を作ったけど、そんな中で、自分もバンドの一員として、そこにいたとして、もしも、はちみつぱいのアルバムに『赤色エレジー』が入ってたら、これは浮くんじゃないかなって思った。いまにして思えばなんだけれどね」

――『センチメンタル通り』に入っていたら、ちょっと違うなという感じはしますね。

「かなり。だから、あれはあれでよかったわけだよね。俺の中ですら浮いちゃってるんだから」

「赤色エレジー」を「全共闘の挽歌に聞こえる」と言った人がいる。

また、こういう文章を書いた人もいる。

「世の中には、よくわけがわからない歌がある。けれど、そんな中に、わけがわからないのに、忘れられないいい歌というのがある。私にとっては、『赤色エレジー』がそうだった」

前出の久世光彦である。彼は一九九九年、自分が演出したテレビドラマ『ヤマダ一家の辛抱』で、原作の登場人物名を変えて「イチロウ」と「サチコ」を登場させた。そして、「いまの死んだような歌謡曲の世界を、ある日、嘘みたいに引っ繰り返すのは、『赤色エレジー』のような、一曲の奇妙な《怨み節》ではないかと、私は思っている」と書いている。

このくだりは「マイ・ラスト・ソング」なるシリーズの第三集『月がとっても青いから』に掲載されているが、出版されたのは「赤色エレジー」の発表から四半世紀以上も先のことである。

――ところで、楽曲制作において、詞を先に作ることを詞先《しせん》、曲を先に作ることを曲先《きょくせん》と言いますが、「赤色エレジー」の場合はどっちが先だったのですか。

「まぁ、詞が先だね。いや、でも『愛〜は〜愛〜とて〜』ってのはもうメロディがついていたけれど（笑）。よく詞先とか言っても、俺も詞が先なんだけども、モティーフになる言葉とか、たとえば（『乗物図鑑』収録の『サブマリン』に出てくる）『ネモネモネモネモ』とか、そういうグルーヴになるベーシックなものがあって、けっこう俺には俺のマイ・トランスがあるので、そちらのほうから自然に出てくることだってある」

——いわゆるサビですか。

「サビからだったり、コーラスからずっといったりとかね。そういう意味で言ったら『幸子と一郎の物語』って、それは後かも知れないけど。たとえば『愛は愛とて何になる』（と力強く歌う）みたいな。演歌って言うよりバンカラだよね。さもなくば、男気。体育会系の人たちが、応援団的な人たちが『愛は〜！』って、むしろこうだよ。『愛は〜！　愛とて〜！』（拳《こぶし》を振って再び歌う）って、こういう気分だよ。だから全然『あざみの歌』じゃないよ。俺からしたら、なおさらね。なんか大正時代のさ、学ランっていうかさ。さもなくば、自由民権運動の闘士っていうかさ」

「あざみの歌」という呪縛

ここで、あがたは「あざみの歌」を挙げて比較した。この曲についてはちょっとした説明が必要だろう。かなり古い作品であることもそうだが、あがたにとっていわくつきの作品だからだ。

「あざみの歌」は、一九四九年八月にＮＨＫラジオ歌謡で発表された日本の歌謡曲。作曲は「さくら貝の歌」で知られる八洲秀章。作詞は「さよならはダンスのあとに」「下町の太陽」などを手掛けた横井弘。一時期、歌手（志摩光二）でもあった八洲自身の歌唱で、その後伊藤久男や倍賞千恵子らがレコード化している。

ところが、キングの上層部は「赤色エレジー」が「あざみの歌」に酷似していると判断し、あがたに通告。一九七一年にキングレコードから出た『中津川フォークジャンボリー実況録音盤』および同年に出版された林静一との『うた絵本　赤色エレジー』（幻燈社刊）ではあがたの作詞作曲となっていたものを、「作曲／八洲秀章　作詞／あがた森魚」と書き換えたのである。

レコード・デビュー直前に八洲の作曲としたのは、キングレコードのディレクター・長田暁二であった。担当ディレクター・三浦光紀の上司にあたり、童謡、民謡、軍歌、なつメロ、歌謡曲、歌曲、オペラなど活動範囲が幅広く、特に抒情歌に造詣が深い人物だ。

八洲はすでに名を成した作曲家で、加えてキング所属だった。長田は政治的判断によって、トラブルを避けたかったただろう。それは現実的な騒動を回避するという意味では賢明だったのかもしれない。裁判沙汰になって、発売中止になっては元も子もない。

発売後、口を極めて批判する者もいた。〝喧嘩屋〟と呼ばれた評論家・竹中労である。

「あがた森魚という歌手がいる。『赤色エレジー』をうたって、いちやくスターと称するものになった。この歌は、NHK国民歌謡の『あざみの歌』（一九四五年、八洲秀章曲）の焼き直しである。より正確にいえば歌詞だけ変えてメロディはそのままであった。はじめからそういえばよい、ところがあがた森魚は自分の作詞・作曲であるといった、『コッペパンを齧りながらのどん底生活の中で、この曲を作りました』といった。嘘である、盗作である。一昔前にはタブーであった。文章の世界では、作家としての生命は絶たれた、医学の論文ならば博士号を剝奪された、しかるにあがた森魚は健在である。彼は二番目のヒット曲を出した、『清怨夜曲』である。これもまた、〝盗作〟である。括弧をつけるのは著作権の問題が微妙であるからだ。つまり『ラ・クンパルシータ』のメロディを、そっくり拝借しているのである」(「ニューミュージック・マガジン」一九七三年三月号初出)。

何を言っているのかと思う。率直に言って、ひどい文章だ。これを書いた者も書いた者だが、そのまま掲載した雑誌も雑誌だと思う(竹中はその後も自著『無頼の墓碑銘』に同文を再録。これに先立つ「フォークリポート」一九七二年秋号でも批判を展開した)。同誌に掲載させたのは言わずと知れた編集長・中村とうようだろう。

中村はなぜかフォーク・ロック勢に厳しく、この数年後にも「ぼくはセンチメンタル・シティ・ロマンスをロックだとは思わない」と書き、また、返す刀であがたらにも斬りつけている。「あがた森魚はナベプロに入ってしまった。松本隆はナベプロの歌手たちのために歌詞を書いている。彼らが何をしようと自由だ。だがわれわれは彼らがもともとロックとは違うところに立っていた人たちであることを再確認しておこうではないか(後略)」

ロックとは何か。この抽象的で多義的で幻想的で、それゆえ曖昧な形態や現象、さらにはそれらを包括する精神は当然の成り行きとして人によってさまざまな受けとめ方があっただろう。あがたがどのジャンルやカテゴリーにもしっくりと収まらないのは、もとよりロックやフォークというより、アティテュードが大衆芸能に近いからではないか。だからこそ、どこからもお声がかかれば、ともすればミスマッチにさえ映るような場所にも出かけ、出演し続けたのだと思う。

前掲の書物から、再び森達也の一文を引く。

「『赤色エレジー』がヒットしたその年か翌年の正月番組『スター隠し芸大会』に、彼が出演していたことを僕は覚えている。クレージーキャッツやザ・ピーナッツと共にニコニコと嬉しそうにコントに興じる彼の姿は、華やかなテレビ画面の中で、明らかに異物だった。（中略）にこやかで楽しそうであればあるほど、異物ゆえの『痛ましさ』に近いものを、中学生だった僕はテレビ画面から感じ取っていた。当時のフォークシンガーたちの中で『スター隠し芸大会』に出演していたのは、たぶんあがた森魚だけだろう」

確かに「赤色エレジー」のメロディは「あざみの歌」と非常に似ている。ただ、似ているのは前半部分だけだ。「メロディはそのまま」という指摘は当たらない。しかも音楽は、メロディ、リズム、ハーモニーという三大要素の他に音色、拍子（ビート）、テンポなどによって構成される。よい作品は、それらが絶妙に作用・共振し一つの楽曲として造形されている。

ところが竹中の文章からは、メロディ以外を比較検討した痕跡は見当たらない。それにもかかわらず、ある部分が似ている、そのことだけを取り上げて「盗作である」と断じたのである。

何より、もし実際にメロディを剽窃するなら、もっと上手いやり方がある。あからさまなことは絶対にしない。たとえば泥棒はガラス窓を音がしないように割り、指紋を残さないように手袋をつける。「抜き足差し足忍び足」。盗む者の心理とはそういうものだ。

もちろん、偶然似てしまったというケースはある。作者の意識しないところで、そのメロディなどが入り込んでしまうこともあるようだ（海外のさるヒット曲の盗作問題を扱った裁判では「潜在意識の内における盗用」との理由が判決で示された）。さらに言うなら、ある楽曲からインスピレーションを得るということは古今東西、ありとあらゆる場所で行われてきている。

以前はっぴいえんどの元メンバーが登場し、『風街ろまん』を振り返るというテレビ番組（『名盤ドキュメント』ＮＨＫ－ＢＳ）があった。そこで、細野晴臣は自曲「夏なんです」が、モビー・グレープ「ヒー」（アルバム『ワウ』収録）のイントロ部分のギター・フレーズに酷似していることについて「隠さないよ」と笑って話していた。また、同バンドでは、大瀧詠一も一九五〇年代、六〇年代の米国音楽からのインスパイアを「元ネタ」と称して認めている。楽器やコーラスを何層にも重ねた彼の「ナイアガラ・サウンド」もフィル・スペクターの「ウォール・オブ・サウンド」が本家だ。これらは元ネタを自分なりに昇華させ、オリジナルなサウンドを作り出しているからできる芸当で、本人たちにも後ろめたさなど微塵もない。あるいは、松本隆の「木綿のハンカチーフ」とボブ・ディラン「スペイン革のブーツ」の歌詞の類似も然りである。

もし、あがたが「あざみの歌」を認識したうえで「赤色エレジー」を作ったのなら、彼らのようにネタ元を明かしたはずだ。現に「大道芸人」（『乙女の儚夢』収録）などは、フェアポート・コンヴェンションの「ウォーク・アホワイル」（『フル・ハウス』収録）に影響を受けたことを自ら明かしている。しかし、「赤色エレジー」ではそうしていない。

程度の差こそあれ世に〝ゾックリさん〟が多数存在することはあらためて言うまでもないが、評論家がより考察すべきことは他にあるはずだ。

また、竹中は「『清怨夜曲』も『ラ・クンパルシータ』の盗作」としているが、あらためて両曲を聴き比べても、似ているのはイントロだけで、すぐにあがた節になっている。これも「〝盗作〟」とダブルクォーテーションでくることで、詳述すべき根拠にはなんら触れないという乱暴さだ。初めに結論ありき。夜郎自大にも映る語調の強さがこの評論家の特徴でもあるので、周囲もその雰囲気に圧されたきらいはあるだろう。

バンドネオンとヴァイオリンをフィーチャーし、スタカートで音を刻めば、サウンドは馴染み深いタンゴ調にまとまっていく。それをラ・クンパルシータと同じだと言ったところで、意味がない。竹中の論法でいくと、「黒猫のタンゴ」や「だんご3兄弟」もかなり怪しくなってくる。

ちなみに『うた絵本』のA面（散面）は「赤色エレジー」、B面（華面）は「清怨夜曲」。自分の曲を、歌を、たくさんの人に聴いてもらいたい！　とアンビシャスの塊になっている二十歳そこそこの人間が、盗作ずくめでデビューするだろうか。そのような通常起こり得ないことを、説明なしに結論づけるのは軽率極まりない。それこそ竹中流に言うなら「評論家としての生命は絶たれる」はずだ。「そのまま掲載した雑誌も雑誌」と書いたのは、そういう検証もなされていない文章が人目にふれる責任の一端は当然メディア側にあるからだ。今日になっても、竹中の罵詈雑言を面白半分かTwitterでBOT投稿し流布する人間がいるという事実を考えるべきだろう。

ともあれ、「赤色エレジー」が盗作曲であったとするなら、仕上げを手伝った鈴木慶一、これを聴いて感動しレコード制作を持ちかけた三浦光紀をはじめ、林静一も、蜂蜜ぱいのメンバーも、中津川フォークジャンボリーの聴衆も誰も疑わなかったのだろうか。

鈴木慶一は「(赤色エレジーで)ポップスにジンタを採り入れたのはあがた君の新発明だ」とさえ語っている。

こうしてみても、「赤色エレジー」はとかく毀誉褒貶の多い歌だが、これまでに、ちあきなおみ、本田路津子《るつこ》、吉幾三、二十一世紀に入っても、トリビュート盤では鈴木慶一、緒川たまきら十数名が歌い、近年も浜田真理子がカヴァーしている。何よりも、亜種亜流の作品だったならば、半世紀を経た現在まで連綿と歌い継がれるはずもない。

しかし、あがたは未だに問題を解決出来ずにいる。「作曲者　八洲秀章」。このレッテルはメジャー・デビュー以来五十年間、ずっと貼られたままなのだ。

――また、ちょっと違ったフェイズで「赤色エレジー」のことが出てくると思うんですね。やはり、その光と影と言いますか。それは一人のアーティストとして、あったと思いますし、リスナー、オーディエンス側の印象、イメージにも大きく左右してきただろうと想像します。

「作品として一〇〇パーセントあるとしたら、現象や立ち位置として二〇〇パーセント、三〇〇パーセントぐらいのヴァリューで覆われてるところもあるからね。だから、むちゃくちゃやり辛いというか、自分でも扱いきれなかったわけだよね。いまだに扱いきれてない」

――結局、たかが一曲と言いながら、いろんな意味で、もうあがたさん個人がコントロールしきれないような存在にまでなってしまったということですね。たぶん、それで人間的な関係とかあるいはお金の問題とか、それはいいことだけでなく、誰かが何かを思うとか、そういうこともひっくるめて、あがたさんの直接見えない部分にもやっぱり影響する、影響してきたと思います。加えて、八洲秀章さんの作曲云々という話も当然出てくるわけですね。その後、わりとすぐにいきなり、デビュー曲が怪物的な存在になっていくというのは、そうそうないことですね。

「もう、デビュー直前に。お正月に『いよいよデビューだから、今年は頑張ります!』って言ってる、その月の終わりぐらいに、キングレコードに呼ばれて。『ちょっと、あがた君さ……』って。そこで、八洲さんが登場するわけだよね」

――その辺のこともひっくるめて、そこは避けては通れないと思います。なかなかこれを伺うのも、またそれに具体的に触れるとなると、非常に繊細なだけに難しいのですが……。

「だから、八洲さんのご遺族の方に会いたいんだよね。それをルポしてくれても別に構わないけどさ。ともかく一度、どんな意味であれ、あれから五〇年ですっていう意味も含めて。ご挨拶をし、どんな話がどう展開するか。そこでまた、なんかお互いに嫌な思いで終わっちゃうのかもしれないし、なんかいい話ができるかもわからないし」

　三浦光紀に会い、このことを問うた。

「（『赤色エレジー』を聴いた）長田さんは、これは『あざみの歌』だななんて言って、『これちょっと、八洲さんに言うよ』って、なった。それは言いますよ、（八洲さんとは）友だちだから。そしたらやっぱり似てるじゃないですか。音符的にはほとんど一緒ですから。

　僕はね、これはオリジナルだ、と。だって、『あがた君は聴いたことないって言ってるんだからオリジナルだ』って言ったんだけど、それをやると裁判になって出せなくなってしまう。時間もかかるし。（長田さんから）『これ、三浦ね、今が旬なんだから出そうよ』って言われて。発売するには、作詞家、作曲家は誰かって書かなきゃいけないし、（そのままだと）それも書けないわけだから」

「まず、プレスする前に会議にかけるわけですね。その時に、もう歌謡曲の宣伝マンたちがこの曲が売れるって言い出しちゃって。会社全体でこれはいけると。キングレコードのイチ推しだったんですよ。だからベルウッドの宣伝マンだけじゃなくてキングレコードの宣伝マン、特に歌謡班が動いてくれた。テレビは全部歌謡班がやってくれたんです。

当時は僕たちはテレビなんて全然考えてもいなかったから、繋がりも全くないし。活字とラジオぐらいしかやらなかったですから。テレビなんてもうとんでもないって、やってない。だから、そういうので盛り上がってたんで、『三浦、せっかくこれで盛り上がってるのに一年遅れたらこういう状況にまたなるかわからない』って言われて、まぁ、それもそうだなと。しかも第一回発売だから、やっぱりそのまま出して。もう売れるって僕は思ってましたから。そのことで、後々あがたさんにもやもやが残るんだけど……」

――やむを得ないという判断はあるにせよ、当時の判断はいまも正しかったと？

「そうですね、それしかなかったと思う。裁判をやって、一年、二年後にあれを出して売れたかって言ったらそれはわからないですしね。もう発売前から盛り上がっちゃったんだから」

――「ガロ」で林静一さんの原作が終わってそれほど間もない、そういうタイミングもあるし、やっぱり時代の空気なんて読みようがないですものね。

「そうです。やっぱりタイミングが全てですから、商売は」

――同じものを出したってダメな時もあるし、いい時もあるということですよね。あがたさんはものすごいショックだったみたいですよ。

「それはショックですよ。彼は本当に（『あざみの歌』を）聴いたことがないと思いますよ。ただ、そう言ったって証明するのは難しい。

大瀧詠一さんに言わせれば、基本的には『オリジナルなんてない』って。『みんな無意識のうちに入ってるんだ』と。『創造っていうのは思い出すことだ』みたいなね。そういうことですよね。だから入ってるんですよ。だって、僕だって訳のわからないメロディが出てきて、これはなんなんだろうって思って、深夜のくだらないコマーシャルが入ったりしてるもんね、自分の中に。なんでこんなメロディが出てくるのかなって、思って」

このことについて、改めて自分なりに考えた。印税とは、「著作物を複製して販売等する者（出版社、レコード会社、放送局など）が、発行部数や販売部数に応じて著作権者に支払う著作権使用料の通称」である。

しかし、八洲は「赤色エレジー」の実際の作曲者ではない。それにもかかわらず、同曲が発売されて半世紀を過ぎたいまも著作権は八洲側にある。シングル盤で通算六十万枚、また、アルバム『乙女の儚夢』に収録されたので、ここからも相応の作曲印税が発生している。これらの総計がいったいどれほどになるのかは定かでないが、かなり大きな金額であろうことは容易に想像がつく。

あがたに肩入れするのではない。誰を批判したいのでもない。だが、その作品に似ているからといって、作者でない者が「作者」として印税を受け取り続けるのは如何なものか。だいたい、「あざみの歌」を聴いてい「ない」、知ら「ない」ことを証明するのはいわゆる「悪魔の証明」で、事実上不可能だ。同じレコード会社の所属作曲家とシンガー・ソングライターだったから、著作権移譲がこのようなかたちで行われたのだとすれば、金銭的に〝手打ち〟することもできたと思う。あるいは日本の某女性歌手がとったように、作曲者を併記するという方法もある。

二十一世紀に入ってからは、大半のアルバムをインディーで発表してきたあがたにとって、もし……。いや、たらればの話はよそう。しかし、あがたの傷が癒えないのは印税の問題ではない。

二〇二二年四月二一日に都内で記者会見を行ったあがたは、複数のシングル盤を持ち出した。

どれも「赤色エレジー」だが、その中に通称「白盤《しろばん》」と言われるものがあった。レコード会社が販売促進のため発売前に放送局や雑誌社、また、音楽評論家やライターなどに配るものは、レコード盤のセンターラベルが白い紙でできているところからそう呼ばれた。

あがたはただ、異なる種類の三枚のシングル盤（キングレコード、ベルウッド・レコード、白盤）を高く差し出しただけで何も言わなかった。

同じことは四日後、飛鳥山近くの北とぴあで開かれた「あがた森魚半世紀夜會」でも繰り返された。ここでもあがたは差し出しただけで何も語らなかったが、私はすぐに想像がついた。おそらく、そこにいた百名の観客も少なからず察したはずだ。白盤には「作曲／あがた森魚」と記されていたのだ、と。

ところが翌五月三一日、渋谷・クラブクアトロで満場の聴衆の中、窪田晴男やホッピー神山ら八人のサポート・メンバーを迎えて繰り広げられた「あがた森魚50周年記念　二千十年代選曲集ライヴ」ではついにそのことに自ら触れた。そこにはファンだけでなく、自分を見出してくれた三浦をはじめ、アーティスト、音楽評論家などさまざまな業界関係者の顔があった。抑制した口調ではあったが、その内情を少しでもわかってもらわないことにはもう収まりがつかないという思いがあったのかもしれない。休火山が活火山と化した瞬間だった。五十年間に積み重なった思いがマグマとなって静かに噴火したのだ。畢竟《ひっきょう》とも言えるあがたの言葉、訴えを、ここに居合わせた数百人はどのように受け止めただろう。

もしや二十世紀末にリリースされた『日本少年２０００系』のように、「作曲／あがた森魚」の名のもとに生まれ変わった「赤色エレジー」が発表される日はいつかやって来るのだろうか。

証言3

プリミティヴな、未熟な、ちょっとした断片をお菓子の箱に詰めて永遠の音楽にする。これがあがた森魚の「永遠製菓」。

松岡正剛

◉編集工学者

一九七七年十月に稲垣足穂と野尻抱影が相次いで亡くなり、当時やっていた雑誌『遊』で追悼号を出そうと、羽良多平吉君にデザインを、あがた森魚君に追悼曲を作ってほしいと頼んだ。

はちみつぱいや「赤色エレジー」には、すごく懐かしいという印象を持っていたし、『乙女の儚夢』や緑魔子との「最后のダンスステップ」は、ああいう歌曲は誰かがやらなくてはいけないものだったと思っていた。フォークソングやニュー・ウェイヴというよりも、本来の日本が昭和期に持っていた歌謡曲のロマンス。それをあがた君がやっているというのがなんとも言えず、応援をしたいという気持ちをずっと持ってきた。

一九二〇年代にルドルフ・フリムルというオペレッタの名人がプラハにいた。この人は映画音楽の天才と言われていて、最初に当てたオペレッタに『放浪の王者』があった。堀内敬三という作曲家がフリムルの曲に歌詞をつけて「蒲田行進曲」を作った。あれは戦前の曲で、松竹撮影所の所歌みたいにみんなで歌っていて、やがて深作欣二やつかこうへいが映画や演劇にして、大ヒットした。そのフリムルに近い何かを、僕はあがた君にずっと感じている。例えば「シベリア廻りで」とか「今宵最後のダンスを踊ろうね、踊りましょう」とか「電気ブラン」とか。これらは昭和の感覚であり、かつまたあがた君が、小樽や函館で寂しい思いをしたり、あるいは非常にロマンチックなものを感じたりしていた中で掴んだものなんだろうけれど、曲調は儚いモノクロームの映画の、フィルムに少し傷が入ってジージーとした音の中に見せるというセンスと共にある。彼のギターの弾き語りもテクニカルではないし、放浪芸のようなものがあった。大ヒットした「赤色エレジー」には「昭和余年は春も宵」という言葉が入っている。二・二六事件（一九三六年）以前の、そのころ日本にも芽生えた映画に、たった一晩、たった一場面だけきれいな女優さんが出てきて夢のようなシーンを作る。それを彼は「永遠の音楽」と呼んでいる。その昭和余年の音曲こそがあがた君だと思う。

日本に浅草オペレッタが一世を風靡していた時期がある。榎本健一が出てきて、これが森繁久弥らのムーラン・ルージュに繋がって、やがて渥美清、ビートたけしに流れていった。それらは喜劇ではなく、そこでちょっとだけ見せる寸劇だ。美しくも儚い女性に憧れながら、チャップリンの無声映画がそうだったように、袖にされる。ちょっとした傷のような悲しみの中、ステッキを振りながら街を歩く。それが浅草オペレッタだが、あのセンスはあがた君が独特に作り上げたものと同根だった。

あがた君はそこから社会性を削ぎ落とし、雰囲気や気配を組み上げていったんだと思う。それを場末のバーとか、シベリアケーキとか、紅茶を小指を立てながら飲むとか、そういう場面に組み合わせていった。この場面だけで組み合わせるというのが、稲垣足穂っぽいところだった。あくまでフラグメントであって、フラグメンテーションとしての世界だった。大きなストーリーにしないのだ。プリミティヴな、未熟な、ちょっとした断片にしたままにする。僕はそれをフラジャイルなセンスと呼ぶようになったけど、そういうものとして、ちょっとずつ摘む。これを持続するにはある操作が必要で、そのままだとハリボテになる。偽物がダメなのではないけど、そうすると「偽物でも永遠の時があった」というような思いしか持てない。

あがた君は、これらをお菓子の箱に詰めて永遠の音楽にした。（あがた森魚が言うところの）「永遠製菓」だ。この感じは彼の独自の音楽オペレッタであり、生き方である。

ひるがえっていうと、本物と偽物は区別がつかない。全ては「もどき」であって、タルホの言うダッシュなのである。本物をほしいけど、子どもには手に入らない。自転車もほしいし、戦車もほしいし、ゴジラもほしい。でも、いない。そうすると、あるものをゴジラや戦車に見立てたい。その時にそこにダッシュが付いてくる。芸術の歴史を見れば、これはデュシャンもやったことだけど、おそらくあがた森魚も持っている芸術哲学だと思う。あの美女は自分の手には入らない。けれどもプリミティヴな記憶にもとづいて、そこで生まれるイマジネーションが、「永遠製菓」になればいいわけだ。そういうことのすべてが、あがた森魚のアルバムの中に詰まっていると思う。


僕もあがた君も、稲垣足穂の嫡子なのだろうと思う。そのことは『一千一秒物語』に始まっている。あの作品は一九二三年に、十九歳のタルホがノートに書いたものがスタートになるわけだけど、後のタルホの著述の一切は『一千一秒物語』の脚注だった。本人がそう言っている。

タルホのモチーフはちょっと遠くにあって、でも誰もがどこかで出会った気がするものだ。そこには場所の記憶もくっついている。映画館だったり、喫茶店の片隅だったり、町の一隅だったりする。タルホは記憶の断片を、チラシの裏や手持ちの安いダンボールだとかブリキだとかに託す。そしてそこに月や土星やヒコーキを描く。それらを手持ちのちびた三色の色鉛筆で描く。このダッシュの感覚を持って、ニュートン力学にもド・ジッター宇宙にもアインシュタイン重力にも接する。これがタルホの凄いところ。それが例えば「カフェを開いた途端にブリキの月が上がった」というセンスにあらわれる。

タルホにはもう一つ、ロード・ダンセイニの薄明じゃないけど、神々の神話が登場する前を描きたいというところがあった。薄暗がりの夜が明ける前の神話の時代。そこにタルホがいた。あがた君もそこにいるんじゃないかと思う。夜が明けて朝帰りするようなものではない。

『わが一九二三年のマニフェスト』というタルホのエッセイがある。あがた君はそこにピンナップできる。標本箱の中に、時間と空間をアルコール漬けにして虫ピンで並べられる。美女を永遠にして老いさせないマニフェストがある。

つまりは僕もあがた森魚もタルホのダッシュなのである。ラジオからちょっと流れてきたとか、喫茶店でちょっと見かけたとか、アット・ア・グランスのまにまに、一瞥の時にやってくる世界を追いたいわけだったのだ。

ちょっと付け加えておきたい。日本にもロマやジプシーのように、たくさんの遊民、放浪芸、流れていくノマドな者がいて、それはヒの一族とかアヤの一族とか呼ばれていた。古代以来の不思議な語り方もされていて、ときに遊女になったり、『梁塵秘抄《りょうじんひしょう》』(平安時代末期に編まれた歌謡集）の今様のような歌を作り出す集団になったりしたのだけど、あがた森魚の中にも、そういう遊民性がある。ロマというかジプシーがあると思う。ジプシーはまさにハンガリーとかハザールとかから出現して、ヨーロッパをずっとギターを持って占い師や牛や馬と一緒に動いていた。その放浪感覚があがた森魚のもう一つのスコープというか、流れというか、情景として動いている。かつてのフェリーニの『道』のような。ああいうものとしてあるのではないかとずっと思っていた。それが朝鮮半島では「白丁《ペクチョン》」と呼ばれ、さまざまな妓女になったり、戯れの女性たちになったり、あるいは葬儀の「泣き女」としていたり、時にはパンソリになったりする。それの昭和版みたいなものをあがた君は持っているのではないか。そこをもう一回組み立てられると、すごいだろうなと思う。

ミュージシャンやアーティストは、自分のやっていることに関心がありすぎる。着眼点は素晴らしい。でも、そのことをもっと大きな束にできる。例えば「昭和余年は春も宵」だけど、これはプラハにもあったし、キエフにもあったし、ニューオーリンズにもあった。それらを一緒にまとめられれば、世界にも打って出られると思う。まだ、間に合うかもしれない。

あがた森魚が持っている「儚い夢」というのは圧倒的にすばらしい。格別だ。『ヂパングボーイ』などの音楽の作り方を見ていると、とてもよくできている。あれは「生」が消えているからいい。あがた森魚って何？　少年なのかな？　という幻想がいい。ただ、標本箱を見せてほしい。誰にもできないセンスがあるから。いままでやって来たことで、もしまだ足りないと思えるなら、もっとやったら、それはすごいものになる。

若いころのように声が出なくなったら、小さめに歌っても十分だと思う。あがた森魚には独特の達人性がある。

まつおか・せいごう　一九四四年、京都府生まれ。編集工学研究所所長、イシス編集学校校長、角川武蔵野ミュージアム館長。工作舎を設立し、オブジェマガジン『遊』で、汎ジャンル的なメディアの融合と超越を試みた編集スタイルを実践し、日本のアート、思想、メディア、デザインに大きな衝撃を与える。以後、エディトリアル・ディレクター、プロデューサーとして内外のプロジェクトを手がける。二十世紀末から執筆を開始した書評サイト「千夜千冊」は二〇二二年八月現在、千八百冊を超える。

第四章 ◉ 音楽、映画、アート

上：1972年　大島フォークジャンボリーにて
中：1987年　雑誌『菫外國』（永遠製菓発行）山口小夜子さんと
下：1974年　映画『僕は天使ぢゃないよ』より

いつも想像する「あなた」というオーディエンス

あがた森魚は音楽家である。世の誰もがフォーク・シンガー、もしくはシンガー・ソングライターとして登場したと思っていた。しかし一九八〇年代に入ってからはニュー・ウェイヴ、タンゴ、さらにはアルジェリアのポップ・ライまで取り込んだ楽曲を制作。その楽曲群は一様でない。あがたの目まぐるしいほどの変化と多様性も、大瀧詠一が日本のポップ・ミュージックを説いた「分母分子論」に当てはめれば納得できるところがある。

それはおよそ次のようなものだ。

「明治以来の日本の音楽は全て洋楽（世界史）からの輸入だから、分母は『世界史』としてあり、そこに分子として『日本史』（邦楽）が乗っかっている構造である。つまり『世界史』とはサウンドと歌詞であり、『日本史』とは日本語の歌詞（訳詞を含む）とそれを反映させたメロディである」（「ＦＭｆａｎ」一九八三年一一月二五日～一二月四日号 初出）

昭和の歌謡曲を花開かせた古賀政男や服部良一、古関裕而といったパイオニアたちに限らず、日本の流行歌はブルースやジャズ、あるいはタンゴ、カントリーなどと共にあった。

この音楽文化の移植と翻案をめぐるダイアグラムはシンプルなものだが、特に大衆芸能を考察するうえで非常に興味深い。あがたがジャンル横断的な音楽を展開したとしても、決して不思議ではなく、むしろ必然とさえ思えてくる。どれもこれも、あがたの「日本史」として聴けばいいのではないか、と。

さて、ある方面に大きな才能を発揮する者に対して「天才」という形容がある。その表現が凡庸であるなら、敢えて「異才」と言ってもいい。着想することにかけて、あがたは音楽界全体でも屈指の存在である。ところが一方で、そのアイディアを着陸させるまでにはかなり時間と手間がかかることも少なくない。

たとえばレコーディングが終わり、マスタリング（原盤制作）作業に入っているにもかかわらず、一字一句にこだわり修正を申し出るといったように。まこと、プロデューサー泣かせである。

しかし、そういうエキセントリックな人物だからこそ作り得る作品がある。ジョン・レノンは「アクロス・ザ・ユニヴァース」を歌ったが、「宇宙を思想し歌にする」ことができるシンガーがこの世界にどれだけいるのかと想像するだけで答えは自ずと知れるはずだ。

また、彼は俳優でもある。これまでに映画だけで五十本弱。テレビドラマにも二十本以上出演している。舞台を含め、古くは森繁久彌、吉永小百合から近年では満島ひかり、有村架純まで共演者の年齢層も実に幅広い。

さらに『僕は天使ぢゃないよ』『オートバイ少女』『港のロキシー』などの映画監督作品があり、間もなく新しい長編『佐藤敬子先生を探して』も完成するという。この他、自身の日常的活動を映像で記録しているのだ。

あがたの音楽、映画、アートはそれぞれが独立していると同時に、どこかで互いに越境し、渾然一体の名状し難い身体的表現として成立しているはずである。全く欲張りな表現者である。

――音楽と映画とアートと。さて、どこから伺っていきましょうか。

「（『乙女の儚夢』のジャケットを手にとって）これなんかまさにデビュー・アルバムで、ひな形ではあるよね」

――これはやはり、あがたさんの歌作りの基本になっていますか。

「世界の作り方みたいなことではね」

――このアルバムはいろんなパートから成り立っていますね。

「コラージュしてる感じだよね。『女の友情の唄』（映画『新興　女の友情』主題歌　歌：松島詩子、山野美和子／一九三四年）なんて楽曲をそのまま引っ張ってきちゃったりね。だからある意味、これがひな形だし、いまでもやりかねない方法かもしれない。次の『噫無情（レ・ミゼラブル）』とかその次の『日本少年（ヂパング・ボーイ）』辺りまではやりたいことがいっぱいあって、ああもやり、こうもやり、果てしなく続いてたよね。でも特にこの三枚は、自分の作ってみたい世界を、お芝居や映画ではないけど、ターンテーブルに載せて見聞きする映画や紙芝居みたいなものだったかもしれない」

「ターンテーブルに載せて見聞きする映画や紙芝居」。このひと言で、あがた森魚の音楽世界はほとんど言い尽くされているように思う。音以外にも、ジャケットやブックレットなどが尋常ではない凝りようだ。やはり、特にこの三枚はCDプレーヤーではなく、ターンテーブルで聴くLPでなくては本領が発揮されないということでもある。

これまでに発表されてきたアルバムのアートワークには錚々たるクリエイターが参加している。林静一をはじめ、赤瀬川原平、YMO『ソリッド・ステイト・サヴァイヴァー』『パブリック・プレッシャー』のジャケット・デザインなどで知られる羽良多平吉、鈴木翁二、矢吹申彦、横尾忠則、奈良美智、平間至らがその面々だ。

——具体的な方法論については当然、表現されたかたちは違っていても、あがたさんの中ではあまり違いはないと言いますか。たとえば演劇と比べても……。

「演劇とか映画とかね。どうなんだろうね。話していくと、どこが基本かなと思うんだけども、やっぱり留萌《るもい》で生まれて小樽、青森もあるし、それから函館も。成人するまでのこの四つの都市でいろいろに自分が影響されて感受性を刺激されて。もちろん東京に出てきてからもいろいろあるんだけども、それまでに自分が取得したものがまずコアというかルーツになっているんだなという感じはものすごくある。それをかたちにしたいという思いはあった。

この『乙女の儚夢』の前に『蓄音盤』もあるしね。その、一言で言えないんだな。だから、自分の幼児体験を追体験したくて音楽を作ってるわけじゃなくて、自分なりのなんかこう、未来展望的なアヴァンギャルドなメッセージをなんらかのかたちでやってみたいっていう思いがすごくあって。

演劇的なものはまた難しいし振れ幅があるんだけども。じゃあ表現ってなんなのかなぁって言うと、それはもうどっかでフォルムとか、ちょっと誤解を招く言い方をするとフェティシズムだと思うんだよね。たとえばどの柄がいいかって、それはロジックだけでは分析できないものではないか。人を好きになることも、新しい発明発見も、世界情勢の実情も、ロジックで分類されない、人間の思想や社会構造や表現物がそこにある」

——あがたさんの音楽は、場所、時間、それから時間移動というか、結局それは常にいま、もしくは自分の通り過ぎてきた時間以外に頭の中で思いを馳せる時間というのがありますよね。必ずしもあがたさんの実生活や実体験から出てきたものではなくて、そこに一つ思いを馳せることとか、想像とか空想とか、あるいは妄想みたいなこともひっくるめた想念と言いますか……。

「イマジネーション？　デジャヴ（既視感）とか？」

――イマジネーションで世界を構築して作品化されていると思うのですが、そういう意味ではおそらく自主制作の『蓄音盤』のころから『わんだぁるびぃ２０２１』に至るまで五十作、基本的な創作方法はそれほど変わっていないのかなという印象があります。

「一番底にあるものっていうかね。何か自分の中でイメージしてるものは、可能だったら何作でもこれの次作、次作、次作を作っていきたいと思ってしまうぐらいだから」

――この場合も、時代の、もちろん、あがたさんのデビュー曲が大ヒットしたということも相まって、時代的にもオイルショックの少し前、高度成長期の最終期ぐらいで。

デビュー・アルバムは観音開きの総天然色で、ブックレットもついてお金がかかっていますけれども、そういう豪華なものはいまや作れるものではないと思います。

ところで、あがたさんがどういうふうに曲を作るのかについて伺います。漠然とした言い方ですが、曲を作ろうという気持ちは常にあるのでしょうか。それとも作ろうと思って、たとえばあがたさん特有の創作モードのようなものがあって、それで曲を作るのか。その辺りはどうですか。

「いや、これはおもしろいんだ、俺の中では。やっぱり作りたくて日常を送ってるのかさ、日常の中でクリエイティヴな気持ちになるのかというのは。もちろん、それはその時のシチュエーションだけれども。でも普通に言えば、曲想が浮かんだら曲を作るとか、ピアノに向かって曲を作るとか。締切がいつだとか、今度のアルバムの曲は（どうしよう）とか」

――非常に現実的な話ですね。

「普通。ナチュラル。でも俺は自分で歌を作るとか歌うとかってなった流れから言うと、どうしても自分の中ではまず歌を作るということが前提にあって、いつもこの辺までに歌を作りたいというか、次のアルバムにどういう曲を作ろうかっていう意識がずっとあるのかもしれないね」

——歌を作りたいというのは、作って歌いたいというところまで当然繫がっていくわけですね。

「そうだね、歌うために作るわけだから。それは受注して作る場合も以前はあったけども、でもどっちかっていうと、自分が歌うために作ってきたわけだから」

——もちろん、あがたさんも依頼されて他人のために曲を作ったことはあると思いますが……。

「うん。頼まれて作ったのは何曲かあるけど、少ないと思う。そんなに多くないよ。何十曲もない。よくよく数えれば二十曲、三十曲くらいはあるんだろうけど」

あがたは「歌う」ことの本能と欲求が並外れて強いシンガーである。技巧や洗練といった多くの音楽家が手に入れたいと望み、それに向かって進む道を決して歩こうとはしなかった。しかし、それらを補って余りある個性と発想力があがたの音楽にはある。

もし、そこに商業的な厳しさが発生するとすれば、それは現代におけるコンセプチュアル・アーティストの困難でもあるだろう。

——音楽家・あがた森魚のこれまでの膨大な楽曲群は一体どういうふうにして生まれてきているのか。そこは非常に興味深いし、知りたいと思うファンも多いと思います。

「誰もが普通の哺乳類、人間として、やっぱり言葉のようなものがあったんだろうし、それから視覚、聴覚として見るもの、聞くもの、触れるものがあり、五感があり、それがヒューマニティやイデアや叡智やいろんなものと繫がっていて今日に至るんだろうけど。

俺もいろんなことを思う。言葉に敏感な人間なのか。それとも音に、音楽とも言えるけど、風とか空気とかも音かもしれないし、五感に作用するものかもしれないし。でもパキパキとわけると、言葉と音と視覚と、みたいなさ。そうすると良くも悪くも自分で一番敏感なのはなんなのかなって言うと、ある時は言葉に敏感なような気もするし、ある時はヴィジュアルに敏感なような気もするし、ある時は音楽やってるぐらいだから音に敏感なのかもしれないと。

以前は『初めに言葉ありき』で、言葉が真ん中にあって、それがひかりっていうか、視覚に倒れる部分と聴覚に倒れる部分があって、それを聴覚で取り持つと歌があって、視覚で取り持つと映像があって……みたいに感じた。だから視覚的なことと音楽的なことは俺の中で両翼のようにあって」

――音楽が生まれる場所というのは特定できるものでしょうか。

「特定できないよね。どうしても締め切りが迫って、今日、明日中にこの曲を上げなきゃいけないって時は、なんによらず、必死になってやるわけだけども」

――それは自宅で作るのですか。

「そう、家だね。スタジオに入ってとかはないよね」

――外ではないのですね。道を歩いてとか、近くの荒川土手に行ってとか。

「なくはないけど、あんまりやらないね」

――具体的な作業には、やはり楽器を使うことが多いと思います。おもにギターですか。

「ピアノかギター。まぁ、ギターが多いかな。なんでもいいんだね、最低限のコードとグルーヴがとれれば」

――ではいま、お家には鍵盤楽器もあるのですね？

「一応、あります」

――少し、学生時代の話を伺います。当時、全共闘はすでに挫折してるわけですね。

「六九年にはまだ、あった。時代の象徴のようにね。けれども、安田講堂陥落が六九年。あれで俺たちも、ちょっと、えっ、もう終わっちゃったの⁉　無邪気な言い方をすれば、高揚していたカーニヴァルが急に終わっちゃったみたいな」

――あがたさんもそんなに急進的な運動家でなかったとしても、やはり時代の高揚感などは、その時に学生ということで当然あると思います。また、心の中では石を投げてるぞ、ゲバ棒振るってるぞみたいな気持ちはあったと思うのですね。連帯感とかシンパシーとか。実際、デモに行ったことはあるんでしょう？

「ある。大学入って、高校時代の先輩たちと再会して、唐十郎は明大だからさ、唐十郎の『状況劇場』とか、あの辺でとぐろを巻いていたそういう奴らと出会って、六八年ごろから。安田講堂が終わってからもまだまだやってた連中もいたから。一方では、一部の取り巻きの連中がデモに行ってたから。三派系のいろいろな『中核派』（革命的共産主義者同盟全国委員会）とか『ML』派（共産主義者同盟マルクス・レーニン主義派）とかそういう中の下部組織として普通の大学サークルを装った、言わば偽装思想集団（笑）がいるわけ。その中に『アジア・アフリカ・ラテンアメリカ研究会（AALA研）』っていうのがあって。隠れ蓑にしてるんだけど、名前を聞いただけで怪しい（笑）。でもそういうAALA研に興味があった。

仲間は、俺のことを『ガタちゃん』って呼ぶわけね。山縣だから。いつも黒いもの、黒いタートルネックを着たりしてるから『クロちゃん』って言う人もいたけど。

で、ある時、クラスの中でわりと仲の良かった奴が『ガタちゃんさ、面白いサークルあるからそこ行ってみよう!』って言って。そこのリーダーにすごいインテリで、文学に造詣が深い二期ぐらい先輩の外川正彦さんって人がいて。このAALA研はその外川さんがリーダーだった。外川さんからいろいろ勉強したいなと思って。ここと、『現世代』っていう演劇集団の両方をまたにかけていろいろやることになったんだ」

——オリジナルですか。昔は(ウジェーヌ・)イヨネスコ原作なんてよくありましたが……。

「まさにイヨネスコ、それもやってた。俺がやってたのは『ネオ・ハムレット』って言ったかな。誰が書いたか忘れちゃったけど、なんとかハムレットっていうのを舞台化した時に俺も出演したんだけども、それがおもしろかったな。その時のリーダーが田村寛って人。これがまた素晴らしい俳優なんです。だから、お芝居やりながら田村寛の影響を受け、そのAALA研に行っては、外川さんの影響を受けて。こっちはちょっとポリティカルな、でも文学的ないろんなイデアをくれて、田村寛からは演劇的表現性というものをもらう。この両方のサークルの振れ幅のダイナミックさがたまらなかった」

——そのころはまだ大学には在籍している状態ですね?

「一応、在籍はしてた」

——でも学校自体の講義はあまりなかった?

「あったんだけど年々歳々、その時々だよね。ロックアウトされたりしてたから。授業の絶対数が少なかった。どっちかって言うと、ロックアウトされてようがされてまいがサークル活動のほうがおもしろくて、段々授業は行かなくなっちゃったみたいなところがあった」

――「AALA研」ではどんな活動をしていたのですか。

「(ルートヴィヒ・)フォイエルバッハっていうアナーキスト、これがAALA研の一つのテキストだったんだけども。(ミハイル・)バクーニンだったか、無政府主義っていうかアナーキズムっていうか。アナーキズムとテロリズムは一見似てるけど、違うわけだから。その当時明治大学に学生会館があって、その学生会館の中とか、天気のいい日は屋上に行って、柔軟体操とか発声練習とかもした。あれが知らないうちに、俺の歌う発声法とか基礎鍛練とかになってたんじゃないかなと思う。柔軟体操したりとかもね。

面白いのは、外川さんは反日共系のわりと過激なセクトの思想の持ち主だったけど、一方で田村さんは、アナーキズムとは言わなかったけども、つまり政治を第一義にしちゃダメだと彼は言うんだね。表現性を第一義にしようよ、と。政治活動の根底にある俺たちの感性や考え方は表現そのもので展開しなくちゃダメだねって。だからデモに参加するなよって言われた。シンパだとしてもデモは極力行くなと。いわんや、そういう組織に入るんじゃないよっていうことをよく言われた。田村さんのこの表現に対する姿勢にはすがすがしいものを覚え、かつ、僕自身の音楽のやり方、考え方に通じるものがあり、有形無形にいろいろな影響を与えてくれた。

自分はまだ十九歳だったから、表現ってそういうことなんだなと。ボブ・ディランの歌もそういうことなんだなと。そこで俺の考え方のベーシックなところが形成されたかもしれない。だからすごく大きい。早川義夫さんとかエンケンとかに出会ったのもすごいんだけども、そのリアルタイムな時代に何を表現するかっていうポイントは、田村さんに教えてもらったかもしれないね」

――あがたさんの歌の内容ですが、たとえメッセージ的なものでもシュプレヒコールにはしない。けれども、そういう気持ちはあって表現しているんだ、と。

「現にそういうふうに歌を作ってきたからね。アジテーションでもシュプレヒコールでもないけど、心の内にはそれを秘め、叫んでいる、と」

――まさにあがたさんの音楽の基礎的な部分がそのころにできたということですね。

「これ、意外と『おーっ！』と思われるかもしれないんだけども、それらのことはあまり改まって話したことないし、メディアでも話すべくもなく。鈴木慶一とだって、早川義夫さんとだって、中川五郎さんとだってそこまで突っ込んで話すこともなく。ただボケっと言えるのはやっぱり、俺のボブ・ディラン信仰は一人でやる全共闘運動のようなものでもあったということ。俺のボブ・ディラン的イデアとして歌うっていうことは、イコール俺のリアルタイムとしては、俺の魂っていうか、俺のイデアの全共闘。俺の一人フィロソフィとしての全共闘運動であったかもしれないなっていうね。だから実際にセクトに入ってヘルメット被ってゲバ棒振るうんじゃなくて、自分の意識の中でゲバ棒を振るう。表現行為として。デモに出るっていうのは、俺にとってはギターを持ってまず、一人で歌うっていうことだったとも言える」

――あがたさんにとってはギターも一つの武器、ゲバ棒の代わりにギターを持ったという。当時の言葉でいうと、一人のノンセクト・ラディカルだった、と？

「ノンセクト・ラディカルって言い方は確かにするけれども、俺の意識としては全共闘なんだよ。AALA研の外川さんも内ゲバで襲われて重体になったこともあった。俺なんか、ヘルメット被ってそういうのに参加したなんてことはほとんどなかったから。そりゃ、一回や二回ヘルメット被って敷石剝がして投げたりしたことはあったけど、物理的暴力主義者じゃないから。それは、大学入った最初の年、六八年、それから六九年初めまでの一年弱くらいのこと」

――あのころはパリの五月革命になぞらえて、神田カルチェ・ラタンなんて言い方をしていましたね。

「だから、外川さんが瀕死の重体になったとき、こういう大人げない馬鹿らしいことをいつまでもやっていてはいけないと思った。ちょうど二十歳くらいのときかな。一月の安田講堂陥落で、全体がさーっと元に戻っちゃって。

一つ補足しておくと、全共闘運動には山本義隆とか秋田明大とか優れたリーダーがいたし、時代を揺るがす活動があったけど、僕自身のうちにあったものは、それらよりも、時代に向き合おうとした、まだまだ未熟な僕ら一人ひとりが模索していた、足掻《あが》いていた、その根底にあった『探し続ける根拠』のようなもの。ディランの音楽探し、ディランの未来形探しのようなことだったわけだし」

――話は変わりますが、あがたさんはユーラシア大陸を渡ったり、アルジェリアへ行ったり、南米へ行ったり、メキシコへ行ったり、ニューヨークへ行ったりと、渡航経験が豊富です。また、国内でも、北海道はじめ全国に何回も足を運んでいますし、旅を中心に外に出ていることも少なくないと思います。そういう時に歌は生まれないのですか。

「いろいろ作るけど、そのご当地風というわけでもない。沖縄でここ二、三年レコーディングしてるけど、沖縄流儀な歌は一つもないし。他の人もそうだろうけど、曲作りのアイディアとか、机の上で煮詰まっちゃった時にちょっとシャワーを浴びる。で、そのホワイトノイズの音色を浴びてる時に、ノイズの間からサウンドやグルーヴが聞こえてきたりする。まぁ、シャワーは『ザーッ』って言ってるだけなんだけど、音のイメージのモザイクになる時もある。逆に無になった時、ちょうど頭をすっきりさせながら湧いてくるみたいなのもあるよね。

それと、意外と散歩。散歩じゃないんだけど、『あー遅刻だ！』って思いながら急いで歩いてる時。家にいてもぼけーっとしてて、なんか遅くなっちゃったなんてことは全くないんだから。いつもお尻に火がつきながら、この作業もう少しとか言いながら、ちょっと待って、トースト一枚だけでも食べていかないと、今日はご飯食べる時間ないやってトースト食べたり、着ているものに気分が合わなくて、着替えたりしているうちに五分や十分、十五分、時間が経っていたり。時間割の糊代《のりしろ》のなかにご飯や着替えの時間が計算されてない。しょうがない奴なんだ。頭の中には入れてるんだけど、あと少し、あと少し、あーもう時間だー、トースト一枚とか髭剃れてないとか言ってるうちに遅刻ってなるわけだよ。あと一時間あったらなぁ……なんて言いながら駅に急ぎ足してるうちにイメージが湧いてくるっていう。さっきの答えがやっとここに来るわけだけど。だから旅先に行って、どこどこ行ったらそれ風の曲を作ろうとか、ディランが生まれたミネソタの街に行ってみてインスピレーションもらおうとか、そうやって狙って行くことはないわけです。行って、そういう曲を作ってみたいという空想上のイメージはあってもね」

――結果的に旅の途上で生まれた曲はありますか。

「あります。阿蘇に行った時に作った『いとしの第六惑星』とか、メキシコで作った『メスカル』とか。そう多くないけど。さっきも言ったけど、基本は家だよね。朝早く起きた時が、一番健全かな（笑）。コロナ前までではホントに朝までだった時もある。あんまり徹夜してってていうほうじゃないから。コンサートの前の日なんかも夜更かしは避けようと思うけど、眠れないこともあるんだよね、覚醒してたりして。なるべくコンディションはベストにしたいと思うわけだけれども」

——時間帯は？　朝できることもあれば夜できることもある？

「全くランダムですね。でもやはり、いい楽器が手許にあると効果的だよね。だから路上でスマホに録音することもあるよ。フレーズなんかを」

——作り方としては、作ろうとしてギターを持つのか、あるいは何か生まれそうだからギターや楽器をやるのか。その辺りはどうですか。

「それも全くランダムだね。その時々だけども、わりとよくあるのは、コンディションのいい時は、夢の中に下りてくるわけだよ。それをコンディションがいいと呼ぶかどうかはわかんないけども（笑）。でも夢の中で鳴ってる音楽はまさに夢のように幸福な音色なんだ。

夢はめちゃくちゃ見るんだ。俺が寝て、しばらくすると寝言が始まるらしいんだよね、家族によると。最初は何言ってるのかなって思うと、まず、電話で話してるのか、人と話してるのか、ひとしきり喋り終わると、今度は場所を変えてリハーサル会場に行ってみんなに曲の説明してたり……。ずーっとやってるらしいよ。もちろん、一部始終聞き耳を立てて聞いてるわけじゃないだろうけど、わりとそういう夢の見方をするみたいな」

——睡眠の浅い状態がけっこうあるのでしょうね。

「夢から啓示を受けるほど立派な構造にはなってないけれども（笑）。ともかく夢の中でいろんなことがあって、その物語の中に自分がいたり、見たり、語ったりしてるというのもある。それの延長線上で、また、今度は我に返りながら、そろそろ起きなくちゃ、今日はまだこれできてない、どうしようかと焦っている。よくあるけど、会場になかなか着かない。開演時間が迫ってるよ、とかだんだん現実と繋がってる夢。そうしてるうちになぜかメロディが聞こえてくることがある。そういうのがまああるわけ。だんだんこれ、夢だったのかぁ、もうだいぶ朝になってきたな、とか思いながら、鳴ってるメロディをそのまま自分の中で復唱しながら、数小節単位でループしながらミニマルに鳴ってるような感じ。いまのいいメロディだなって。夢の中で交響曲が鳴ってるわけ、ガンガンガンガン……。うわぁ、すごい！　天から鳴ってる！　すごいすごい！　なんて天才なんだ！　俺ってこんな大作曲家だったっけ⁉　いいぞいいぞ！　なんて思ってるうちに、夢が醒めると同時にすぅーっと消えて、すごかったぞいまのは！　そんなこともたまたまあるかないか。曲の最初の八小節ぐらいにはなりそうだなとか、サビにこれを持ってくるとかっこいいなんて思えるようなフレーズは、ちょこちょこ聞こえる。そういうのが鳴ってて、朝、口ずさんでたりするんだよね。ンフフフンフフー、これ、このメロディ、たぶんこれはCだなとか、音で言えばこの高さかなぁと思ってギターに合わせてみるとけっこう合ってたりする。そうすると、そのままそのコードから展開して、全曲にはならないまでもサビの前の十六小節ぐらいまでそれでできたりとかね。楽器から始めるのかって訊かれて、長い答えになるんだけどもさ。そういうふうに作られる場合もあるということ。でも結果、楽器を持って作ることになるんだけどね」

——長いキャリアでこれだけコンスタントに作品をリリースしている人はほとんどいないです。曲を作るのは早いですか。

「曲は早いけど、歌いたいことと、レトリックと、リズム、グルーヴが、言葉がせめぎ合う。『もういまは時間がないけどそれでもあいたい』を『時間がないあいたい』としてカッコよくなる時と、軽薄になっちゃう時と。曲はワンコーラス作ればフォーマットができるから。コーラスごとにメロディ違う人も中にはいるだろうけど。言葉はワンコーラスごと、厳密に言ったら、昔の歌謡曲だったら、三コーラスぐらいあって、物語の展開があったりとかね。一番があれば、二番ぐらいまでは。三番は繰り返したとしてもそれぐらいは大概あるわけだから、言葉は次を欲しがるから。言葉は直しても直しても、最終的に言葉のリズムとかグルーヴとかが合ってないと他の言葉に換えたくもなる。最終的に言葉の意味は意味なりに、摑みの意味も、単語の意味も当然大事にしてるつもり。だけど最後になって、〝オレのグルーヴ〟になるわけなんだけど、そこに適ってないノリの悪い言葉、つまり曲の中の流れで落ち着かない言葉はいい言葉でも外しちゃうんだよね。しかも文学的っていうか、詞的に非常にいい構造にできてても、あえて外す場合もある。それをなんとか同じ言葉で、少なくともその曲の中でのグルーヴに合う言葉に必死になって置き換えようとする。結構そういうことで試行錯誤と空想の一人旅するよね。言葉ってトランスなんだ。愛情表現のトランスなんだ」

――あがたさんの曲というのは一つひとつが強固な世界を持っています。全体のプロポーションを整えていく段階で、たとえその言葉がよくても世界観にふさわしくなければ捨てざるを得ない。思いついたものが素晴らしくても、そのやり方が常に素晴らしいとは限らないでしょうから。

「音楽の三要素ってメロディ、ハーモニー、リズムって教えられたけども、自分にとっても願わくば、当然メロディアスだし、ハーモニックだし、リズミカルなわけなんだよね。でも、それが一般的にノリがいいのか、ノリが悪いのか、そのメロディ、ハーモニーがどういいのか。それも妄想で言うと、グルーヴやトランスの未来論なんだよね。不遜だけれど、稲垣足穂や、ニジンスキー、ハリー・パーチや、あがた森魚の歌、リズム、デジャヴを、未来の兄弟たちはどう読み解いてくれるんだろうかという」

――プロのミュージシャンでも「あの人のリズムすごいね！」とか「メロディメーカーだね！」とか、そんな言い方がありますね。

「そういう言われ方もあるし、一方で、ありきたりなんだけど大衆の心をつかむ作曲家もいるしね。だから、いま言った旋律と和音とリズムっていうものは、言ったって、それは太陽のまばゆさや、月の光のエクスタシーみたいなもので、その人がかっこいいと思ったら、それがその人の音楽性なわけだから。たったいま、さらにいつか誰かに、どう聴いてほしいかなのだから。

だから、つい『あなた』というオーディエンスを想定してしまう。時空間のリアルタイムの『あなた』と、未来形の遠方の『彼方《あなた》』を想定・妄想するわけ。いま刹那にあなたに聴いてほしいし、物理学を超越した彼方《あなた》の魂にまでもエンドレスに歌い続けたいわけ（大爆笑）。

この、あがた森魚って奴にはああだよね、こうだよね、ってみんないろんなイメージがあるだろうし（笑）、ディラン以外はあがたに、アメリカの音楽入ってないよねって思う人もいるかもしれない。でもやっぱり、僕なりに旋律もハーモニーも大事にしてるし、リズムこそはさらにキモだと思っているし。意外に思われるけど、俺がやっぱり最後にこだわってるのはリズムなんだよね。じゃあ『あがたさんのリズムのルーツはなんですか』って言ったら、タルホと一緒で、タッチではなくダッシュ、つまりイメージの未知形、未来形だから。この五体のリズム、俺のリズムがリズムだって、屁理屈的に言えばね。ただ、常々リアル・ニュー・ウェイヴを目指すからルーツがないんだよね。どこかで発明し続けていくしさ。逆に作ったメロディも壊すんだよね、俺は。

若いころはなるべく律儀に歌ってたけど、段々段々壊しちゃうんだよね。主旋律っていうものは、ディランもそうだけど、ないとも言える。あるんだけど、ない。ちゃんと、不思議に、壊し続けるわけ。ダダイスムの概念をやり続けるわけ。ディランってハーモニックじゃないじゃん。コーラスはたまに入ってるけどハーモニーは一切お呼びじゃないみたいな。それとあの人のリズムのでたらめさ。リンゴ・スターが時々呼ばれてセッションしてるでしょ。『三拍子、四拍子、めちゃくちゃだよね、ボブ・ディランは』ってリンゴが言ってたっていうから（笑）。俺もあるんだけど、その日の気分で三拍子だったり四拍子だったりするから。三拍子で作った曲なのにライヴでやるうちに、いつの間にか四拍子になってたり、いろいろある。だからそれはたぶん、生理と未来への希求（笑）がそうさせるんであってね。楽譜で歌ってるわけじゃないから。その日の次の時間を求める生理っていうものが、どっかで影響するね。メロディも変えて歌ってるつもりはないんだけど、でも最近はめちゃ変えて歌っちゃってるなって自分でも認識することがある。（毎回同じように歌ってるのに『あがたさん、毎回違うよね』って言う人もいるから）。でも、それは、未来形のデジャヴへの希求なんだ。『徒然草』にもある、既視感というものがあるのだとしたら、現在やっていることも未来にリプレイされるかもしれないという妄想。きっと。あなたがもっと喜ぶ未来形を聴かせたいと思うんだ。だから、それは、未来形にデフォルメ（変形）、デジャヴ化されて、木霊《こだま》、リフレクションさせたいという願望、希求にかられるんだ」

ディズニーとチャンバラ映画が感受性を育んだ

――次に、映画についてお訊きします。高校、大学と演劇をむしろ歌よりも本格的にやってきたということですが、映画も好きで、いつか自分でも映画を撮れたらいいなという思いは北海道にいたころからあったのでしょうか。

「映画に始まったといっても過言じゃないよね。青森の小学校高学年のころ」

――長島小学校ですね。

「うん。東映の時代劇にいろいろ感化された。まぁ、チャンバラ映画が自分の意識の日常にあった。映画っていうメディアが、そういう意識を喚起させる十九世紀の終わりから二十世紀にかけての、大きなメディアであったということは歴史上の事実だよね。リールと蓄音機とフィルムと、みたいなさ。リールもリアル・ユニヴァースだろうけど、蓄音機とフィルムはイマジネーションのメタヴァースの先駆をなしたわけだね。映画を意識し始めたのは小学校に入ったか入ってないかぐらいのころ。何度も言うように、『海底二万哩』と『ファンタジア』と、それに『ダンボ』」

――やはりディズニーですね。

「ディズニーだね。ディズニーどっぷりだよね。なんなんだろう」

――あがたさんの世代といってあながち間違いではないと思うのですが、アメリカの文化の象徴のような感じで、ディズニーはその大きな一つとしてあったわけですね。

そのディズニーのもう一方でチャンバラ映画というのが子ども時代のヒーローだったと思います。同世代の大滝詠一さんも多羅尾伴内など映画の登場人物を変名として使っていますね。

「やっぱり時代背景があったよね。一九四五年終戦で、戦後十年目に僕が小学校に入って、それからまだ数年。一九五五年から一九六〇年前後までが、時代劇の最後の隆盛だったね。日本は戦後の復興で一九六四年の東京オリンピックで一つのピークを迎える。そこに至る戦後の実に一般庶民のお父さん、お母さんたちが、寄る辺ない戦後の復興とエンターテインメント、あのころはまず一に歌謡曲、二に映画ぐらいしかなかったんだと思う。やれ浪曲とか演歌とかいろいろあったんだろうけど。東宝があって、東映もあって、日活もあって、松竹もあって、大映もあって。映画五社全盛だよね。

（一枚の写真を手に取って）この写真、青森に住んでた時の『奈良屋東映』って映画館の外見なの。『丹下左膳』って上に映画のタイトルが書いてあるけどさ。その下、これね『奈良屋劇場』って書いてある。この左側に奈良屋布団店っていうのがあって、この布団屋さんのお父さんが映画が大好きで、この『奈良屋東映』を建てて、当時としては大隆盛なわけだよ。観客が鈴なりで。いまは二代目の息子さんが継いで『シネマディクト』という映画館をやってる」

――あぁ。丹下左膳なんて、時代ですよね。

「だからやっぱり、どっぷりこんなんだよね。チャンバラ映画がおもしろかったのはもちろんのこと、大家族的な娯楽場だったんだね。逆に親に隠れて観に行ってたくらいだったんだから。そこに行くと誰でもいるわけだよ。いろんな人がいて、いつもぎゅうぎゅう詰めで。それで煙草吸い放題だから、映写機からスクリーンを照らす光の中は煙がもうもうとしてるわけ。煙草は吸ってるわ、弁当食ってるわ、でもその猥雑さもまた、たまらなく楽しかったんだよね。そこで、映画という一体感を共有できる映画館は、まさに全国民的社交場だったんだ。父が厳格だったから、家に帰るといつも緊張してるから。『奈良屋東映』に行くとすごいリラックスして、ひたすら三本立ての映画を観る。そこに行くと、猥雑に人が群れてる温もりもあったんだ。ゲームセンターに不良が溜まるみたいに（笑）」

――ねぶたもすごいんですよね。

「あ、青森のねぶたはすごいよ。祇園祭の亜流だと言えるけど。単に宗教的、内省的な奥深さだけではなくて、ある種のハレとしての、祭事を超越してエンターテインメントとしてあの巨大な武者絵の灯籠が練り歩く。しかも、ハレとしてのねぶた囃子が音楽的グルーヴとしてめちゃくちゃに五体に染みた」

――本州の北の果てで……。

「青森ならではのね。それこそ画家の奈良美智さんの育った弘前の『弘前ねぷた』とではね、様式もノリも全然違うの」

――「ねぶた」ではなく「ねぷた」ですか。それも不思議ですよね。

「やっぱり祇園祭のあの蕭々《しょうしょう》とした音楽の使い方とか、お囃子の使い方とか、そこから発した夏の送り盆みたいな風情が弘前にはあるんだけど、青森のねぶたはそこからまた突然変異して、非常にエンタメでラフな形のものになってしまってるから。たぶん、弘前に流れてきたものが、ある時、あの戦う時に脅す、火を使った巨大な行灯みたいな感じで使われたのがねぶたの始まりという説もある。敵軍を威嚇するものから変形して、逆に脅すような造形性に変形されたものがねぶたになったんじゃないかと。

それは、古くからあったアイヌの人たちの素朴な音楽くらいしか音楽性の風土のなかった北海道から来た者にとってはかなりエキセントリックな驚きだった。津軽海峡を越えた内地（本州）の音楽を初めて聴いたっていう。だから自分にとっての小樽、函館もそうかもしれないし。その歴史の因習なり風土なりに根付いてない。特に音楽は。拠って立つ歴史的権力の象徴である、城や城下町なんてほとんどないし、血筋なんかもあまり感じないし。で、青森はもう、本州の北端の歴史のそれの集積のような場所だから。ねぶたは非常に青森人気質にあふれて、しかも束の間の夏に、そこに集約されてある。小学校三年の夏にそれを初めて見て、非常に興奮した。国道の上下車線の幅いっぱいいっぱいまで占領して行進するわけ。巨大で、色彩も和紙と墨と絵の具を塗ってるだけで、竹ひごで組んで造形してて。で、大太鼓が横に五列ぐらいでパン、パ、パン、バ、バン！ってお囃子が入るプリミティヴでシンプルなやつなんだけど、もうトランスだよね。毎年夏にそれを体感するわけ」

――そのあがたさんの映画的興奮とねぶた祭りに何か共通するところはありますか。

「北海道人の持ってるものとは違う。海峡より北には行けない。もう自分がどこから流れてきたのかわからないけど、もうこの海峡の向こうには渡らねえぞ、ここがどん詰まりだなと思って定住したのが青森の人たちなんじゃないかなと俺はイメージづけした」

――最後の砦感というものが内外に溜まっているのかもしれませんね。

「でも、そういうことへの洞察が僕には欠けてるわけ。あんまりそういうふうな発想に立てないんだよね。それは留萌、小樽生まれだからかもしれないし、あるいは、そういう風土的なものや文化人類学的なものに強く興味がないからかもしれない。大地との関わり方とか、土地とか風土とか場とかっていうものは移ろいさすらっていくあてのないものじゃないのかなという認識。そのこと自体が、小樽育ちの特性かもしれないが。

僕自身、住む家に家賃払うのはしょうがないけど、土地を持って家を構えてって発想に立たないし、土着性なんていうことと、自分がどう切り結ばれるのかとかあんまり考えない。それは父親の仕事で借家を移り住んでたから、越したらサヨウナラで。俺にとっての実家とか本家みたいなのはないんだよね。家、血筋、不動産とは無縁、流れ者であるというね。宮崎の母方のほうにはあってもね」

——ご両親のことですが、急に横浜に来られたり、屋久島に越されたり、思い切りがいいとも言えるし、こだわりがないとも言えます。いまのあがたさんの話と通じる気がしますね。

「そもそも、生まれ故郷の留萌を一歳前後で後にして、小樽に越したので、自分の生まれ育った場所という記憶と認識に乏しいんだよね」

——さて、映画の話なのですが、実際に映画を作ろう、自分も映画を撮れたらいいなと考えたころのことは覚えていますか。

「小樽から青森に越してきて一、二年したら映画に親しみを持っちゃったとか、それと六〇年安保に至る戦後の復興期の最後のどんじり、そのことをエポックとしたら青森での生活はそこに至る最後のピークだったみたいなことで考えるとね。それまで無邪気に大人も子どもも楽しめる娯楽映画だったものが、六〇年安保を期に、大島渚の『青春残酷物語』とか加藤泰の『幕末残酷物語』とか今井正の『武士道残酷物語』とか、他の監督のもヤクザ映画、任侠ものに変わっていった。子どもが観るものじゃなくて、やや大人向け、社会派、現代物になっていった。そこにテレビが出てきたわけだから、大衆娯楽の立ち位置がちょっと変わってくるんだよね。

無邪気だった映画の黄金期の最後に『奈良屋東映』でチャンバラを観てたっていう。これがやっぱりものすごく僕の中で豊かで明るかった光景の一つだなぁって。片岡千恵蔵がいたんだなぁっていう。片岡千恵蔵はある人にとって三船敏郎だったり、市川雷蔵だったかもしれないけど。そういう象徴としての戦後、俺たちと一緒に生きる、あるいは俺たちをどっかで勇気づけてくれる兄貴やおとっつぁんがそこにいたんだなぁっていう。

いま思えば、娯楽性もあるわ、ヒロイックだし、遊侠心が楽しいし、こんなもの俺もいつかはやってみたいなとかって同級生とよく語らったりもしてたわけなんだよね」

――それはでも、まだ無邪気な……。

「そうだね。映画作りたいよなぁって話をしたのは覚えてる。でも俳優や映画の勉強をしようと思ったわけじゃなくてね。小学校時代だからね。

それで高校行ったら、高校時代の映画はもう意味が違うんだよね。で、浪人時代たった一年だけど、代々木ゼミから新宿の名画座へ行ってってていう時期があって、それから大学入ったら神田カルチェ・ラタンが、もういろいろで。でも漠然と並行して映画というものはあり続けるんだけども」

――この監督が好きで、よくこの監督のを観たというのはありましたか。

「漠然とヌーヴェル・ヴァーグとかね、当時はヨーロッパ映画隆盛だったから、俺たちのころは。俺のある意味の表現性の色合いは、アメリカン・ニューシネマ以前のものがやっぱり大きいんだよね」

――アルバム『女と男のいる舗道』はジャン＝リュック・ゴダールからでしたか。やはり、そういうところにあがたさんの若き日の思い入れとかインスピレーションとかがあるのかなと。「めっちゃくちゃあるね。あのジャケットは緑魔子さんを使ったんだけど。あれが赤と黒のツートンなわけね。なぜ赤と黒を選んだかというと、『女と男のいる舗道』のサントラ盤のジャケットが二色刷りなわけ。そういうツートンの二色刷が多かった。ビートルズもそうだし、キンクス、ボブ・ディランも全部。グリーンと赤とかグリーンと黒とか赤と黒とか。だからその極彩色の印象が。なんかわかんないけどかっこよかったから。

小学校の後半、青森で毎週チャンバラ映画観に行って、青森から中学校になるとき函館に越して。俺もさ、自分で自分のけじめをつけたいほうなわけね。青森から函館に越して自分で決意したことの一つは、もう小学生じゃないんだから映画観に行くのやめようって思ったわけ。チャンバラ映画卒業って。だから中学校時代はどんな映画が流行ってたかも知らない。おませな子はそのころ日活の青春映画観てたと思うんだけど、とにかく高校入るまではやめとこう、と。でも高校入ってからもほとんど行かなくなっちゃった。でも『アラビアのロレンス』を観たんだよ。だからチャンバラ映画からピーター・オトゥールの『アラビアのロレンス』のスペクタクルへタイムスリップした時に、映画っていうのはすごいなって。三年間ぐらい空いてたからなおさら。中学生で止まっていた感受性が、思春期の始まりみたいな時に再会してまたびっくりしたわけ」

――そういう時期の感受性みたいなものは三年間でかなり劇的に変わると思うんですよね。それで『アラビアのロレンス』で衝撃が。

「そうだね。いま思うとね、中学校の二年の終わりから三年にかけては受験勉強が始まり、イコール深夜放送でポップスを聴き、音楽に興味を持つようになっていったっていうのが、いまの僕に繋がる一つの流れ。中学時代、その当時は親しいクラスメートがいっぱいいたけど、あんまりいろんな思い出がなくて、でも高校入ったら自分の好きなことをやりたいなと思っていたんだ」

――他に娯楽的な洋画は観ましたか。

「観たよ。ヨーロッパ映画を中心とした他愛ないラヴ・ロマンス。あのころなんでもタイトルに太陽ってついてる映画が多くて、『太陽がいっぱい』とか『太陽の下の18才』とか。あれがまた、夏の北海道の寒空の下で海水浴をやってる者にとってはもう眩しくてしょうがないわけ。『太陽がいっぱい』はアラン・ドロンとマリー・ラフォレってね、この二人が演じた、もうあの時代を象徴するような名作だけども。それともう一つの『太陽の下の18才』は『イタリアの外交官のお嬢さん』っていうキャッチフレーズのカトリーヌ・スパークというお嬢さんがいたの。もう溌剌としててキュートでさ。それがイタリアの避暑地で、若者たちとツイスト踊ってるラヴ・ロマンスの映画でさ。一九八〇年代に何十年ぶりかでリヴァイヴァルしたというので観に行ったら、ストーリー性もなく、ただツイスト踊ってるだけのような映画で、我ながら呆れたけどね。これが俺たちの青春だったか（笑）と思えるような。そんな映画を高校時代はちょろちょろっと観てたんだよね。

あとね、インプレッシヴだったのは、やっぱりゴダールの『軽蔑』っていうね、ミシェル・ピコリとブリジット・バルドーが主演で。これは全く訳わかんない映画でさ。でも、あれはゴダールが、ちょっとハリウッド進出を狙った彼なりにストーリー性のある大衆娯楽的な映画だった。それでも函館の高校生にはエキセントリックでシャープだった。『女と男のいる舗道』はむしろその後に観たね。『勝手にしやがれ』とか。高校時代は大方そんなもん」

――小樽や函館では観に行く映画館が決まっていたのですか。

「だいたい決まってたよね。小樽は映画館すら覚えてない。でも『海底二万哩』は東京に『スバル座』って有名な映画館があるけど、小樽ではスバル座ならぬ『スバル』座だった。なんでスバルなのかわかんないけど。函館は『映劇』とか『巴座』とかいっぱいあったね。俺、『港のロキシー』って映画作ったけど、『ロキシー』って映画館もあったよ。

子どものころのディズニー時代はさ、よくわかんないで連れられて観に行って。何かゴージャスな暗い中に光る、まさに暗い中に光る、まばゆくて美しくて楽しくて幸福になれるものをね、映画館に行くと見られるんだなって教えられた。青森に行ってからは毎週のように、その青森の大衆と一緒に映画を観るっていうね。そこにこそ有機的な交流があったのかもしれない。他の人もこれを一緒に観てんだな。片岡千恵蔵の台詞を自分のものとして受け止めてるんだろうなとか。子どもだから難しいことは考えてないんだけど、みんな一生懸命聞き入って。鞍馬天狗が出て喝采したり、どよめいたりもしたわけだけども。そこでなにかを一緒に分かち合う喜びみたいなものね。青森の町からは、人のポジティヴなエネルギーをもらった。小学校の先輩の棟方志功からもね。

で、函館に行って『アラビアのロレンス』とかヌーヴェル・ヴァーグとかヨーロッパの娯楽映画とか、恋愛ものって言っても全くよくわかんないで観てたな。浪人時代もまだ恋愛なんてものはなんの縁もなくて、イタリアのネオリアリズモとか東欧映画とか。それは漫画でいうと『ガロ』を読んでるような不思議な、妙に暗くて重くて、観て朗らかになるわけではないんだけど、体感的に悪くない。なんか味わい深いものを観せてもらったなぁっていう感じがして。この辺も、僕自身の表現のルーツの一つかもしれない。

浪人して予備校へ行っても、午前中の授業だけ一応受けて午後は大方サボって、毎週一館でも二館でも映画館に行ってたわけ。そうやって観てた映画が自分の中ですごく強く残ってるんだよね。自分の表現ってこういうものなのかなって。だから子どもたちが、俺たちだと『鉄腕アトム』や『鉄人28号』なわけじゃない？　そのあと『ガンダム』なんてスーパーヒーローもいろいろ出てくるじゃない。その魅力はもうその世代の子どもたちにしかわからないじゃない？　わかるけどもそれが一番インプレッシヴなわけだよね。それと同じように、俺たちはアメリカン・ニューシネマの前のヨーロッパ映画の戦後の日本人の感受性に微妙に似合っている、アルゼンチン・タンゴなんかまさにそうなんだけど、独特の、その時代にしかなかった歴史に翻弄された人々の気配、抑圧された人々の醸し出す重さ、特に敗戦したイタリアやドイツがもたらしてるものをね。日本も同じ位置にあったからかもしれないけど、なんかあの辺のなんともいえない空気。浪人の終わりころだったたか、浪人してからすぐだったたか、それもまた、僕自身の東京の第一印象の原風景の一つ」

「女番長ゲリラ」出演と自主映画製作

――ところで、映画の初出演はいつですか。

「『赤色エレジー』がヒットしていたある日東映から電話かかってきて、鈴木則文って監督の映画に出て欲しいと。『赤色エレジー』の原作者である林静一さんが『鈴木則文ね、まぁいいけど、鈴木清順だったらいいのにな』とか言うわけ。いかにも図星な言い方だけど。鈴木清順は日活だしさ。俺は東映っていうだけで、えっ東映の映画に呼ばれたの？　って、めちゃうれしくて。でも単純に断るべくもないし。ぜひぜひって出演して。『女番長』って漢字で書いて『スケバン』って読むんだね。『女番長』シリーズがあって。俺が出たのは『女番長ゲリラ』（『女番長シリーズ』第三作）」

——共演者は覚えていますか。

「杉本美樹さんと、池玲子さん（他に岡八郎、鳳啓助、京唄子、大泉滉が出演）。あのころちょうど任侠ものが流行ってて、『網走番外地シリーズ』とかね。そういうのと同時上映の作品。二人ともお色気路線の女優さん。それぞれに魅力的な女性だった」

——それが映画初出演ですか。

「もちろん。なんと、役名はあがた森魚で、売り出し歌手の役。立派な東映京都制作作品だけど」

——そのメンバーを見ると結構お色気コミカルですね。

「杉本美樹の役名が幸子で、その幸子の恋人の役名が一郎なんだよね。訳のわかんないシチュエーションなんだけどさ」

——「赤色エレジー」と同じですね。

「『赤色エレジー』とはなんにも関係ないんだけど（笑）」

——それで火がついたのですか。その映画魂や役者魂に……。

「そうそう。だから覚えてるよ。京都作品だけど、いきなり伊豆の土肥温泉で撮影があって」

——西伊豆ですね。

「そう。土肥温泉でロケしたんだよ。三、四日ぐらい。俺、まぁ一生懸命芝居して。それで撮影現場でシーンのセットが整って、リハ何度かやって。助監督の『じゃあ本番行きます、本番よろしく、お静かに』。で、沈黙の一瞬が来て、監督の『よーいスタート！』。そのシーンを何度か体験した時に感銘したよね、やっぱり。俺を作ってきたあの東映の映画の、現実がいまここで行われてるってことに感銘したのと同時に、こうやって大の大人が、俺たちが高校のクラブ活動でやってたようなことを本気で仕事にしててやっていることに感動した。五十人ぐらい現場に人がいるわけだからね」

――感銘を受けて、映画を撮りたいと思った。でも「赤色エレジー」も大ヒットして自分で映画を撮るチャンスが来た、と？『僕は天使ぢゃないよ』を撮るまでに、あまり間隔はないですよね。

「全然ないよ。次の年の春に映画作ろうと。無鉄砲だね。だから、次の年から労音とか民音とか鑑賞団体の仕事がごっそり入ってたのに、新しく入る仕事は全部カットしちゃった。そんなことをしてしまうのもあがた森魚。実はこのことも後に遺恨を残すことになるんですがね。大事な仕事の柱を、自ら捨てるわけですから」

――普通だったらもったいないとなるわけですね。一番売れてる時に。

「もったいないよ！あの時一年目にしてこっちの一方的な思い入れでさ。あれをやんなかったらいま、労音、民音、鑑賞団体で廻っていられたかもしれないよね。うまくちゃんと繋いでいれば、あがた森魚の道のりはまた違っていたな」

――「赤色エレジー」は作曲印税は全く入ってないですね。それでも作詞と歌唱印税ですか。まだ若い者にとっては、かなりの金額が入ってきたと思うんですね。テレビなどから出演依頼もあって。大半は一九七四年の自主映画『僕は天使ぢゃないよ』につぎ込んだのですか。

「まさに。注ぎ込みつつ、儲かったと同じぐらいの赤字を背負ったってことになった（爆笑）」

――それって、差し支えなければどのぐらいなんでしょう。

「当時で、二千万ぐらいですね。」

――半世紀前の金額で映画一本に二千万円。すごい金額ですね。家が軽く建つ。いや、貨幣価値を考えるといまの一億円くらいかもしれません。

「そうだね。家や車を買ってとか、他のミュージシャンだったらね。何考えてたんだろ（笑）」

――基本的に「俺がもつから」と言って始まった映画ですね。

「仰る通り」

――それで緑魔子さん、桃井かおりさん、横尾忠則さん、大滝詠一さん、鈴木慶一さん……。

「ガロ」（編集長で青林堂設立者）の長井勝一さんまで出ていますね。

「泉谷しげるもいた、山本コウタローもいた、下田逸郎もいた。他にもいろいろと出てくれたね」

――音楽仲間はかなり出ていますよね。彼らはプロの役者さんでもないし、友情出演で高いギャラを支払うこともなかったでしょうが、桃井さんは当時すでに結構売れていたと思うのですが。

「桃井さんなんか全然スケジュール取れなかった」

――なるほど。興行的にはどうだったのですか。

「興行なんてものはないいんじゃないの。ほとんど劇場公開というわけではなかったよね。自主上映しかしてなかったんじゃないかな。あ、『新宿武蔵野館』だけはやったか。単館ロードショーで」

――あそこは昔からわりとそうですね。独特の審美眼があるというか。

再撮にまたものすごく時間とお金がかかったというのはこの映画でしたか。

「桜を撮る狙いだったんだけど、モタモタしてるうちに桜がなくなっちゃって。次の年の春に桜を撮ろうと思って、そのまま一年待ったんだよね。まぁそれでいいんだけどね、閃いたり思いついたりしたことだし。だから思えば、俺は『赤色エレジー』がぱーっと売れてしまって、たとえばはちみつぱいのメンバーや周りの誰彼にさ、自惚《うぬぼ》れや、つっけんどんで、偉そうな立ち居振る舞いをしたっていう意識は、自分の中にはなく、むしろ謙虚にやってたつもりだけども。でも裏返しの意味で鑑賞団体の仕事を全部切っちゃったりとか、それからそうやって桜撮れなかったからもう一年待とうとか、何考えてんのあんた？　みたいな流れはあったよね。はちみつぱいや事務所の風都市に対しても、配慮は行き届いていなかったとも。もっとも風都市も、既存の芸能界への問いかけとして存在していたわけだったけど」

――一般常識ではかれば、理解しづらいでしょうね。

「だから、象徴的だよね。また言葉尻の世界になるけど、自分はポップスかなと思ったんだよ。大衆娯楽。流行歌や大衆歌謡的な。

日本で『ロック以前のロックシンガーって誰だったんですか』って言ったら、森進一がそうかもしれないし、美空ひばりがそうかもしれないし。あと誰がいたんだろう。ちょっとよくわかんないけどさ。でもそれはロックという概念ではないのかもしれない。少なくとも美空ひばりって何か全てを超越したマドンナ以上のマドンナだったかも。そういう感じはするんだよね。

大衆娯楽芸能っていうものは、あの時代においてはやっぱりロックだったような気がする。ただ俺が、ボブ・ディランをさて措くとした時に、ビーチ・ボーイズやフィル・スペクターに親しんでたっていうのは、やっぱりポップスなんだよね。だからポップスはなんぞやっていうことになってくると、俺は必ずしもスタイルとしてのロックではなくて、ただ、ボブ・ディランに直感的に打ちのめされた、そのこと。じゃあなぜディランかって言うと、俺の中にあるロックという概念、ロックとはなんぞやと。『ラヴ&ピース』ですか、『アウトロー』ですか、『ヒッピーイズム』ですか。それはわからない、それは全部でしょう。だからそれをやっぱり成就するのは、何とは言わず、自分の表現、感じたことに謙虚にやるしかないのではないかっていう。その流れで、幸か不幸か『赤色エレジー』がヒットしてしまったという。

で、東映の映画に出て、今度は映画作るなんて言って音楽活動を一年間延期して。『何様なんだお前は！』ってな感じでね。でもそれ自体もきっと俺の中ではロック的な、いろんなものに縛られないで自分が表現したいことをやるっていう一つのやり方ではあったんだと思う」

――音楽に限らずということですね。

「そうだね。ちょっと戻ると、岡林信康とか高石ともやとか中川五郎とか。彼らは東映の映画には出なかったと思うから、『赤色エレジー』ってやっぱり昔ながらの大衆歌謡そのものの匂いがあったわけだよね。そこがあがた森魚の『赤色エレジー』が持っていた大きさであり、魔力であり、謎であったわけだから」

――単にいい曲であった、流行ったというわけではなく、文化的な何かと結びついた。あるいはそういう何かを背負った、背負わされたということかもしれません。あがたさんの意図を超えたところで動いていった部分もあって、そういったものがいろんな摩擦なり軋轢なりを生んでしまったということがあったのでしょうね。いいこともよくないこともひっくるめて。

その当時、風都市に所属していたわけですが、一番の商売時に、「もういま入っている仕事はしょうがないけど、それ以降はしばらく入れないでね」と。風都市は反対しませんでしたか。

「『風都市伝説』という、はっぴいえんどその他との伝記本にも、みんないろいろ証言してるけど、俺が風都市に反旗を翻したわけじゃない。俺の気まぐれでそうしただけで」

——風都市側も「『赤色エレジー』でかなり稼がせてもらった」ということが書いてありました。でも映画を撮らなければ、もっと風都市もあがたさんも潤っていたわけですよね。

「特に発足したばかりのベルウッドにも風都市にも、社会的に認知されたことは大きかった。だから『好事魔多し』だし、幸と不幸は『あざなえる縄のごとし』であるし、いいことも悪いことも次から次へとやってくるわけだよね。(映画を)やったことが『元の木阿弥』に帰る大きなエポックでももちろんあったわけだし。言ってももう始まんないけどね(笑)。

だから『赤色エレジー』がヒットしようがしまいが、映画でズッコケようがズッコケまいが、やっぱりどこかで自分で選んだり種を蒔いたりしたわけだから、それを俺は自分の中でどうしようとしてるんだろうっていうのはいつでも自分の内にあるにはあるんだけどね」

——デビュー曲が新しいメジャー・レーベルの第一号としてリリースされ、それが大ヒットして、マスメディアにも引っ張りだこになった。多くの人があがた森魚というミュージシャンの曲に興味を持って、その人物に興味を持ったわけです。それは相当の万能感に包まれて当然と思います。そのぶん、周りの人がどう評価するか。ポジティヴに評価する人もいれば、やっかみみたいなものも含めて、心中穏やかでない思いを抱いた人がいたとしても不思議ではない。ましてや売れているさなかに活動を止める、映画撮りたいからなんて、「え、何言ってんだ!」となっても。

「冷静に考えたらそういうことだよね」

――自分の好き勝手が通るだけのものをいきなり示せたから、そういうことが通ったわけでしょうが。

「示せたというか。なんでそうなっちゃうのかな。もうお互いに狐につままれてるようなね」

――どれだけいい歌を作っても売れるとは限らないですからね。

「だから、気配に満ち満ちてたんだよね。あの時『赤色エレジー』を歌ったあがた森魚にも、あがた森魚の歌った『赤色エレジー』にも、その周りのベルウッドにも風都市にも」

――どういう形容や表現が相応しいのかわからないですが、時代性も相まって、売れた枚数以上に「一曲」を超えた存在になったのは確かだと思います。その曲が持ってしまった何か、孕んでいる何かという意味では「赤色エレジー」は強烈です。

「そこなんだよ。不遜な言い方だけど。岡林の歌も拓郎の歌も陽水の歌も、それからかぐや姫の歌もそうだったかもしれない。その辺の歌は不思議な大衆性をもったし、分かち合ったことになったと思うんだけどさ。なんと形容したらいいのか。きっとその辺の歌は、『呼ばれてた』んだね、みんな。さらに『赤色エレジー』は、それらともまた微妙に違うかたちで、大衆に呼ばれていたんだね」

――ポップ音楽の近代史的なところで見れば、あがたさんが挙げた方ももちろん入ってくると思います。たとえば彼らだけでも「神田川」とか「結婚しようよ」とか「傘がない」とか。他にもね。でも何か、歌謡史やフォーク史や音楽史というだけじゃない、何か別の文化的な膨らみをもっている、あるいは音楽以外の何かと切り結んだような感じがするという意味で、「赤色エレジー」はちょっと印象が違います。単なるヒット曲ではないという気がします。

「それは自分の中ではいろいろに受け止められるものがあります。これは単なる自己反省になるけど、やっぱりあれだけのものをもらっておいて、この五十年の中で、ちゃんといまの自分に反映してきただろうかって。あがたの歌を愛してくれた人々に、きちんとお返しやお礼を言えただろうかって。だからこのインタヴューものすごく大事なわけ（笑）。映画を撮る時とか一年延期なんて言ってるような輩が、反省もへったくれもないんだけど。でも、なぜそういうことになる自分をちゃんと結びつけなかった、あるいは結びつけられなかったのかなって反省はしてるんだ。でもいつでも、まだまだやるぞって思っている（笑）。俺って、不良か不良品か不良品格なのかという自問自答。自分の中での永遠の堂々巡りがあるわけ」

――ところであがたさんは、「赤色エレジー」を歌わなかった時期というのがありましたか。

「一年や二年ぐらいはあんまりやんなかったよ。七〇年代後半、ヴァージンVS及びその前後にはね。でも意識の中では『赤色エレジー』の特殊性に自分が対応しきれなかった時期もある。この五十年間ずっとそうだったとも言えるし。でも素晴らしい歌だよ」

――なるほど……。

「一つ補足すると、映画を撮ろうと思ったきっかけの一つは、歌手が飽きたら別のことをやればいい、などという不遜な考えもあった。そのきっかけは、『赤色エレジー』の大ヒットにもかかわらず、それは、レコード会社のやり方だったのか、風都市の考えだったのか、二作目のシングル盤を出さずにこの『乙女の僂夢』というLP盤の発売（九月一〇日）のみになったことだった。これは一つの謎だった。『乙女の僂夢』という曲……が、『赤色エレジー』の類似品だから、著作権問題を含め、キングレコードが難色を示したのか。『乙女の僂夢』は、メジャー・デビューアルバムでもあるし、はちみつぱいと丹精込めて作ったアルバムでもあったから、第二弾のシングルがそれであってもかまわなかった。けれども、なぜ『乙女の僂夢』がシングルカットされなかったのか。自分の中ではいまだに不思議な気持ちのままでいます。シングル盤の第二弾は、その年の一一月の終わりの、バンドネオンの池田光夫さんをフィーチャーしたタンゴナンバー『清怨夜曲』でした。たった一年の流れの中に『赤色エレジー』のもたらしたさまざまな現象が生じたとも言えるんですね。自分は音楽にこだわらずに映画をやってみてもいいのでは、と思ったわけです」

証言4

『JAPANESE GIRL』のきっかけは、あがた君のレコードを一緒に作っていたというのがとっても大きかったと思います。

矢野顕子

◉ミュージシャン

あがた君の音楽をひと言で表現するなら、自分の世界がそのまま、音楽、文学、絵、それらがそのまま全部合わさった人間映画みたいなものでしょうか。一人の人間として、彼が作っているものというのは、映画を作っているのと同じ感覚かなと思っております。だって音だけではなく、また、言葉だけでもなく、いつも彼が作る曲というのは、何か絵を描いているような。なので、彼が目指しているものはただ、単に音楽ではないと思います。

個人的には、鈴木慶一という人がいて、彼もそういう映画を作る手法に近いものがある。最終的に映画そのものを作りたいと思っているかどうかはわからないんです。もちろん映画は好きですよ、あがた君も慶一も。それでもやっぱり音楽家としてとどまっているということ。そして、シンガー・ソングライターであるということは、そこに音を当てること、そして、言いたいことを言葉で言うこと、でも最終的にそこから描き出せるものがヴィジュアルであるということ。そういう芸術家は、個人的にはそんなに知らないですけど、やっぱりあがた君と慶一というのはすぐに浮かびますね。

あがた君は私とは全く違うタイプです。彼はどうしてこういう詞が書けるんだろうとか、そういう感嘆の目で見ているという感じですね。

シンガーとしては、もうあがた君以外の誰でもない。聴けばすぐわかりますよね。そのおもしろさと言うよりは、あの当時、まぁ私たち、慶一も含め、一緒に音楽を作っていた音楽仲間。だから『丘を越えて』（『JAPANESE GIRL』収録）もあがた君に「ちょこっと来て歌ってよ！」って、そういうノリだった気もしますし、何よりも『JAPANESE GIRL』っていうのは『日本少年（ヂパング・ボーイ）』があって、そして、あのアルバムを作るお手伝いをさせてもらっているうちに、私も作ろうかみたいになったのかな。かなり前なので前後がわからないですけど。彼の『日本少年』というコンセプトみたいなものと私とは全く違っていて、私は純粋に音楽のことしか考えていないですけど、彼はヴィジュアルを含め二枚組のアルバムでどうしても表現したい世界があった、と。それは彼が、日本の少年が夢やいろんな事柄や、旅をしていくみたいな、そういう基本的にヴィジュアルな考えがあって『日本少年』ができ、それじゃあ私は『日本少女』にしようかなって。最初はね。そういうふうに考えていたと思うんですけど、でもそのうちにこれは日本語のタイトルじゃないなと思って。で、それはより音楽に焦点が当たっているっていうか。私の表現したいものはヴィジュアルではなくて、ミュージックそのものだったので、それで。でもその一番最初のきっかけというのはやっぱりあがた君のレコードを一緒に作っていたというのがとっても大きかったと思います。

彼が作るものは全部彼の脳の中にあって、それがオーディオ、ヴィジュアル含めて、どちらかと言うと、オーディオよりもヴィジュアルが強い。ですから、彼が死ねば、もうその絵はなくなるわけですよね。そういう意味で言えば唯一無二ですね。他の誰も描けない。

音楽そのもので表明したいとは思っていないと思うので、歌というのも表現方法の一つ。自分の脳に描いているヴィジュアルの中で、歌担当みたいな。ただし、その歌い方とか、その声とか、おもに喋るような歌い方です。つまり、あれはミュージックから出ているわけじゃないです。どちらかと言うと、俳優が台詞を言ってるのと同じような。源流をたどって行くとそうなると思います。彼の歌そのものを考えると、音楽的な素養よりも、どのくらいそこで自分が表現できたかの方が大事だと思います。

相変わらず、やっぱり私もあがた君のように自分がいま作りたいもの、いま表現したいものを表現する機会が持てたらなぁと思っています。もう本当に作りたくて作りたくてしょうがないんだけど、誰もレコードにしてくれないから、じゃあ自分で、自費出版みたいなものでもいいから出したい。そういうふうに思うくらいの作りたいものが出てくることもあるだろうし、自分が次に何を作るんだろうと自分に期待する。そういうアーティストである幸せを感じますね。でも、ずうっとこれが続くかどうかはもちろんわからないわけです。

最近あがた君がどういうものを作っているかわからないのですが、私の音楽性をというか、一緒にやったらすごくおもしろいものができるというふうに感じるものがありましたら、また、いずれやれる可能性はあると思いますね。

あがた君が北海道出身ということや、通った青森の小学校の校医が私の父であったということはもちろん知っています。生まれ育った土地の影響は皆それぞれに受けるとは思いますが、受けつつ、だけれども、そこからどんなものをいまの自分が作りたいと思っているのかということの方が遥かに遥かに大きな力になると思っているので。まぁ私は個人的に、あがた君が北海道の出身でということはそんなに大した問題じゃないと思いますね、彼にとって。

でもあがた君が、この十年で十四枚もアルバムを作ったということはめちゃくちゃ励まされますね。私も励みにしたいと思います。

やの・あきこ　一九五五年、東京都生まれ。一九七六年、アルバム『JAPANESE GIRL』でソロデビュー。以来、YMOとの共演やさまざまなセッション、レコーディングに参加するなど活動は多岐にわたる。「rei harakami、森山良子、上原ひろみなどさまざまなジャンルのアーティストとの共演も多い。二〇二〇年、三味線奏者の上妻宏光と新ユニット結成。同年、宇宙飛行士の野口聡一との対談集『宇宙に行くことは地球を知ること』出版。二一年にソロデビュー四十五周年を迎え、八月にアルバム『音楽はおくりもの』をリリース。恒例の「さとがえるコンサート」をはじめ、国内外で精力的に活動している。在ニューヨーク三十二年。

第五章 ◉ 放浪

上：2022年　留萌の黄金岬を訪ねる（撮影：佐伯 結）
中：1986年　オスバルド・プグリエーセへの表敬演奏のためシエテ・デ・オロと
　　　　　　ブエノス・アイレスへ（斉藤一臣著『青春の音』より）
下：1989年　ユーラシア横断の旅 パキスタンのカラチにて

『日本少年』と『君のことすきなんだ。』と『永遠の遠国』

序章で、あがた森魚の孤独、そして放浪的精神について少し触れた。それは函入り三枚組の大作『永遠の遠国』の発表でついに現実的なかたちを伴うはずだった。実はここに至るまでの前段がある。『噫無情（レ・ミゼラブル）』に続く三枚目のオリジナル・アルバム『日本少年（ヂパング・ボーイ）』である。名作の誉れ高い同盤がどうしてそのきっかけとなったのか。

函館で暮らす少年が七つの海の航海を夢見て、それを一つのアルバムの中で実行する。日本から東シナ海、インドネシア、ギリシャ、イタリア、アメリカ、メキシコ、キューバ、ペルー、アフリカを音楽で旅して行く。『日本少年』は当時、ライヴ盤を除けば洋楽でもあまり見られなかった二枚組の壮大な音楽絵巻だ。民族音楽やアメリカン・ポップス、ワールド・ミュージックなど型にはまらない楽曲構成、そこに歴史的ファンタジーが絡まりイマジネーションが展開していく。あがたの異才ぶりが遺憾《いかん》なく発揮されているアルバムと言えるが、これは少年時代、『海底二万哩』に登場するネモ船長の潜水艦ノーチラス号に搭乗することを夢見たころのひな形であり、その後の創作を決定づけるほどの予見性に満ちている。

プロデュースを担った細野晴臣は「恐怖の二枚組アルバムが完成したことを祝す。皆の忙殺の合間を縫ってつくられたこの世界一周繪巻物がこれ程面白いものになるとは、誰も想像して居なかったでしょう」と語った。矢野誠と共にコ・プロデューサーとして奮闘した鈴木慶一も「狂気はレコーディングでも発揮したね。『日本少年』はまさにそうだった」と回想した。さらに矢野頭子のデビュー作『JAPANESE GIRL』は『日本少年』に強く触発されたことを本人やディレクターの三浦光紀が認めている。それほどの快作だった。

小樽・入船小学校で、担任教師の佐藤敬子に教わったディズニー映画『ファンタジア』の幻想性と『海底二万哩』の荒唐無稽。これこそが彼の原点であり、このアルバムの中核を成すものだ。それは「佐藤敬子先生はザンコクな人ですけど」(同名盤収録)の歌詞を読めばすぐにわかる。

「あの夏　細野さんにわがまま言って『海底二万哩』のネモ船長を教えてくれた　敬子先生に音楽劇を作った　1975年　夏のことだった」

「慶一くんや矢野さんたちと一緒になって『海底二万哩』の音楽劇が出来上がって　ZIPANG BOYの潜水艦に乗った　1976年　夏のことだった」

だが、『日本少年』はその評価とうらはらにセールスは伸びなかった。そして、二枚組であったことと、あがたの凝り性の性格から制作費もかさんだ。レコード会社は「商業的失敗」の判断を下したのである。これが、あがたに思わぬ方向転換を強いるきっかけともなっていく。

まず、次作の『君のことすきなんだ。』(一九七七年)である。ジャケットには、半裸で微笑むあがたの写真。『乙女の儚夢』(林静一)、『噫無情』(羽良多平吉)、『日本少年』(鈴木翁二)と独特の世界観を築いてきたというのに、いきなりアイドルにでもなったかのような路線変更だ。

いったい、何があったのか。

あがたは自著『菫礼礼《すみれれ》少年主義宣言』に書いている。

「十年前(一九八〇年)、函入り三枚組の自主制作アルバム『永遠の遠国』を制作中、前金で予約までとって三年以上も完成させられないまま、にっちもさっちもいかなくなってしまった。当然のことながら協力者はどんどん去っていき、信用もされなくなる。そんな時、僕は中村とうようさんに手紙を書いてしまった。

自分自身がなぜ音楽をやっていて、なぜこんなばかげた自主制作アルバムをつくっているのかという話を、きちんと話せばちゃんと聞いてくれる人じゃないかという気がしたからだ（中略）。その時は、すぐ御返事をいただいたばかりでなく、未完成のままでいることへの『お詫び』の文章を『ミュージック・マガジン』誌に快く書かせてさえくれた」

以下は、あがたが「ミュージック・マガジン」一九八一年一一月号に寄稿した「『永遠の遠国』についてのお詫び」からの抜粋である。

「当時あがたが所属していた日本フォノグラムからのLP『日本少年』（細野晴臣プロデュース、2枚組）の商業的失敗の為、プロデュース権（ミュージシャンの選択からジャケット・デザインに至るまで）を失った状態で臨んだのが次作の『君のことすきなんだ。』でした。あがたの世界を矢野誠プロデュース、工作舎アート・ワークという強力コンビで臨んだにも拘らず相互の連帯作業をしようとするエネルギーを結実しえなかったという意味で失敗作です。更に道が閉ざされた訳です。加えて金銭的問題も絡み日本フォノグラムとの契約解消も出来ず生きながら屍になるのが見えていました。しかしその事で誰を責めようとも思わない。唯僕を駆り立てたのは全くあがた個人の生理的嫌悪だった。『君のこと〜』のあがた自身の裸身のフッ切れないジャケットだった。被写体である本人が『嫌だ!!　止めてくれ!!』と言うのにレコード会社はそれを通してしまった。ジャケットにまでいつも心を配って来たつもりだったから、本人が敢えてそれを望んだと誤解されるのが死にたい程辛かった（今でもあのレコード・ジャケットを想い出すと腹が立ちます）」

文面からは、プロデュース権を失ったために自身の本領から最も遠くへ追いやられたと言わんばかりの悔しさが伝わってくる。

あがたはこのような巨大なバイアスを抱えたこともあり、壮大な試みに打って出た。ＬＰ三枚組という前代未聞のヴォリュームのアルバムを自主制作しようというのだ。レコードの他にも、読本、さらに立体眼鏡や駄菓子などの〝おまけ〟を函に詰め込み、『永遠の遠国』として限定五百部でリリースしたのは一九八五年。実に八年もの歳月を費やした渾身作である。

もとより、あがたは、この三枚組大作を置き土産に日本からも遠ざかろうと考えたという。

――この当時のことを聞かせてください。

「デビューして七、八年経っていて。『噫無情』を出したり『日本少年』を出したり、矢野誠さんと『君のことすきなんだ。』を出したりと、いろいろしているわけだから、コンスタントにやっているんじゃないかって心優しい愛聴者は思ってくれただろう。それがはちみつぱいや、風都市や、レコードメーカーの消息以前に、自分が誰と、なぜ、どういう音楽をやるのかという。でもいやいいんですよ、シンガー・ソングライターとしてライヴハウスで時々弾き語りでもいいんです。もう解散してしまったはちみつぱいの大きさもあるし、俺自身の音楽はセッションしたりアンサンブルを求めたりしているんだなっていう感じがどうしても否定できない。自分がギタリストや音楽家であるか否か以前に、音楽的ヴァイヴレーションが欲しいことには違いなく、解散後のはちみつぱいのメンバーとやったりもしていた」

――一九七八年に制作を意図した『永遠の遠国』を置き土産として、外に出たい、でも出なかった、出られなかった？

「制作に八年もかかってしまって出そびれた」

——行きつ戻りつ、たゆたう感情のようなものが、あがたさんの中にいまも残っているのではないか、と。ここで訊いておきたいのは、あがたさんの放浪性について。

デビュー以降、それまではけっこう順調に。少なくとも傍目には……。

「表向きはね。知っての通り、『蓄音盤』っていうインディーズはあったけども、『乙女の儚夢』から『噫無情』から『日本少年』から『僕天』（僕は天使ぢゃないよ）のサントラまでは俺の主導である意味やったけども、その次の『君のことすきなんだ。』は矢野誠さんのサウンド・プロデュースだった。で、そこから七八、七九年あたりでもう一区切りだな、と。俺は自分の次の可能性を求めて一度、日本と切れたいという目論見があった。現状の自分の音楽はこれまでだな、と。いろいろな意味でここまでだ、と。俺の意識の決意もあったし、その裏には焦りもあったし、実生活の混乱もあったし。だからともかく一度、いま自分のいる場所から出て行こうと。出て行こうっていうのは、その時の現実の錯綜以前に俺の本来性だったと思うんだ」

——ひとところにずっといると、居心地があまりよろしくないという気持ちがあるのですか。

「大変ありますね。だからデビュー五十年を過ぎたら、それ以降さあ、どうしてみようかって、自分で思ってるほどで。まぁだから、あんまり余計なことは言っちゃいけないし、妄想だけを言ってもいけないけどさ、特に今年から来年は全国をくまなく旅してみたいね。可能な限りね」

——放浪性というのは、身体的な放浪性と精神的な放浪性と両面がありますね。一つのきっかけとして『永遠の遠国』をリリースしたタイミングで考えていただいてもかまいませんし、あるいはそれ以前に実はあるんだというようなことがあれば話していただきたい。あがたさんと放浪性という言葉を対置させた時に現れることを。

「まず、北海道の留萌で生まれたことには違いないんだが、一、二歳で越したので留萌という場所への記憶がない。一、二歳から七、八年、小学校三年の春までいただろう小樽の記憶は強くあるけど、だからといって小樽を生まれ故郷とはやっぱり呼べないっていうね」

――かすかな、おぼろげな何か、赤ちゃんのころの記憶のようなものはありますか。

「原体験としての記憶はないに等しい。『るるもっぺべいぶるう』（アルバム『俺の知らない内田裕也は俺の知ってる宇宙の夕焼け』収録）という歌があって、その中にも歌われていることだけど、ともかく留萌は生まれ故郷だから、当然愛着はある。だけども記憶はない。中学校二年の時父親に連れられて、留萌の生まれた場所へ連れてってもらった。留萌で唯一の名勝・観光地にして夕陽がとってもきれいな黄金岬というのがあって、そこの丘陵っていうか断崖になってる丘の上。俺はそこで生まれたらしいんだ」

――お家からすぐのところに断崖の岬があったんですね。それは官舎ですか。

「運輸省の海運局だったから官舎のはずだけど。板張りだけの木造の掘っ立て小屋が何軒か並んでたんだけども、そこの一連の中にしか俺の住んだ家はなかったんじゃないかなと想像したんだよね。その掘っ立て小屋みたいなのが、本当に木の板の打ちっぱなしみたいでね。屋根は一応ついてるけど」

――『ここに住んでいたんだよ』と教えてもらったのがその掘っ立て小屋ということですか。

「巨大な石炭小屋のようにも見えたよね、俺には（笑）。だから雑木林の、大袈裟に言えばそこは森で、まぁ、ちょっとこんもりとした雑木林の一角の小さな家」

――それは、本名の山縣森雄、そしてあがた森魚の「森」にも通じる場所なのでしょうか。

「父親は林吉って言うんだ。『木をもう一つつけて森にした』なんて父親は言ってたけどさ。ダブルミーニングでなるほどなぁってことだよね。ちなみに弟は幹夫と言う。森と幹、いいコンセプトだと思った。ともかく一帯は雑木林で、下は熊笹が生い茂っているわけね。熊笹の間に少しけもの道みたいなかきわけられて曲がりくねった道があって、それが少し上りになってるわけ。で、上ってって断崖の突端に行くと、バーッと日本海が開けるの。ちょうど夕刻だったから、夕陽が輝いて波間がキラキラキラ〜ってもう本当にきれいだった」

――その時に思ったことを覚えていますか。

「ともかく夕陽がきれいだったってこと。母親が毎日のように僕を抱っこしながらあやしてたような光景が目に浮かんだ」

――それは想像も交えたもの？

「想像だよね。でも現にそうしてあやされて海を見てたろうことは、ほぼ確かなはず。夕陽ぐらいは見に行ったんじゃないかと。他に何もないんだから。なんかね、その北の果て感みたいなのが好きなんだな。その放浪癖のもう一つの根拠になるのは、本州のどこかから俺や父の先祖たちが北海道にやって来たはずだと。その先祖はどういう根拠があって来たのか。ともかく北海道まで流れてきたってこと自体がＤＮＡ的にすでに放浪癖の始まりだったんじゃないかなと」

――じゃあ、あらかじめあがたさんの血の中に放浪が彫り込まれていた、と。北海道ですから何代も前ではないでしょうが。

「うん。一代か二代前。おそらく明治以降だと思う。たぶんね」

――じゃあ、お祖父様ぐらいですかね。明治の早いうちのお生まれかなと思いますけど。

「そもそも流れてくる血筋って言うか、まぁ流れてきた、移住してきた人の遺伝子を持ってはいるだろう。だから留萌のその場所に育まれて得た感受性っていうのは、やっぱり今日までも伝わってる」

――なぜ、留萌にこだわるかという話ですね。

「ユウレカ（発見）！（笑）。思い出した！　地の果て感のようなものは決して嫌いではないって思うのはやっぱり留萌の海なんだな。生まれたところは、もうほとんど稚内の宗谷岬の少し手前で、そんな認識も何もない。けど孤絶とまでは言わないまでも、北の港町であるっていう感触を、赤ん坊ながら感じ取ったことには違いない。つまり、地の果て感っていうのは、自分が何かものを考えたり、ものを言ったりするときに、一つの根拠になるっていうかね。根拠とはなんぞやっていうことになると、ものを見るときに、氏、育ちを誇りにしたくないな、上から見たくないなと、あるいはさまざまな意味で優位には立ちたくないなと。だからと言って望んで負けたいわけでもない。そんなものを超越した厳しさが留萌にはある。これはおそらくは、一つの思想かもしれないけどそんな孤絶感が留萌にはあったのではないかというネモ船長のヒロイズム（笑）」

――それはどういうところから来るのでしょうか。もちろん、わざとそうなりたいとか、下位にいたいとか、常にロー・アングルでいるんだというような……。

「ではないんだ。いや、そうかもしれないし、そうじゃないかもしれない。おそらく、自分にアイデンティティがあったら、これは素晴らしいものであるとか、優れたものであるという自負なり自己尊厳なりはあるわけだから。そこを根拠とする、ある種の『最果て感』のある留萌生まれであるっていうことにどこか誇りなのか、自分の腑に落ちる……。腑に落ちどころがあるっていうことは、そういう場所への親しみや愛着のようなものがあるからではないか、という」

――物事を突き詰める、また、究極の位置を表わすものとして「極北」という言葉があります。あがたさんが一つの事をファナティックなまでに突き詰めようとするさまはまさに極北という感じがします。

「そうだね。一つの振れ幅を確認したいんだね。つまり、なんかそこで、自分がそこに何かを感じ取るなりそこに何か発見をしようとしたってことなりの、そういうものを体感的なのか生理的なのか、直観的、本能的諸々に何かを感じてはいたからだろうね。それと基本ということで言うと、母親のお腹の中に十カ月いたってことは、父や母や取り巻きの有りようや言葉や状況や風土や環境や、いろいろなものを感じ取ってるわけだよね。

僕はたとえば、人生って、母親の胎内にいた十カ月で完結してるんじゃないかなって時々思うわけです。三つ子の魂とか成人するまでとか、だいたいそれぐらいまでで相当の人格ができあがってるという気がする。あとは社会に出て、三十歳ぐらいまでには、ほぼできあがってるはず。あとはだんだん頑固になっていくだけで。よくも悪くも融通の利かないものになるだけみたいなさ。

自分の中で、極北っていう場なりシチュエーションなりを感じ取って。で、その極北をステータスやポリシーにしようとしたわけでは決してないんだけど、それはやっぱり、出処はどこであるかっていう。あがた森魚のみならず、道産子っていうのはどういう成り立ちであるのかっていうのとも繫がる。俺が留萌で生まれたっていうのはどういう成り立ちであるのか。直観的、本能的にそこで感じ取って、まずは第一ページがそこにあっただろうと、やはり、そういう気はするんだ」

――ア・プリオリ（生得的）にそういったものを持っているということかもしれませんね。あがたさんは、最果て感、地の果て感、極北といった状態に頭や体、あるいは心を置くのが好きなんじゃないですか。

「かもしれないね！　自分の歌の音域を決める時に、キーはCがいいのかDがいいのか、それともEがいいのかを決めるんだ。一音ずつ上げたり下げたりしてみるわけ。そうすると、Cで作ったけど、でもDがいいとかEがいいとかってやって、じゃあFまで上げてみようとか言って、やっぱりEに戻ってDに戻ってくるわけ。さらにCの下のBはどうなんだとか、Aはどうなんだとか、振れ幅を確認して、なんとなくCなんだけど、振れ幅の音域の逆の際まで確認して、やはりCだったみたいなことというのはままあることなのね。でも歌いやすさや、響きの良さとかやっぱりあるわけじゃない？　あるいは曲全体の流れの中で、一番ハイライトで聴かせたいところの歌が一番グルーヴの出る音域を選びたいとか、歌全体としてもあるわけだよね。全体としてはちょっと高めなんだけど、あるいは低めなんだけど、このハイライトのサビのグルーヴとこの音域がいいから敢えてこの高さでいこうよとかさ。

それと一緒で、自分がどこで生まれて、そもそも立ち位置がどういうところだったのかっていうのは、誰もが興味あるでしょ。俺も留萌に行って、あんな遠くて、けっこう人があんまり行かないところで生まれたのかぁっていう気持ちはものすごくある。そこと自分の表現との距離感っていうのはなんなのかなってしばしば思う。

北海道って、音楽的には非常に慎ましい場所なんだよ。アフリカとかラテン・アメリカとかの音楽って、すごいダイナミックなものがあったりするわけだよね。特によくアルゼンチン・タンゴなんかは〝口の重いグルーヴ〟っていうような言い方をするんだけどさ。俺の中の資質、感性は、留萌という風土で生まれた部分とどう関係するんだろうと。だけども、俺のこの音楽の感性は全て北海道的グルーヴというふうには規定したくない。それを超越する太陽系第三惑星的感受性として（笑）、表現をしてるつもりだというところはある」

あがたは、「若いころはあっちからこっちまで出たけど……」と音域が狭くなったことを示唆する発言をした。だが二〇一一年、あがたが六十四歳を迎える年にアレンジャーの矢野誠はその声についてこう語っている。

「とにかく歌がうまいね。歌がうまいというか喉がいいというか……そういうのは生まれつきなんだと思う。（中略）それに、あがたは何でも歌っちゃうんだよ」

「だって、キーの指定すらないもん。ヴォーカリストって、何十年も歌って年をとると普通は『キーを下げてくれ』なんて言うのが普通なのに、あがたはそんなの何もなし。……『1974』（二〇一一年開催のあがた森魚『噫無情』と南佳孝『摩天楼のヒロイン』の再演企画で、矢野がプロデュースした）の時もカッコ良かったもんな……僕はバックで演奏しながらあがたの背中を見ているわけじゃない？　すると、バーン！　って感じで飛び跳ねながら歌ってるわけ。『おお～、あがた行ってるなぁ。もっと行け！』みたいな（笑）……そういうのがすごくカッコ良かったね」

もちろん、矢野のコメントからもさらに十年過ぎたわけで、〝現在地〟はやはりあがた本人が言う通りなのかもしれない。

二〇二二年四月、五月と立て続けに行ったライヴに接した限り、私には声の衰えなど微塵も感じられなかった。

——ところで、南米やアフリカとは比べるべくもないですが、北海道も日本というフレームで見れば、かなり厳しい自然環境にあります。誤解を恐れずに言えば、何を好き好んでそんな厳しいところに住んでいるのかと思っている人も世の中には少なからずいると思います。

「俺だってそう思うよ」

——北海道生まれ、北海道育ちという事実と通底する何か。まず、見取り図として、北海道人ということが先天的にかたちづくっているあがたさんの資質なり性格なり、ものの見方、考え方、あるいは行動、旅。この辺りに少なからず現れているのかな、と。

「北海道人もまた、どこからか流れついたわけだし。人類は常にあちこちを移住したり、冒険したり探検したり、侵略したり侵略されたり、難民になったり、亡命したり、移ろってる。日本列島は小さいし、小さな島国でおおかたみんな定住して生きてきたらしい。本州は歴史があるけど、北海道はアイヌ人が暮らしてたわけだけども、和人としては歴史が圧倒的に浅いわけだから。あえてそういうところを選んだ僕たちの祖先の資質っていうものがやっぱり興味深い」

——ところで人類発祥の地は、現在でいうエチオピアのある場所と言われていて、あるいはボツワナだとする新説もあるようですが、いずれにしても、エチオピアやボツワナから日本というのは一万キロメートルくらい離れているわけですね。

そもそも人間というのは、長い時間をかけて大変な移動を繰り返しながらそれぞれの現在地に住みついたわけですから、それを「放浪」と言うのは無理があるにしても、何がしかの放浪性が組み込まれていると考えることもできると思います。ただ、それが隠されたまま一生を終えてしまう人もいるでしょうし、あがたさんのように目に見えるかたちで放浪性を発揮する人もいます。

古今東西には、放浪をテーマに、あるいはそれを描いている作品がたくさんありますね。何か一カ所に住み続ける、あるいは判でついたように同じことをやり続けることの心地悪さと言いますか、つまらなさと言いますか。そういうことと、あがたさんがさまざまな旅を続け、メタモルフォシスと言ってもいいくらいに変わり続けることとは何か関係がありますか。

「わからないよね(笑)。一言で説明はつかないでしょ。だって、二十一世紀になってからは僕はずっと愛着を持って埼玉県川口に住んでいるから(笑)」

——キャリアを振り返っても、音楽の振り幅は非常に大きく、よく知らない人が聴いたら、同一人物とは思えないぐらいの変化がみられます。ヴァージンVSや雷蔵もそうですし、ライヴでもここ十年間、節目節目でかなり変わってきていますよね。やりたいことをやったら、たまたまそうなったのか。あるいは意図的・意識的に次は違うことをやりたいと思ってそうなったのか。

「そこは、俺の歌の作り方に表れてるかもしれない。歌イコール・アルバム、あるいはライヴ。だから、その振れ幅。たとえば『日本少年(ヂパング・ボーイ)』っていうアルバム。なぜ、あれを作りたかったかっていうのはやっぱり、子どもの視点として世界はどういうふうに存在してるのかと。あるいは自分はどういう時空間に包まれたり、それを共有したり遊んだりしたいのかという勝手な妄想や空想があるわけ。『子どもっぽい遊び心としての——』っていう言い方がいいんだろうけど、それを一枚々々のアルバムなり歌なりに集約して、そういうものをあの手この手でかたちにして見せたかったなぁっていうのが僕の中ではあり続けてるんじゃないかなと」

イスラマバードで感じた「いつか見た日本」

あがた自身の「旅」を通して、いくらかでも気持ちのありさま、動き方のようなものが伝わればと思う。そして、ユーラシア大陸を経てジブラルタル海峡を渡って、アルジェリアへ足を延ばした旅についてはこれまで全くと言っていいほど語られてこなかったこともある。しばらく旅の話におつき合いいただきたい。

――先ほど旅の目的ということを伺いましたが、南米やアフリカでは非常に豊潤な音楽が鳴っているというのは、それほど音楽に詳しくない人でもわかるように思いますが、ユーラシア大陸への旅はどのようなものだったのですか。

「あれは四十歳の自分の誕生祝いとして旅に出ようと、一人で行ったから。もう船舶会社も覚えてないけど、ちょうど自分が出たい時期は東京から船が出てなかったんだ。で、大阪から船に乗って行ったんだ、上海に向かって。季節は三月だね」

――上海。そこからは汽車ということですか。

「ほとんど汽車とバスだね。たまにヒッチハイク。あのころだって、すでにヒッチハイクなんてする人はほとんどいなかった」

――楽器は持たずに？

「何も持たずに行ったね。リュックにはいろいろ詰めてあったけども」

――ユーラシア大陸のどこに興味があったのですか。

「一つは、なんかさ、漠然と一人旅で世界を巡ってみたいなとかいろんなこと考えたことはもちろん何度かあって。具体的にしたことはなかったけども」

――上海に着いてからはどんな旅をしようと？

「ともかく何も知らないわけです。その前に、一九八四年、八五年と二年続けて、イギリスのグラストンベリー（Glastonbury Festival of Contemporary Performing Arts）を観に行ったんだよ。ロックフェスをね。フジロックにも関わっている花房浩一（音楽ジャーナリスト）さんたちが行くっていうんで、誘われて一緒に行った。まず、一回目は一番安いパキスタン航空で行ったわけ。航空会社はみんなそうなんだろうけど、ともかく、自国にトランジットさせるわけ。イスラマバードとかカラチとか。しかも、一泊させる。観光して自国の魅力を知ってもらえるし、お金も落としていってもらいたいから。行きと帰り、両方体験したわけだよね。

グラストンベリーはグラストンベリーでおもしろかった。ロンドンも一カ月ぐらいいてね。どっちもめちゃくちゃ楽しかったんだけども、イスラマバードとかカラチとかに行った印象のほうが強いわけ。どうして強かったかって言うと、やっぱり当時で言うところの第三世界の、俺たちの子どものころとも違うんだけれども、戦後の日本の匂いがするわけだよね。昔ながらの民家が多いし、舗装されてない道路も多い。たいがい夜、ビルとかデパートとかじゃなくて路地の商店の表に夜店みたいなのが出るわけだよね。そうするとそのアセチレンの灯りとか匂いとかさ、子どもの時に俺たちこうやって夜店見て廻ったなとか。そういう記憶があるからね。で、子どもたちがたかってくるわけ、ワーっと。イスラマバードが特にその印象が強かった」

——何かを欲しいのでしょうね。

「日本人はいい人だからとか田舎の人はいい人だからとかってくくり方ができないのと一緒で、アジアの子どもたちがすべて無邪気でいい子たちとは限らないわけだけども、たとえばヴィデオで撮ってるとたかってくるわけね。引く子どももいれば寄ってくる子どももいて、寄ってくる子どもたちは『撮ってくれ！』『触らしてくれ！』なんて言うわけだよ。もし、『ちょっとあのカメラひったくって持ってこい！』なんて、後ろで操る大人がいればさ、そういう目に遭ったって不思議はない環境なわけ。でもその子どもたちの顔を見た時に、その目が、まさに人を信じて穏やかで無垢なわけ。そんな子どもの目、日本の日常じゃ見たことなかった。それで、もうそのことだけで感銘してね。また、この子どもの目を見に来たいなって。これは信用できるなと思った。俺の思想のどこかに、アジア人の思想や発想などいろんなものに通じるのだけども、黄色人種の持っている、良くも悪くも謙虚さとか恭順性とか協調性。いろんな言い方ができるけれども。なんかアジア人独特の人なつっこさ、大らかさを強く感じたんだ」

——場合によっては、緩さだったりすることがあるのかもしれません。でもその時は非常にポジティヴな意味で、そういうものを感じたわけですね。

「ちょうどパキスタンってアジアの真ん中あたりでさ、中核の都市であるにもかかわらず。僕の言葉で言うと、魯鈍《ろどん》な、なんかこう、圧倒的に無邪気な田舎の子どもたちの群れに、僕は一回アジアを、この人たちの芯に触れる旅をしてみたいなっていう気持ちが強く掻き立てられたんだよね。この未来の兄弟かもしれない子供たちと、未来を分かち合う練習をしてみたいな、と。もう本当にきれいごとの極みだけど、一つの振れ幅として、素手で、スッピンで、上海からジブラルタルまで、一人で自力でユーラシアを旅してみたいな、と。『人を信じる力』を彼らが持っているなら、自分も『人を信じる力』を試す旅をしてみたいな、と。三蔵法師には猪八戒などのお供がいたが、お供なしで西遊記をしてみようと。『無力ないしは無防備の正当性を、単独で飛行機を使わずユーラシアを横断してみたら、実証できるのではと。直感的妄想は瞬く間に膨れあがって、いつか実行してみようと（笑）。ユーラシア横断で、無力の無防備の旅を実証したら誰も文句は言わないだろうと。実際それは数少なく自分で得た自尊心だった。それは『無防備の自由』の『防備への不自由』への僕のメッセージにもなった」

――ではユーラシアの場合はアフリカやブラジルと違って、第一に音楽ということではなく、その地域に住む人々の暮らしや街などに素朴な興味をもって？

「実はアルジェリアに行こうっていうのが大きな目的。ユーラシア、アジア、ヨーロッパ、イベリア半島、各地の国境を越えて、それからジブラルタル海峡を渡ってモロッコへ行って、モロッコから国境を越えてアルジェリアまで行こうと。オランっていう港町が最終目的地だった」

――まさに地の果てですね。

「そう。『地の果てアルジェリア』（『カスバの女』）なわけだからね。マルタン・メソニエ（『ワールド・ミュージック・ブームの仕掛け人』）がプロデュースしたポップ・ライの『クッシェ』（アルジェリア生まれの「ライの王様」と呼ばれる国民的歌手、シェブ・ハレド、別名ハレド・ハジ・ブラヒムのデビュー作）っていうアルバムを聴いて、これだな、と。いままでは大方西のほうからインスピレーションを得てきたけど、これは俺なりにものすごく感じるものがあって。ともかくアルジェリアに行ってみたい。しかし、ちょっと待てよ、と。いつかロンドンに行ったときは、飛行機でトランジットしたけども、そうじゃなくて、俺が地べた這って行ったらどうなるだろうなって思った。その発想は我ながらおもしろかった。かつ、やっぱりそうやって旅したこと自体はめちゃくちゃ楽しかったんだよね。だからもう中国の西端のウルムチへ行って、ともかく、中国とパキスタンの国境にクンジュラブ峠があるんだけど、そこはカラコルム山脈の一端で、だから国境越えが一大事。カシュガルでひと月まではいなかったけど、三週間ぐらいは足止め食ったんだよね。大雪で雪崩が生じてバス道路が封鎖されちゃったわけ。誰も除雪になんか来やしない。しかし、ともかく開通しないことには向こうへは行けない。旅人の宿に行くと、向こうから来るやつとこっちから来るやつで情報交換しながら少しずつ情報が入ってくるんだけども」

――それは木賃宿？　世界各国からトラヴェラーが来ているようなところですか。

「普通のドミトリーの安宿。野戦病院みたいにベッドがずらっと並んでて。もういろんな人たちがいたよね。アジアから来てる奴もいたし、アメリカから来てる人もいたし、北欧から来てる人もいたし」

――日本人には会わなかったんですか。

「日本人にも会ったよ、随分」

――それだけの旅ですから何も起こらないわけはないですよね。

「俺が最初にトラブルらしいトラブルに遭ったのはね。パキスタンとイランの国境の検閲がけっこう厳しかった。絨毯を密売する連中がいて。絨毯は勝手に国境を越えちゃいけないんだ。決まりがあるんだね、あっちはあっちでね。あとはちょっとしたドラッグとか」

――映画『ミッドナイト・エクスプレス』が思い浮かびますね。

「ちょっと怖かったよ。トルコのイスタンブールとギリシャのアテネと、二カ所で金を騙し取られた。ローマの駅でも置き引きまがいに遭遇したりとか。その時はなんとか助かったけど」

――ええ。

「でも、イスタンブールの街は馴染み深かったね。街の佇まいや人の佇まい。特にトプカプ宮殿のある海峡のところで。やっぱ船が着いてさ、新鮮な魚介類をその場で焼いたりして食べさせてくれるわけよ。日本に帰ってきたような和みがあって、生理的にうれしいわけ。

ギリシャに着いた時にはもうかなりヘトヘトになっててさ。ギリシャ料理を食べに行く前に、なんかもうアジアのものが食いたくてしょうがなくて。韓国料理の店に行ったよ」

――最終目的地がアルジェリアのオランですね。そこでライのライヴにはいろいろ行きましたか。

「行ったよ。でもね、あんまりやってなかったんだよね。そういうのを的確に見つけられるか見つけられないかっていうのも俺の資質、才能、感性の問題になってくる。でもね、一カ所だけ観に行って、それはそれで素晴らしかった。それも新聞の広告とか、そういう情報。いまみたいにインターネットがないから新聞とか、あるいは向こうで知り合いになった青年が、いついつこういうのがあるからこれ観に行くといいんじゃないかって教えてくれたりとか」

――それはニューヨークへ行って、ライヴハウスを探すようなわけにはなかなかいかないと思います。「ヴィレッジ・ヴォイス」だと、何日の何時から「ヴィレッジ・ヴァンガード」はアレ、「スウィート・ベイジル」はコレって載ってますが、オランじゃそうはいかないでしょうね。

「それだってさ、当時、これも感覚的にしかわからないけどさ。ともかく、ライ・ミュージックがマルタン・メソニエのプロデュースでインターナショナルな話題になってることすら、オランの一般の人は全然知らないんじゃないのかな」

――そのころの体験もひっくるめたものが後の「雷蔵」へ繋がっていくと考えていいですか。

「最初から、これでイメージが浮かんだら、持ち帰ってライヴをやりたいとは思ってたけどね」

――バンド結成やメンバーなどの具体案ではなくて、あがたさんおひとりの話ですか。

「武川（雅寛）君とはやりたいなぁって旅の最中、ずっと彼の顔が浮かんでたんだけど。なぜか」

――大阪から発って、復路は東京ですか。旅はどのくらいの期間でしたか。

「最後はフランスのパリからエジプト経由で成田。帰りは飛行機。四カ月の長旅ではあったね」

――途中、タカリなんかがあったとはいえ、それ以外は体調を崩すこともなく？

「そうだね。熱中症に一回かかったけどもね、イランで。本当に倒れそうになった」

――帰りがけは夏ですもんね。

「七月だった。僻地をボンネットバスみたいのでグルグル廻ってね。でも夜行バスはまだいいんだけど、日中のバスはクーラーついてないんだよな。みんなターバンみたいなの巻いてて。俺、窓側で直射日光が当たってさ。隣に地元の男がいたから、『ちょっと熱中症にかかっちゃったみたいで、もう苦しいからちょっと換わってくれないか⁉』って言ったんだけど、首を縦に振らなかった。まぁ、そいつも暑いわけだよね。しょうがないから通路に寝転んでいた」

――医者にはかからなかったのですか。

「うん。病院には行かなかった。テヘランに着いたら、いいホテルだったんで一週間ぐらい寝込んでた。ストレスのピーク。二十キロの荷物、よくあんなもの背負って歩いてたと思うよ」

――ユーラシア以外に、放浪性を伴う旅はありましたか。

「そうだね。自分が旅して良かったなぁって場所はね、やっぱりメキシコかな。これもラテン・アメリカに入るっていえば入るんだけども。なんでメキシコ行こうと思ったんだろうな」

――それはいつごろですか。

「だいたい八五年ぐらいから二〇〇〇年ちょいぐらいまで毎年のように。なぜかまだあのころはお小遣いにゆとりがあったんだな（笑）」

――メキシコに惹かれたのはやはり音楽ですか。

「めちゃくちゃ音楽だったわけでもないんだけどさ。フラコ・ヒメネスやライ・クーダーからの好奇心も一方ではあったけど。なんかこう、日本から離れる、日本じゃないところの、俺の漠然と求めてるエキゾティズムと言うと非常に感覚的で抽象的だけど、その現在性のリアリティから少し遊離した別のディメンションのものをメキシコって強く持ってるんじゃないかなぁって」

――なるほど。実際のリアリティもさることながら、あがたさんの中にある概念的なものと合致するような何かを見出した感じがあったということでしょうか。

「そう。見出したかどうかはわからないけど。一回きっかけがあったんだ。そのころ、ブエノス・アイレスに行ったり、八七年に『バンドネオンの豹』を作ったり、その前後に行ったりしながら、ラテン・アメリカ的なものに興味を持ってて。

で、僕がタンゴをやってる時に『ラテン・アメリカ映画祭』っていうのがあって、（セルゲイ・）エイゼンシュテインが撮った『ビバ！メキシコ』を観た。ペヨーテとかリュウゼツランとかが沙漠の中に生えてて、土埃が立ってるところを旅してる人たちのいろんな風習なんかをずーっと撮ってるだけで、昔の岩波の教育映画みたいなものの延長線上のようなものなんだけどさ。なんかくるものがあったわけ。でもエイゼンシュテインはそれを完成させないまま死んじゃうんだよね。助監督がまとめ上げた映画だから、まぁ完成形を見なかったスピン・アウトみたいな作品でね。完成していないことが想像力を掻き立てるアヴァンギャルド性にあふれている。これこそ一つのエキゾティズムというか、俺におけるまさにダダ的ユートピア。たぶんエイゼンシュテインもソヴィエトから来たらユートピアのような感じがしたんだろうね」

――メキシコにはそういうユートピアを思わせるような、放浪を誘うような希望性があるのかもしれませんね。エイゼンシュテインもそうだし、あがたさんもそうかもしれない。ルイス・ブニュエルも一時メキシコで短編映画を撮っていましたね。

「何年か住んでたよね」

――メキシコの何が魅せるのでしょうか。

「呪術性なのかもしれない」

中世の西欧には、抒情詩人にして作曲家、歌手で「トルバドゥール」と称する存在があったという。彼らが内外各地を旅しながら詩を書き曲を作って歌っていたのであれば、まるであがた森魚ではないか。詩歌を作りながら各地を旅することを「吟遊」と言う。二十一世紀の今日において、吟遊詩人など実存しないかもしれないが、あがたを眺めているとそう呼びたくなるのである。

あるいは、映画監督テオ・アンゲロプロスの『旅芸人の記録』という作品があったが、もしかしたら本書はあがた森魚という年季の入ったマーティンを抱えて歩く、旅芸人的ミュージシャンの私的クロニクルなのかもしれない。

証言5

あがた森魚さんの音楽と出会ったことで、もうひとつ別の生きる場所を見つけた気持ちになりました。

緒川たまき

◉女優

あがたさんの音楽との出会いは一九八九年のこと、『永遠の遠国』をレコードで聴いたところから始まります。その時、「どうしてもっと早く出会わなかったのだろう！」と悔やんだくらい、自分の人生になくてはならない音楽だと強く感じました。

私は稲垣足穂がとても好きなのですが、足穂の言葉を歌にしている、そのまま音になっている、ということにも衝撃を受けました。

『永遠の遠国』は、アルバムタイトルが暗示するように、どこかに「遠国」という空間というか惑星があり、この音楽を聴いた人は誰でもそこに行くことが出来る切符を貰ったような気持ちになるんです。私がそれまで生きてきた世界とは別に、あがたさんが音と言葉と声とで作った「あの世界」が自分にもひとつ貰えたような——、どんな音楽もそれぞれ好きなようにその世界を楽しむことが出来るわけですけれど、あがたさんの音楽との出会いは、もっとずっと遠いところまで運んでくれるようで、自分にとってとても意義深いものでした。

自分自身を分析すると、子ども時代からずっと人間嫌いなところがあって、過ごしにくさを感じるあまり、ひとりで居ることを好み、本の世界などに逃げ込んでいたようなところもあったと思います。でも、あがたさんの音楽と出会ったことで、もうひとつ別の生きる場所を見つけた気持ちになったというのは、自分にとっては大きかっただろうと、あがたさんと出会った時の自分に共感してあげることができます。

一九九五年から九六年にかけて、NHK教育テレビで『土曜ソリトン SIDE-B』という番組のMCを高野寛さんとご一緒にやらせていただいていました。その番組をスタートするにあたって、プロデューサーの方が、「ゲストにお呼びしたいアーティストはいますか?」と私に尋ねられたんです。その時に、あがたさんのお名前を出したところ、希望が叶いまして、番組の開始早々にゲストで来ていただけることになりました。

たしか番組収録の何週間か前だったと思いますが、銀座であがたさんのライブがあり、観に行きました。その場に居合わせた「ソリトン」のスタッフと一緒に控え室に伺いご挨拶したのが、あがたさんとの初対面でした。私は大ファンなものですから、緊張のあまり、「はじめまして」と言うのが精いっぱいでした。

番組にあがたさんがいらっしゃった時は、確かご本人の希望で、ローラースケートを履いてスタジオに登場されたと思うんです。私は『永遠の遠国』のレコードに是非ともサインをいただきたくて、函とレコード盤は自宅に置いて、三枚の空ジャケットを持ってNHKに出かけました。サインをお願いすると、あがたさんは、カタカナで「タマキさんへ」と書いてくださり、「さすが足穂的!」と思ったものです。

一九九六年のアルバム『第七東映アワー』では、「霧のステーション・デパート」「パラレル・イヴニング」に声の出演で参加させていただきました。レコーディングスタジオに足を踏み入れることも初めての事でしたし、この時もやはり緊張でガチガチでした。私の役どころは、デパートのアナウンスと宇宙船のキャビンアテンダントでしたが、あがたさんもプロデューサーの鈴木惣一朗さんもお顔に緊張感が漲《みなぎ》っていて、私は冷や汗のかき通しでした。

このアルバムは素晴らしい曲がたくさんあるのですが、中でも、「少年宇宙」と「喧嘩のあとでALPHABET」は私の中のあがた森魚ベスト5にたとえ入りきらなくてもなんとか入れたい（笑）。

二〇〇〇年代になって、月に何度かスタジオを借りて、あがたさんと私と、チェロの坂本弘道さんにご協力いただいて、何かを創作しようと集まっていた時期があります。即興のものと、あがたさんのそれまでの作品からテイストに合うものを並べて、そこに私のモノローグを組み込むというようなことをやりました。あがたさんがテキストをお書きになるというので、私は歌詞くらいのヴォリュームのものを想像していたのですが、短編小説のようなテキストを書いてきてくださって、それはとても壮大な世界でした。未発表に終わったものなので詳細は言えませんが、ある女性の生い立ちをめぐるその物語の世界観は、あがたさんの脳内で細かく設定されていて、それだけになかなか手強くて（笑）――。それなりに長い期間取り組んだんですけれど、あがたさんも私もどう手をつけていいかお互いにわからなくなってしまって、結局挫折してしまいました。この時のものはほんの断片だけ、神楽坂でのライブで触れたことがあるのみです。

あがたさんはブレない「あがた森魚的ベーシック」を持ち続けている人。その一方で、好奇心旺盛で変化を恐れない人でもあります。そんなあがたさんだからこそ膨大な作品群があるのだと思いますが、あがたさんの好奇心のヴォリュームから想像すると、形にならずに零れ落ちていったものも沢山あるはずです。私はあがたさんと一緒にやろうとしていたことが結実しない形で宙に彷徨《さまよ》ったということも含めて大事にしています。こういうものがあがたさんや私の内なる宇宙に漂っているということが、あがたさんの作品を理解し楽しむうえでも、私の人生においても大切なんです。

同じ頃、あがたさんが「会わせたい人がいる」とおっしゃって、劇団「少年王者舘」の公演を観に、中野のザ・ポケットに連れていってくださいました。その時にお会いしたのが作演出家の天野天街さんです。それから何年も後の二〇一一年、あがたさんが私に「天野さんが『赤色エレジー』を舞台化するんだけれども、『幸子』を緒川さんでということになったら演ってくれますか？」と訊かれました。そんな素敵なお話、その時は実現するかどうかわからない夢のようなお話だと感じましたが、実現してしまいました。「あゝもう、こんなに素敵な未来が待っていたんだ！」と胸がいっぱいになったのを覚えています。

天野天街版「赤色エレジー」は、寺十吾さんと私の二人芝居の合間にあがたさんの生歌、生演奏、石丸だいこさんのダンスが組み込まれるという構成。七〇年代、ひと組のカップルが貧しさの中でつましく生きる青春物語が、演奏が入ることで時空が歪むような感じになり、そのことによって時代を超越してしまうような魔法がかかる。なんとも言えない切なさを纏いながら、現在と過去と未来が混在しているような作品に仕上がっていると思いました。私はと言えば、稽古期間が短く大変で、頭から「シュー」と音がしていると感じた程です。ですが、この「赤色エレジー」という舞台、今振り返ってみても、私にとって非常に得るものが多かった作品なんですね。自分で自分を褒めてあげられる作品があるとしたら、真っ先にこれが浮かぶくらいに——。

私も精一杯頑張りましたが、なんと言ってもあがたさんが観客の心を全てさらって行ってしまうような素晴らしさだったんです。あがたさんはミュージシャンで歌い手ですけれども、それだけでは言い表せない何か一つの特殊な装置のような存在だと思いました。その装置と観客が見えないＷｉ－Ｆｉのようなもので繋がると、その声の力でその人が行きたいところに行けちゃうような、違う次元の喜びを与えてくれるアーティストなんだと思うんですね。あがたさんの歌を舞台袖で聴いている時に、劇場全体に魔法がかかっているのを感じましたし、「あがた森魚さんの歌がすごかった」と言う感想をいくつも聞きました。

あがたさんは言いたいことがたくさんある方だと思うんですけれど、百個ある言いたいことを一個に絞って歌った時に、実は百個全部伝わっている。そんなことをファンのひとりとして感じています。時々あがたさんがライブのMCなどで、「言いたいこといっぱいあるんだ」と言ってお話が止まらなくなったり、伝えたいことが言えてないと悔しがられていたりするんですが、「いやいや大丈夫、あがたさん、いっぱい伝わってますよ」って、私は思っているんです。そもそもこんなに声を色彩豊かに操って届けてくれているのに、って。

あがたさんが根を詰めて作り込んだ世界、何年もかけて作ったアルバムの威力は時代を超え、国をも超える力を持っていると思います。私たちとは違う時代、違う世界の未来のリスナーたちが、あがたさんの音楽と出会うところを想像するのはとても楽しいことです。

「マイフェイバリット・あがた森魚」をあげるとしたら、『永遠の遠国』、『第七東映アワー』、『日本少年（ヂパング・ボーイ）』。そして『少年歳時記』――。それから『プラネッツ・アーベント』。そして、そして――と、やっぱりキリがありません！

おがわ・たまき　一九七一年、山口県生まれ。映画『プ』で女優デビュー。一九九七年には、舞台『広島に原爆を落とす日』でゴールデン・アロー賞演劇新人賞受賞。舞台、映画、ドラマで活躍する一方で、写真やエッセイなどでも才能を発揮。二〇二〇年に劇作家ケラリーノ・サンドロヴィッチと演劇ユニット「ケムリ研究室」を旗揚げ。安部公房原作『砂の女』で二一年、紀伊國屋演劇賞個人賞、読売演劇大賞最優秀女優賞受賞。

第六章 ◉ 母父という巨大な郷愁

1953年頃　小樽入船町の自宅前にて 母父と

怖ろしくも理解者だった父について

あがた森魚の出生や家族についてはこれまであまり語られてこなかった。しかし、その性格やものの考え方はやはり北海道や青森という最果ての風土、そして家族の影響が色濃いように思う。子ども時代、兄弟、両親……。この章ではあくまで聞き手に徹し、彼が紡ぐファミリー・ヒストリーに耳を傾けたい。

――家族と聞いてまず、どのようなことを思い浮かべますか。

「一九七二年に二十三歳でデビューしたわけだけど、二十五歳、長く数えても三十歳くらいまでに自分のいろいろなことが決定されている。だからこの歳になったら、家族の大切さがなおさら逆にいろいろと身に染みてきます。

ちょうどデビューしたころから、東京でアパート借りたりして一人暮らしを始めたから、家族との生活は成人する前後くらいまでという感じです」

まず、生まれてからいろいろな場所に移り住んだのはお父様の仕事の関係ですか。

「そうだね。海運局のある各地の港町だったからね」

――お父様がどんな仕事をしているか、子どものころから認識していたのですか。

「いや、何も知らない（笑）」

――お父様も特に話すことはなく？

「仕事や職場の話はあまりしない。特に当時の人だからというのもあるし、うちの父は家族に特にしなかった。まあ、母にはよくしていたと思いますけどね」

――まぁ大人同士、夫婦ですからね。どういう方だったのですか。

「うちの父はね、どちらかというと口数が少ない。あまり余計なことを喋らない。母のほうが折に触れいろんな話をしていたけれどね」

――仲が悪かったとか、そういうことはないのですね。

「僕自身の性格は、母と父の両方が大いに混ざっているところがあるから。母は基本陽気で、ある種楽天的で、人に対しても懐が広くて、世話焼きというか、まぁ博愛精神が強い人。父親は静かで内省的で真摯な人だったたね。俺のこの態度は、母親の部分もあるし、父親の部分もあるけれど。父はある種神経質で、ある時突然まくし立てるんだよ。やっぱり。まるで俺と一緒（笑）」

――それはお母様に？

「母に。子どもの前では滅多にしないよ。でも、僕らが寝てからとかね。父親の氏育ち、そんなに聞いたことないんだけれど、そんな裕福な家庭ではなかったようだ。子どものころから勤勉で。当時の逓信高等学校に行っていたんだけれど。今で言えば高専みたいなところだろうか」

――お父様はずっと北海道の方ですか。

「そう。留萌。歌志内《うたしない》にもいたようだけど。ちゃんと聞いていないんだよね」

――お祖父様に会ったことはない？

「全然ないね。あ、でも俺が生まれた時、お祖父さんは亡くなっていたけどお祖母さんはおられたね。父方のね。母方は九州だから、宮崎」

――お祖母様とは会ったことがありますか。

「うん。でもね、そのお祖母さんも、父の姉の嫁ぎ先のお母さんだった。だから、父の実の父母、俺の直系の父方のお祖父ちゃん、お祖母ちゃんには会った記憶がないな」

――結構歳が離れていて、もうその時には他界されていたかもしれないですね。

「あと、僕は父が四十五、母が三十七くらいの時の長男だから。母は宮崎生まれだが、戦時中満州で過ごし、戦後に満州から引き揚げてなぜか北海道の留萌で父と見合い結婚をした。父もなんらかの経緯があったんだろうけれど晩婚同士なんだ」

――怖かったですか、お父様は。

「怖かった。小樽の時は、入船町というところに住んでいた。天狗山の裾野なんだけれどね。で、うちの父親は港に近い、日銀とか官公庁とかがある場所。〝北のウォール街〟なんて言っていたけれど。あの一角に海運局があって。たぶん、徒歩で行っていたんじゃないかな。少なくとも青森と函館では支局長をやっていた」

――ええ。

「小樽の時も支局長だったのかな。昔、小樽の市立図書館で官公庁のテキスト見て、父親の名前見て、あったあったって。それが支局長だったのか肩書きまでは覚えてない。それといつ、うちが小樽に引っ越したのか調べたくて見たはずなんだけれど記憶にないんだよ。

小樽の時は官舎は離れていて、青森の時は海運局の隣に官舎があった。それから函館の時はやっぱりちょっと離れていた。函館の時はそんなに遠くないんだけれど、黒塗りの車でお迎えが来ていた」

――出世されたのですね。

「だから小樽はあまり記憶にないんだけれど、青森時代と函館時代は五時には仕事終わって帰ってくる。そうするとなんか緊張するわけ。怖くてしょうがないわけ（笑）。あ、もう帰ってくる時間だって……」

——手を上げるような人ではなかったのですか。

「母に暴力振るったりとかは、しなかったし、俺にも弟にもしなかった。怖いけど、権力的な人ではない」

——大柄なほうではない？

「うん、中肉中背。父のイリュージョンとしては、文学青年がそのまま大人になったような人。だけれども官公庁に勤める、社会的に立場をもったきちんとした人。特に個性があるとか、何か威厳ぶったりとかっていう人ではなかった。ただ、父はスキーが好きで。冬は休みになると、家庭サーヴィスや、家族と何かやるとかないんだ。ともかく冬になるとスキーに行く（笑）。それは冬場だけだけど。ウインター・シーズン以外でも父親とどこかへ行ったという記憶はあまり記憶にないね。でも近郊の、函館にある仁山《にやま》とか、いろいろなところがあるんだけれど、そういうところに一緒にスキーに行った記憶はある」

——それは小学生の時？

「仁山に行ったのは中学から高校時代。とにかくスキーに行くのが好きだった」

——あがたさんもスキーをやったのでしょう？

「うん。だから父親に連れられて、小樽の天狗山って険しい山があって、そこが小樽のスキーのメッカみたいなところ。そこはよく連れて行かれた記憶がある」

――ちょっと伺いましたが、二階建ての家で冬は二階から……。

「しょっちゅうじゃないけれどね。大雪降ると二階の窓からスキー履いて出る（笑）」

――東京にいたら、いくら降ったとしても二階から出入りなんてしませんよね。

「小樽でだって、二階の窓から出るっていうのはそうそうないよね。そういう時の景色、光景はよく覚えている。一メートルどころではないよね。電信柱の電線が足下にある感じで」

――すごいですね！　その後はどういう暮らしぶりでしたか。

「青森時代、俺は小学校高学年だったけれど、青森時代は居間と寝室が隣り合わせだった。昔の子どもは七時くらいに寝ていたよ。布団に入ったら七時のニュースをやっていてね。その後に音楽番組が続くんだ」

――「あなたのメロディー」？

「そういうんじゃなくてイージー・リスニングのかかる『魅惑のメロディ』。そうすると、だんだん僕ら、夢の中にすーっと眠りに落ちていく。そのように僕らを夢に誘う音楽があったんだけれど、時として、父が母に真摯に話している声が聞こえてくる。父親にとってのヒューマニズムの問題なんだ。社会批評も含み、母親と意見が合わないと声高になる。それが時として聞こえてくると、眠りにつけなくなることもあった。

マックス・エルンストというケルンのダダイズムの画家がいてね。彼は父親が厳しいカトリックの人で、子どもの時に父親のスパルタ教育で神経をすり減らしながら生きていたらしい。彼の伝記を読んだらそういうことが書いてあって、とても同感したよ。あ、この人は俺と幼少の体験が近いし、その父親がいつも厳しいから夜寝ていて、とにかく天井のしみが魔物に見えてくるんだって。それが夢なのか現《うつつ》なのか。寝ているはずなんだけれど、父親の厳しい声、あるいは昼間叱られたこととかがよぎる。天井のしみがだんだん動いてきて、妄想の中で動き始めて。それがモティーフになって書いた絵もいっぱいあったりしたわけなんだね。

そうそう、エルンストのフロッタージュもね。床にあるものをこすったらかたちが見えてきたとか、拾ってきたもの並べたら作品になったとか。自分を客体化するというか、表現を客体化するというか。ともかく、ピカソとかダリとかは『俺だ！』ってくるじゃない。それはそれでいいんだよ（笑）。だけど、エルンストは匿名性なんだよね。ある種のダダイズムの企まなさ、偶然性、虚無性。抽象性と具象性と観念性とが実に巧妙に混ざっているところに表現の奥深さがあって、ものすごく好きなんだよね」

――お父様からエルンストに繋がっていくイメージの連環はいかにもあがたさんらしいですね。

「エルンストはケルン・ダダで、こちらは小樽ダダだね（笑）。

少なくとも戦前は、日銀は小樽にあったわけだし、小樽は北海道開発の拠点だった。小樽の〝ウォール街〟があって、大自然の魁偉《かいい》と北海道の文化の中枢とが、背中合わせに、かつ混在していて、猛々しい豊穣、険しい冬と慎ましい春の歓びがそれをくるんでいた。それが、モダンでエキゾティックな小樽ダダだったんじゃないかな」

――北海道の中心ですね。

「大学もね、小樽商大といったら、北大か小樽商大かというくらいに権威があった」

――東京商科大学がいまは一橋大学になっているわけです。国公立の商科大学は東京と大阪と神戸と小樽。名だたる港の脇には相応の大学がありますね。

「小樽がいかに大きかったかという象徴だよね、それは。小樽は風土的にも地理的にも、札幌との立ち位置の関係においても、つまり小樽が一番小樽らしい、ある一つの深い拠点としてあるのは、小樽が近代文学を育んだということかもしれない。決めつけたいわけではないけど、北海道のある種の近代を担った大事な場所だったんだという。近代の宿命がそこに濃厚に沈殿しているという。だから小樽の文学館というのはとても意義深い。すごい」

――小樽の文学館は一度しか行っていませんが、すごいなと思いました。

「北の倉庫街の運河なり、埠頭なり、諸々がいかに盛んだったかということから生じた裏打ちが」

――横浜の場合は地理的に首都東京の脇ですから当然だと思いますが、小樽は北の果て。北の果てにあれほどのものがあるという。

「横浜にはかなわないけれど、ああいう街が、北海道には他になかったわけだからさ」

――北の要衝だったわけですね。

「小林多喜二と伊藤整と石川啄木が小樽を象徴している。多喜二はまさにそうだし、啄木も象徴的だし、伊藤整もチャタレイ裁判なんかの人だけどある意味象徴的。この三人を育んだというのが、小樽の出で立ちと色濃く呼応しあっているよね。

父は文学者ではないけれど、その人たちの懐に持っているものと通底するものを、感じていたな。母のほうは、それとは対比的に宮崎の高鍋というところの百姓の娘で大地と共に育って……」

――宮崎の高鍋ですか。

「はい。やっぱり信仰深い人だし、人間の生命力とか、大地とか。助産婦やるくらいだから」

――それはお母様の個人的な資質なのでしょうか。それともそういうふうなものを体現するお家に育てられたのでしょうか。

「母は高鍋の松尾家という結構大きい庄屋的な存在の農家に育ったのね。二、三年前に素晴らしかったその本家も取り壊しになってしまったけれど。母は九人兄妹だった」

――裕福なお百姓さんだったのですね。

「裕福だったと思うよ。母の実家には小学校時代に一回、中学の時に一回行った」

――その時にはまだ、お祖父様、お祖母様はいらしたのですか。

「お祖父さんは、北海道から僕らが訪ねて、涙を浮かべて喜んでくれた。お祖母さんは元気だった。

で、母はそういう育ちの人でしょ。父はどちらかというとあまり裕福じゃない家庭に育って、生真面目で、時々短歌を書いたりしていた。英会話のラジオ講座もよく聴いていた」

――文化的素養。そちらのほうにも興味を持っておられた。

「当時の日本の社会に対する考えや芯のある人だった。ヒューマニティや正義心や、志のある人だったと思う。優等生だったから、運輸省の海運局に採用されて定年までそこでやったわけだけれど。

父の印象としては社会のあり方に対していつも考えをもっていたのではないか、と。メンタリティとしてではなく考え方として。彼は公職に携わる人間だから、社会的立場としても、自分の日常としても、そういうことを表明しない。立場的にも。だから母にだけはいつも、世の中は矛盾しているというようなことをことを言っていたのではないかな。だからと言って僕らに、何かしろと主張したり、けしかけたわけでもなかった。

いろんな意味で『父親を愛おしい』という言葉は極端だけれど。生真面目で律儀に生きた父親にある種の愛おしさはあるな。英会話だって、外国からどんな大事な人が来るかわからないけれどやっているんだと言ったところで、そういう人と会うのはせいぜい年に一回か二回くらいだと思う。しかも俺と逆で、外国には一度も行ったことなかったからね」

――その当時の定年は五十五歳だったと思います。

「五十五歳。俺が高校二年か三年の時に先に横浜に出て他の仕事を始めた。最初は俺が高校で、弟が中学だったので、母と三人で暮らしていた。父は単身で横浜。なんで横浜を選んだのか」

――港という共通性があったのでしょうか。

「敢えて東京を選ばなかったのね。理由は聞かなかったけれど。当時、新興住宅地は東京以外のところが多かったんじゃないのかな。ほどほどの値段でそれなりの環境のところで」

――家を買われたのですか。横浜のどちらですか。

「南区に建てたんだね。弘明寺《ぐみょうじ》にあって、その隣の京浜急行の上大岡駅の裏手の小高いところ。なかなかいいところだよ。北海道から引っ越してきて、俺がまだ高校にいて、父親が単身赴任で新しく仕事に就いた。その間、父親がもっと英語の勉強したいからと言って僕の英語のリーダーのテキストを一緒に自分で訳したいと言って、週一回くらい送ってくるわけ」

――勉強家ですね。

「勉強家なんだね。ある意味、努力家だし。一緒になってやってくれてさ。官公庁で仕事を勤め上げたことも立派なことだけどさ、そんな他愛ないことも、人生と言えるわけだよね。

たとえば僕の場合で言えば、身近にいる人が、あがたさんってどういう人なの？　と聞かれても説明しづらいのではないだろうか。『心優しい楽しい人だよ。時々わめいているけれど』とかみんないろいろに言うと思うんだけれど。父親もそういう人で。ぱっと見てどういう印象だろう。上品な紳士という印象はしたんだろうけど。時々連想して、笑っちゃうのは、これが内田裕也さんや中村とうようさんのようなコワモテの正義漢だったら、全然印象が違っているんだろうなって。そのパッションはどこか似ていてもねって。

小樽の官舎の前で父と母と一緒に写っている写真があってね。母はにこやかに写っていて、俺が三輪車に乗っているの。父親は俺の後ろに立って俺を見下ろして睨んでいるような感じなんだよ。これ、すごく象徴的な写真でさ。いつも俺は睨まれる立場（笑）。それは父親が厳しいだけではなくて、俺が落ち着きがなく、おっちょこちょいで無邪気な子どもだったからでもあるんだよね。だからいつも厳しく父親からの干渉があったというのがその写真から滲みでている。いい写真なんだ。あと父親との楽しい思い出と言えば、函館ラ・サール高校に入った時はすごく喜んだよ」

——進学校ですからね。

「地元ではそれなりの学校だからさ。無邪気にはしゃぐような人ではないのだけれど、ものすごく『よかったよかった』と喜んでいた記憶がある」

——頑張る子は褒めるという方なのでしょうか。

「よくやったとか褒めるほうではない。でもなく、静かに喜んでくれる。だけどその時は、お酒飲んですごく喜んでた印象がある」

——お酒はお好きなのですか。

「まぁ、ほどほどに。やっぱり職場で宴席あるじゃない。あれは嫌だったみたいね」

――昔は宴席が多かったんでしょうね。

「そこにもオフタイムなんだけれど、仕事上の何かがある」

――なかなか仕事を切れない。

「付き合いもある。当時で言えば」

――お父様は横浜にどれくらいいらっしゃったのでしょうか。

「結構いたよ。横浜に越したのが一九六六年暮れ。屋久島に越したのが七九年か八〇年だよね」

――じゃあ、十二、三年。

「それなりに激動の時期だったな。俺が一浪して大学入って『赤色エレジー』で七二年にデビューして、いろいろあって、ちょうど八〇年くらいに一家揃って屋久島に越していったという」

――あがたさんがデビューしたことで、周囲の声はどうだったのですか。

「父親の言ったこと覚えてるよ。一つはね、『俺、音楽やりたいんだ』って言った時」

――デビュー前ですか。

「デビュー前。『人殺しと、人を支配する仕事以外なら何をやってもいい』と言った。音楽はダメとも言わずそう言った。それは一番胸に沁みた言葉だった。

ともかく一浪したわけだよね。高校卒業して横浜にきて、一年間代々木ゼミナールというところに通った。そこに『何でも見てやろう』の小田実がいたんだけれどね」

――小田実さんが教えていたわけですね。

「まさか予備校で教えているとは思わないから大はしゃぎした。彼の思慮深い姿勢や佇まいが好きだった。俺の中で、ボブ・ディランとキャラが被るよね。実直で内向的で、ニヒルやデカダンを秘めているみたいなそこと、うちの父親ともイメージが繋がります」

――小田実も行動する作家というか。ひ弱な感じではなく存在感はありましたよね。

「ベ平連の運動もしていた」

――ベ平連も含めて、当時ジャン＝ポール・サルトルのアンガージュマン「言論と行動は一致させなければならない」というのがあったと思います。

「そうそう。『参加せよ!』、と。そういう意味では稀有な人だったよね、あの人は」

――なおかつ、代ゼミでも教えているわけですから。

「代ゼミの寮長やっていたんだ、あの時。あんな寮長だったら怖い」

――怖い（笑）。

「怖いし、何かあっても相談しづらいよね。あまり目を合わせたくないし。そばに寄りたくない。代ゼミでは英語の授業を受け持っていたのね。僕は珍しく予習していって、誰か答えたい人は？って言われたら、パーって手を上げて。前に行って、チョークで一生懸命書くわけ。そうすると添削してくれる。いつも髪掻きむしっているんだよ。なんか面倒臭そうに。その姿を見ているだけでこっちは満足なわけ（笑）。

で、一年間予備校に通っていて、その間は友達もほとんどいなかった。クラスメートって言ったって、とにかく勉強するだけだから。終わってどこかに遊びに行くわけでもないし。同じ教室にいたって、お互いに名前を知ってるわけでもないし。まさに砂を噛むような浪人生活」

――函館ラ・サールのディラン仲間の友人は？

「酒井は、札幌教育大に入って、西村は、日大に入った」

――ではこちらに出てきてからも時々会った？

「あいつらはストレートで大学に入って、俺は一浪したからたまに会うくらい。西村は下北沢に下宿していたんだな。俺、その後下北沢に住むことになるんだけれど、それは西村の下宿によく遊びに行っていたから親しみがあったというのが一つある。そのころはボブ・ディランどころではなかったわけ。とにかく大学入らないと。俺、その時点で就職することは当然頭にないわけ。大学での四年間を自由に使える間に俺はディランになれるかどうか、トライしてみるって感じ。大学卒業までに叶わなかったら社会人になろうっていうくらいのつもりだった」

――大学生活の四年間が勝負だったわけですね。

「むしろね。でもまさにあまり勉強しなかったわけだけれどさ。ロックアウトされていたり。

六八年の春に明大の第二文学部、そこに入った。次の六九年の初めに安田講堂陥落があったから、幸か不幸か全共闘運動に深入りすることもなく、むしろ演劇活動に深入りしながら過ごした。父親は一応、人並みに勉強していると思っていただろうけど。その一年間があって、六九年の暮れに駿河台の下でビラをみつけて早川さんたちに出会うわけなんだけれど。不思議なもので、早川さんに出会ってなかったら、拙いギターを弾きながらおぼつかない詞を書いて曲を作って一人で模索しながらやっていただろうなと。早川さんに出会って、七〇年の一月にいきなり都市センターホールの『インターナショナル・フォーク・キャラバン前夜祭』に出た」

――高円寺辺りはまだいるんですよ。ストリート・ミュージシャンが。自作のCDを千円くらいで売って、チラシも自分たちで作って、「聴いてください！」ってやっている人が結構いるんですよ。そういうところから行く人が大半だと思います。今も昔も。そういう意味であがたさんはわりにすっと……。もちろん実力はあったのでしょうけれど。

「すごくわかるなぁ、その辺の感じ。ストリートもちょっとはやりましたし」

――えっ。どの辺りでやったのですか。

「渋谷でさ。でもあのころ、ストリートやっている奴はそんなにいなかったよ。渋谷のハチ公の下に商店街あるのわかる？　階段降りたところのなんとなく地下通路っぽいところでやってた」

――「渋谷地下商店街（しぶちか）」ですね。一人で？

「一人で。なぜ地下でやったんだろう？」

――『蓄音盤』に一曲くらい入っていますか。

「『蓄音盤』を作る前だから。『蓄音盤』に入れたような数少ない持ち歌を一所懸命歌った」

――どうでした？　反応は。

「何やったのかも覚えていない」

――投げ銭みたいなのは？

「投げ銭だとね、だいたい百円とか二百円とか。時々千円とかあって」

――当時の千円といったら？

「結構大きかったよ。そんなことを細々とやっていたくらいで、まぁ大学入ったからいいかくらいの感じ。俺、演劇やったり、そういう方向に行くんだろうって父親は感じてたと思うんだけど。

七一年のとある時期に、『俺、来年ひょっとしたらデビューできるかもしれないから音楽やりたいと思う』と父親に言ったのね。一応そういう道に行きたいと言った」

——そのころはまだ同居されていたのですか。

「うん、横浜で。その時に父親が言った言葉が、『人殺しと、人を支配する側の職業にさえ就かなければ、何をやっても自由だ』と。繰り返すが、この言葉は俺が父親から得た言葉の中では、父親の思想を全部含んでいた。僕に対する姿勢も、人間のヒューマニティに対する姿勢も。

あがた森魚と言ったらある人はアンチ・テーゼっぽく捉えるかもしれない。アンチ・テーゼだって思うこと自体がアンチ・テーゼとも言えるのだが、俺、何か悪いことやってるの？　ってしばしば思うわけだよね。こんなに謙虚に生きているのにどうしてアンチ・テーゼなんだよって（笑）。確かに全共闘の成れの果てみたいなものかもしれないけど、全共闘は俺の中では大きい存在なんだ。ディランと、ウッドストックと、全共闘は横一列に繫がっている」

——いまに至るまで？

「いまに至ってもね。不遜な言い方だが、坂本龍一の他には誰がいるんだろうって時として思う。まあ、他にもいるとは思うけれどね。先日亡くなった、べ平連で活動した山本コウタローにもそういう部分はあった。父親が『好きにやっていいよ』って言ってくれて、結局大学も中退したんだけど、それも『いいよ』って言ってくれて。父親としては不甲斐なかったとは思う。勉強しなかったからどこも受からなくて、じゃあ明大の二部でいいよって、二部に入ったわけね。父親の手前、一年から二年に上がる時に転部試験受けた。倍率十倍くらいあったのに受かっちゃった。その時も父親は『よかった、よかった』ってすごく喜んでくれて。そんなことでも、少しはまともな社会人になろうという姿勢が、父には嬉しかったんだと思う」

——いいお父さんですね。

「いいお父さんです、そう言う意味で。それでも結局それも中退しちゃったわけで。もう一つ父親が言ったのが、俺が歌手になると言った時かな。『おお、そうか。認められたのか。認めてくれる人がいたんだ』みたいな感じ。ちょっと驚いたりしていたけれどね。『お前は机に向かってものを書いたりそういう仕事は似合っているけれど、人前に出て何かやる質《たち》の人間ではないと思うんだけれど』と父親は言っていたから。確かにショウビズ向きの人間ではないよ。機転が効いたり、華やかに何かをやる性分には見えなかったわけだからさ」

――そうでしたか。

「中学校の時、学校の教科書に載っていた『木曽の御嶽山』（木曽節）を家で練習していたら、父親が『お前、歌うまいな』って言ってくれたの、その時。あれ、結構難しい歌じゃない？　木曽のなぁ〜って、こぶしのとき、やや表現力があったらしいんだよね。『こんな難しい歌、お前すごいな』って褒めてくれたのを覚えている。

どさくさに紛れて言っておくけれど、父親と、戦後配給米だけで餓死した判事、山口良忠と、東京オリンピックのマラソン選手、円谷幸吉が、僕の中では三角関係のイメージがあるんだよね。律儀で、融通が利かない。真面目で、一途で。時々そういう父の姿勢が浮かんで、繋がるんだ。父はごく普通の庶民ではあったけど、父親の中にある、ある種の志みたいなもの、一途さやある種の純情さみたいなもの。俺の中にある純情さは父親のそこと通底しているかもしれない」

――円谷選手などは悲壮感さえありますね。

「うちの父には悲壮感はなかったけどね。ゆっくりと淡々とやっていた。善良な人だったよ、とても」

——縮こまっていた？

「縮こまっていたね。父に対してはね。父は俺が三十の時に亡くなったんだけれど、ここからやっと自分の人生が始まると思った。それくらいに父親の存在のプレッシャーは大きかったね（父林吉　一九〇九三月三〇日生、一九八一年三月一〇日没）」

——その時の喪主はお母様だったのですか。

「喪主は母。屋久島で葬儀をした。農作業やっている時に亡くなった」

——おいくつでしたか。

「七十一歳」

——まだお若い。

「当時ではまぁまぁかな」

母の「盧溝橋事件」

——それではお母様のお話を。

「逆に母親のほうが、朗らかに波乱万丈だったと思うよね。波乱万丈といっても社会の表に出て何をしたわけでもないけど（母　操　一九一六年六月二七日生、一九九六年一月二七日没）」

——戦中は満州に？

「そのことも、よく知らないよ、俺は。あの時代のエポック、盧溝橋事件が起きた時（一九三七年）が母の青春のハイライトだったのではないかな。まず、ずばっと言えばさ。その盧溝橋事件の盧溝橋（現・中国北京市）にいたんだよ。母親が二十代で、伴侶となったのが中国人か韓国人の医師だった男性と。結婚したのか。あるいは結婚する前提だったのか、それともやむなくの同じ満州の別の場所からの駆け落ちだったのか。結局どうしたかは知らないけれど、おそらくはいろいろな事情があって二人の関係が認められなくて、駆け落ちしたとも聞いた。相手の人に妻子がいたかどうかはわからない。盧溝橋にまで行けば誰も追ってこないだろうという世紀の大恋愛か？　時節柄、不思議な引力がはたらいてそういうところに吸い寄せられたのか。小さなドラマがそこにあったわけだけれど、はっきりわからないよ。しかも、その伴侶との間に子どもがいたんだ。俺より四つか五つくらい上の兄弟が二人ほどいるんだよ。俺が五十過ぎでそのことを知った時、その兄弟に会いに行こうかと思ったほどだ。二十代三十代の自分だったら探しに行っただろう。会いたいもの。五十過ぎて会いに行かなかったのは、一人の歌い手としてもそういう行動を起こすだけの気力と自信を失っていたからかもしれない。ものすごく会いたかった。いまも、気運が整うならそれでもまだ会いに行ってみたい」

――年をとったということですか。

「行かなかったということ自体、そうだったのかもしれない。九州で日本赤十字の看護婦として従軍していた同僚だった人の証言を宮崎に行った時に聞いて、それから二十年ほど経ってしまったわけだけど」

――お母様から聞いたことは？

「僕には、本人からは一切ない。父親には言ってたんだろうけれど。俺の従兄で一人だけ知っている人がいた。でもその時は従兄からも聞いたわけではない。日赤の時の同僚だった人から聞いた」

――最初に聞いた時はびっくりしましたか。

「びっくりしたというよりも、おもしろいなと思った。お一っと思った。すごいと思った。国を超えて一緒になるとか。そんなことうちの母には関係なく、一人ひとりの、あるいは女性としての人格として。その相手はお医者さんだったと聞いて感銘するものがあった。

母は新聞に連載された湯川秀樹の自伝だか伝記だかを全部スクラップ帳にして僕にくれたことを思い出した。小学生のころ。医療従事者になって欲しいという希望があったんじゃないのかと思う」

――ご両親とも息子たちを良い方向に導こうと。ものすごく熱心ですね。

「古典的な言い方をしたら教育熱心だったとは思う。父親もただ単に厳しく育てようとしただけではなかったと思う。四つ違いの弟と俺がいるわけだよね。なぜ弟はあまり叱られなくて、俺だけ叱られるのか、とある時父に訊いたら、これ名言なんだけれど、『お前はだらしないからだ』って言われたの（笑）」

――名言（笑）。納得いかなかったのではなくて？

「納得いくもいかないも、俺は確かにそうなのかもしれないと。それは大人になるにつれて段々そう思うわけなんだけど（笑）」

――お兄ちゃんだからというわけではなく？

「あまりそんな感じではないんだな。だらしがない。けじめがない奴だからって。いまだにそうなんだろうけどさ（笑）。俺、自分では魯鈍という言葉が好きなの」

――一般的には決していい言葉ではないですけれど。

「『もりお』ってつけたくらいだから『もりろどん』でもいいかなって。日魯の『ろ』だものね。日魯の『魯』に鈍感の『鈍』。俺、どちらかというと魯鈍な人間だなって認識はあるから（笑）。ぼけっとしているし、大人しいし、いつもニヤニヤしているし。教室でも特に目立つ存在でもなかったたし。ボケーっとしている生徒だった。だけどいまの俺と一緒で、結構多面性があってさ。目玉だけキョロキョロしていてさ。いつも好奇心に満ちている顔をしててさ。佐藤敬子先生と嬉しそうにしている写真があったりさ。それがそんな『だらしがない』って言われるほどのことなのかなって、その時自分ではそう思ったくらいで」

――「だらしがない」と言われてしまっては、取りつく島がない（笑）。

「ボーっとしているんだよ。いまもそうだけれど、アグレッシヴなのも、ヒロイックなのも、アヴァン・ギャルドなのも大好きなんだけれど、ボケーっとしていることもまた大好きなんだよな（笑）。だから俺、『音楽表現は時間軸の表現だ』と強く認識するわけ。それほど時間というものが好きなわけ。時間軸に対する欲望が強いんだね。息急《いきせ》き切ったり、ボケーっとしたりして、時間軸と戯れていたいんだね」

――映画もそうですね。

「映画だってそうだね。絵画も小説も結果、表現されたものが時間軸かどうかは微妙なところだけど。小説は、人がひと月かけて読むか一日で読むかはいろいろだろうから」

――歌や映画は物理的な時間を作品そのものが持っていますからね。

「前にも言ったけど、カウント数えて始まったら、五分の曲は五分経ったら終わるわけだ。この時間軸の物理学的厳密さ。実時間としてそれ以上も以下もないわけだから。歌もライヴだから、歌い終わったら終わるわけだよね。その刹那性とその深さがエロティックだったり観念的だったりするんだね。エロティックというか気持ちいいんだよね。やっていることがね。よくセクシャリティと音楽は対比されるけど、『あなた、あなた、あなた』というのと一緒でさ。時間よりセクシャリティそのものがもちろんセクシーなんだな。だからセクシャリティも含んだ時間をたっぷり使いたいんだ。人が二、三分で吟味し終えるものを五分でも十分でも吟味していたいんだよね。昔から、ボケーっとしているようでその実、時間に懐《なつ》いて、抱きついて、もたれかかっていたいんだな、きっと。そういう贅沢が好きなんだな」

――傍からは何を考えているのかわからないわけですね。だから何をぼーっとしているんだとか、お父様からするとだらしないとか、ともすればそんな話になっていくのかな、と。

「そんなにだらしなくなかったはずだけど、言われればいろいろあるわけだよね、きっと」

――お母様はすごく明るい方なのですね。

「八方美人な社交家とも言えるけれど、普段からお愛想ついてあちらこちら行って話し込んで、という人ではない。しかし自分がこれをやるということになったら、それらに対して諸々尽くす。やろうと決めたら朗らかにポジティヴに。モチベーションを持ってやる。そういう意味ではあの時代にはいないタイプ。

生命を授って一番最初になんだかんだで十カ月お腹の中で一緒に暮らして、乳飲み子になり、成人するまで母親からいろいろなものを吸収したわけだから、俺にとっての女性はやっぱり『その人』、つまり母親なんだよね。あ、女性ってこうなんだよなって。普通に社会的に『女性』と言う時とちょっと違うんだな。だから自分には母とか、女性とか言う以前に『同志』『伴侶』なんだよね」

――あがたさんにとって、お母様がやはり女性としての原風景的な存在と言いますか。そのこと、たとえば世に言う「マザコン」みたいなことは関連していますか。

「カジュアルな『マザコン』ではなく、ラディカルな根元的なマザコンなんだろう。大きな意味でね。しかし、影響を与え合うことは大事なことだな。特に男性と女性の間にあってはね」

――あがたさん自身に、そういう意識がなかったとしても……。

「だから『マザコン』なんて意識、全然ないよ。よく覚えているけど、『蛇の目でお迎え嬉しいな』って歌があるくらいで、幼稚園で、雨が降るとお母さんが迎えに来るんだよ。うちの母は仕事していたから来ないわけだよ。でも、逆にそこは誇らしかった。ちょっとの雨くらいなんぼのもんだいって、濡れながらうちに帰った記憶があるけどさ。カジュアルな『マザコン』なんて要らなかったさ」

――専業主婦ではなく職業婦人であったところがむしろ誇らしかった？

「そうだね。ああいいなと思った。うちの母親のほうがかっこいいなって思った」

――それはすごいですよね。幼稚園ならまだ五歳くらいでしょう？

「自惚れで言うのではないけど、過剰にかまわれすぎないその置かれているシチュエーションそのものがいいなと思った」

――四つ違いの弟さんがいま屋久島にお住まいだと伺ったのですが、どうなんですか、兄弟の交流というのは……？

「うん、これもね。ひと言で言えば、自分を美化してしまっている部分もあるかもしれないけど、僕は、は弟をとても大事にしている。いまも昔も。兄弟喧嘩は成人してから多少はあったけど。弟が生まれる時、お産婆さんが来て取り上げているところの風景を憶えているし、嬉しかったし。弟扱い子分扱いしたわけではないんだけれど、よく遊んだし。

よく覚えているのは一九五〇年代の終わり頃、青森に『松木屋』という大きなデパートがあって、そこの向かいにバスターミナルができたのね。当時で言えばちょっとハイカラなんだけど、そのバス・ターミナルのところにデパートの食堂みたいな大きな食堂ができて、弟を連れて行った。俺は小学校五年か六年くらい。弟が一年か二年か、それくらいのころ。そうしたら、ウエイトレスのお姉さんがすごく褒めてくれた。『お利口だね。二人だけなの？　どうしたの？』って。子どもだけで来ているなんて滅多にないわけだからさ。俺は別に気取ってみようとか、大人ぶってみようとか思ったわけではなくて、なんとなく弟を連れて二人で食事したいなと思った。ただ、それだけだったんだよね。これも一つの家族連れのスタイルだ、ぐらいのね」

——それはお母さんから頼まれたわけではないということですね。

「ちょっと今日、お母さん一緒に行けないけれど、お小遣いあげるから行っておいで、というのではなかった気がする。多分オープンして一度くらいは家族で行ったんだよね。すごく楽しい思い出があるから。で、今度は弟連れて行ってみようと素朴に思って行ったんだよね」

——とりあえず様子がわかっていていいところだから、行ってみた？

「うん。余談だけど、その同じバス・ターミナルの食堂で、はっきり覚えているのは六年生の時ちょうど一九六〇年なんだけど、記憶違いでなければ食堂にテレビがあったわけ。家族一緒にご飯食べてたら、国会前のデモで、『東大の女子大生が一人亡くなりました』ってニュースをやっていた」

――ブントの活動家・樺美智子《かんば》が警官隊と衝突して死亡した。

「樺美智子さん。悲しかった。小学校六年生にはすごく辛かった。悲しかったと言うより、同時に怖かった。どう怖かったかと言うと、戦争が起きるのかなと。内乱、内戦という概念もわからないよ。なぜ、同じ日本人同士、人間同士が……。わかんないよ。戦争が始まるのかな。なんだかわからない。一年に二回か三回くらいの非日常な楽しい場所で、そういうのを見てしまった」

――外国との間だったら、戦争という事態があるのはまだわかりやすいけれども、日本人同士ですからね。

「しかも若い人たちがね」

――なんでだって思いますよ、それは。

「だからね、もしかすると戦争が始まるかと思ったの。それがすっごく怖かったの。なぜ怖かったか。子どもながらに徴兵制とかああいうものがいつかは、ね。戦時中のようにそういうふうになって、戦場に駆り出されたら、俺は絶対に行きたくないって子どもながらに思っていたから。だからものすごく辛かった。もう一つ、子どもながらに思っていたのは、結婚しても結婚式だけは絶対にしたくないと。あんなに恥ずかしいことは絶対にしたくない。戦争に行くことと、結婚式を挙げること、この二つだけは(笑)」

――小学校のころから思っていたのですか。

「思っていた。小学校五年生の時に、親戚が結婚した。神前結婚式。男の人は紋付袴で、女の人は角隠しで。お嫁さんの後ろにはお稚児さんみたいな女の子がついて、俺は新郎のほうのお稚児さんみたいなのをやらされて後ろから静々《しずしず》とついて行って、三三九度を注ぐのもやらされたんだよ。それをエロティックに感じたわけ。なぜかそういうことに敏感で。いやらしい儀式やっているな、よくこんな恥ずかしいことを人前で……って思った（笑）。結婚するってこういうことなのかなって。やだなぁ。俺、結婚式だけは絶対にしたくないなって強く思ったわけ」

――映画『ブリキの太鼓』のオスカルにも通じるものを感じますね。少年としての感受性の強さ。

「あぁ、そうそう。お母ちゃんのスカートの中でイメージしたりとかね。あそこまでおませじゃないんだけれど。気恥ずかしいなって感じがした。こんな式をわざわざやる必要ないって」

――普通はそれが厳粛ということになっているのでしょうけれど。

「よくわかるし、否定はしないし。反発するものでは全くないし、そういうロマンティック大好きなんだけれどね。俺はヤダぞうっ!! と（笑）」

――ええ。

「弟の話に戻ると、いまも屋久島で農家をやっていて、休業状態なんだけど、以前はペンションをやっていて。それは母と父の理念だったんだけれど。父も亡くなり母も亡くなりいまはともかくオーガニックな農業をやって、そういう生活をしたいということで、全国いろいろなところを探して、漢方薬の『恵命我神散』の流れもあって屋久島に土地を得たわけ。弟は屋久島に行ったけれど、俺は行かなかった。弟はオーガニックなものに意識が強いというか、俺もどちらかというとオーガニックな感性を求めているのだが、東京に上京してきてから、そういう意識のある生活環境ももちろん持っていたからね。だけど弟はさらに強くて、ムサビ（武蔵野美術大学）を卒業したけれど、美術関係ではなく、屋久島行って、農業の人間になってしまうわけ。ともかく、褒めすぎかもしれないが、志も強く、ヒューマニティがあって心優しいんだよね、うちの弟は」

──子どものころからですか。

「優しい子だった」

──兄弟喧嘩は？

「象徴的なのは青森時代、小学校五年前後のころに、なんかの弾みで喧嘩したんだよ。あまり弟と喧嘩したことがない中で、理由は憶えちゃいないんだけど、弟をぶん殴ったんだよ。とにかく。『この野郎！』とか言って」

──泣かした？

「泣かなかった。抵抗も反論もしないし、逆襲もしてこなかった。癪に触ってまた殴ったんだよ。三回か四回くらい、一方的に殴りつけたんだよ。その時は俺が昂ぶっていたから、わからないままにそうなってしまって。でも、後からずーっとその光景が目に浮かぶわけ。ああいう弟がいたから、良くも悪くも兄弟喧嘩にならない。達観していたのか、普通に彼は彼の振る舞いをしていただけなんだよ。おそらくね。そうすると兄弟喧嘩も社会勉強なわけだから、喧嘩の作法も俺たち学ばないわけだよ。そういう弟だったんだよね。それに小さい時から肉食をしないわけだよ。なんだかわからないけどね」

──それはご両親の？

「特にそういうふうに躾《しつ》けているわけではないんだよ。あのころ肉食ってそう多くはなかった。特にうちは魚が中心で、肉と言うと、時折すき焼きするかどうか。そんなもんだった」

──すき焼きくらいはごくたまに食べた？

「食べたよ。だから別に宗教的な理由なんてことではないんだよね。むしろ、オーガニックな食環境から入っていったということがある。そうすると、あまり動物系のものは摂らないほうがいい。うちの弟はそもそもが、ヴェジタリアン的な体質の人だったわけだけど。だから美化するとかそういうこと以前に、見るからに心優しいし、いまだにそう。俺以上に物静かで理性的。農業をしながらいまも屋久島で生活しているわけです」

――最後に会ったのはいつですか。

「ここんところだいぶ空いているよね。もう何年も経つよ。父母が生きていた頃は、屋久島に四季折々行っていた時期もあるし、そのころは年に何回か。俺が六十歳になった時、ツアーで屋久島へ行ったよね。それから下手するともう十年以上も行ってないかもしれない」

――屋久島はなかなかすごいところなのでしょうね。

「九州と言ったら阿蘇山や桜島だけど、屋久島の宮之浦岳というのが二千メートル級かな。九州で一番高いのがそこなんだよね。島全体の面積は大きくないんだけど、島自体が山岳で、水が豊富。外国船が屋久島でタンカーの物資を下ろして屋久島の水を汲んで帰るというくらいで」

――ご両親が屋久島に行かれたのは恵命我神散の関係ですか？

「屋久島を選んだのは、珍しく父親から発想した部分もあった。母親からしたら、故郷の宮崎に帰るというのでもなく、本来のもうちょっと自然と親しめる環境のところで農業をやったりして暮らしたいというね。老後だからってことではなくて、農業を中心にして、考え方、生き方の方向性としてそういう場所ややり方を選びたいというのが父も母も強くあって。もちろん、弟にも」

――みなさんがそういう考え方なのですね。

「世俗にまみれているのは俺だけでさ（笑）。俺は東京から離れたくなかったから、多くのアーティストのいる東京で音楽やりたかったから、行かなかったけど。だから、そういう場所を、信州でも探したり、東北でも探したりしていたんだけど、なんかの弾みで屋久島になった。そもそもはオーガニックな有機農法をやりたいということで、行って、理念としてはまず自分たちがそこで生活したいということだったから。もう一つはペンションをやって、曲がりなりにも経営して、都会というか、あの時代の普通の生活を送っている人たちで、病気とか精神的にストレスを抱えている人とかが一週間でも一カ月でも、裸足で畑に入って農作業やって、自然と親しんでまた癒されて帰っていく。そういう人たちと交流する場を作りたいというのがあったはずで」

――それで心身共に健康になってもらえればということですか。湯治場にある温泉ではないですけど、そこにしばらくいて、体にいいものを飲み食いしながら、この環境の中でしばらく過ごしてもらって、少しは元気になれば……。そういうことでペンションなのでしょうか。

「母は、実際に助産師もして、そこでお産をした人もたくさんいた。だからオーガニックな生活全体とそこで関わりたいというね。屋久島はいろんな意味で素晴らしい場所だったと言えます」

――ええ。

「そういう理念で入ったから、米から野菜から作っていて、漢方の莪蒁《がじゅつ》（恵命我神散の原料）も引き受けて栽培している。僕も屋久島に行くと、畑に素足で入って、いろいろな作業をやってお昼は玄米のおにぎり食べて……。それは言うまでもなく、贅沢で幸福な時間だよね」

――ちなみにペンションはまだやっておられる？

「家屋は残っている。母親が亡くなったのが大きかったかな。すごく包容力のある人だったから、母親に会いたくて来る人やその工ネルギーに吸い寄せられて来ている人たちがたくさんいました。

自分が子どもだった時と、うちの娘、朔《さく》が子どもだった時に、いつもふっと思い浮かぶ二つの光景があるんだ。それはまさに俺だなと思うんだけども。

小樽時代、俺がまだ小学校に入る前だった気がするんだけども、三、四歳のころかな、ふーっと記憶にあるんだよ、その時の。父と母が、二人揃って外出してたんだよ。半日ぐらいして家に帰ってきたんだよ、ちゃんと玄関には鍵がかかっていて、俺はベッドの上にいた記憶がある。で、玩具か絵本かで一人で楽しく遊んでた記憶があるわけ。

しばらく経って、ふっと気づいたら玄関でガチャガチャっていう音がね。昔あったでしょ、ねじ込み式の鍵、あれが開く音がしたの。だから、あっ、帰ってきたなってわかるわけだよね。ガラッと開いて父と母が『もりおちゃん、ただいま!』って、ふっと玄関に入ってきた途端、カチンってスイッチが入ったようにギャーって泣いたんだ。寂しがらずに一人で自分の世界で楽しんでお留守番してたのに、父と母が玄関に入ってきた瞬間、『わぁー!』って。自分の存在を示したわけだよね」

――自分の空想世界をふいに壊されたことに対する抵抗のようなものなのですか。

「全くそれではないの。カチンと自分のスイッチが変わって、あっ、帰ってきたっていう安堵感もあるかもしれないね。本当は寂しかったのかもしれない。いろんな要素があるけれども、でもたぶん、自分がここにいる、あるいは帰ってきてくれてうれしかった、うれしかったとか、一人にされてひどかったとかいろんな要素を含みつつも、俺はここにいるよって示したくて、泣いたのではないかと。それもいまの質問も混ぜ繰り返されるように、それこそ単純に理屈で説明できるものじゃなくて、子が自ずから自己保存本能、種の保存本能の役割を果たすために親に自分の存在をアピールするという本能的な営みだったのではないかと思うわけ。あるいは、母父への形容しきれない巨大なる郷愁。そこから発している以上でも以下でもないんじゃないかな」

——七十年近く前の記憶だと思うのですが、鮮明ですね。

「光景まで浮かぶよ。俺がベッドの上にいたのをはっきり覚えてる。

もう一つ対比すると、娘が川口で小学校に入る一～二年前、三歳か四歳ぐらいだったかな。近くの保育園に春から通うことになって、朔も個性がありながら、他のお子さんと違わない女児だったわけだけども。その日は初めての日で、まず、みんなとご挨拶するなど交流があって、父兄は朝礼みたいなものが終わったら帰るわけだよ。

で、俺たちが『じゃあ朔ちゃん、元気でね』なんて言って僕らだけ引き揚げようとした瞬間に、踵《きびす》を返して、ガアーッて泣きながら『置いてかないでー！』って勢いで走ってきた。そんな態度、一度も示したことないんだよ。いつも親がそばにいようがいまいが、全く気にしないで生活してたのね。散歩してても、ちょっと離れたりして、まとわりついてくるわけでもなかったのに」

——あがたさんと同じころのことですよね。

「ほぼ似たような年ごろだね。しかもあわてて飛んできたから、ずっこけながらも、また、走ってくるわけだよ。約十九年の彼女との交流の中で、あんなに愛おしいというか、人間ってこういうことなんだなって一番示された瞬間であり、朔からそれを発せられた、いままでそれ以上も以下もないぐらいの瞬間であり出来事だった。俺にとってはね。その一つを見ただけで人間って愛おしい存在だなぁって。つまり、一生これかもしれないなって思ったわけで」

証言6

宇宙も、個人も、世界も、あがたさんの中では全部等価で、同じように時間が流れている。

森達也

◉映画監督、作家

あがた森魚さんとは僕が二十六、七歳のころからです。当時僕は芝居をやっていて、青山ベルコモンズで知り合いがプロデュース公演やると。北村想さんが戯曲を書き下ろした脚本で、巻上公一さんが主役だった。僕は何人かいる脇の一人で、生バンドが入るんですが、そこでヴァージンVSが入って、稲垣足穂にちなんだ「スターカッスル星の夜の爆発」を歌ったんですね。名前があがた森魚じゃないから最初わからなかったけど、どうみてもあがた森魚だよなと思って。それが初めてでした。

その後にいろいろあって、僕は林海象の『夢見るように眠りたい』に出る予定だったんだけど、怪我をして出られなくなって、佐野史郎君に代わったんですね。だから、演技力もなければ運もないって気づいた。八年やって役者の道を諦めました。そのときにあがたさんを海象監督に紹介しています。

あがたさんはまず、第一にミュージシャンとして僕はファンですね。曲がもう本当に圧倒的に好きですし、声も好きだし、シンガー・ソングライターとしては凄い。大好きな人です。昔からそうですね。知り合ったのはヴァージンVSのころですが、貧乏だけどCDを買って一生懸命聴いていたような記憶があります。だから、ライヴもできるだけ行ってました。

あがたさんはまず、やっぱり、内的世界が圧倒的ですよね。時空の概念みたいなものがね。独特と言えば独特なんですけど、ちょっとサイエンティフィックな言い方をしたら、非常に量子論的みたいなね。

つまり光子とか電子とかっていうのは粒子でありながら波でもあるわけですよね。で、ここにいるかと思うとあっちにも同時に存在しているという。時間が逆に、こっちでは相対論だけど、要するに時空が歪んだりね。速く動くと時間が遅くなるとか。たぶん、あがたさんはそんなに詳しいわけじゃないと思うけれど、まぁ稲垣足穂的でもあるんでしょうね。だから、そういう内的世界。

時間についても、例えば歌で言えば、「月まで歩いて10年ちょっと　太陽コロゲテ　46億年」(「太陽コロゲテ46億年」/『佐藤敬子先生はザンコクな人ですけど』収録)。あれはシンボリックだけど、なんか、宇宙も、個人も、世界も、あがたさんの中では全部等価で、同じように時間が流れる。でも、同じように時間は反転する。そんな感じです。独特ですよね！　独特だけど、結構真理に近いのかなぁと思わせる。彼の持つ、そういうポエジーな内的世界というのが大好きです。

それと、直接的な言葉使いってのはしたがらないところがある。それは僕もそうなんです。表現する人は皆そうだろうと思うんだけど、スローガンはしたくないわけね。例えば「戦争はやめろ！」っていうのはスローガンですね。だからそれをどうやって表現するかってなると、ついつい力んで思わず口走ってしまって後悔するんだけど、その辺りは見事ですよね。話すと、いろんなものが彼の中にあるのはわかるんだけど、それを表現のレヴェルでは絶対ストレートに出さない。

さまざまなものがいろんなところから湧き出してくるから、それをコンパクトにまとめて伝えるみたいなことはなかなかできないかもしれないけど、だからこそ時に鋭くえぐる場合もある。アルバム『雷蔵参上』の中に曲のタイトルは忘れちゃったんだけど、ウクライナの歌があるんです。「バラライカ三角ギター　ウクライナ〜」(「雪割草と青い麦藁」)。僕、この曲が大好きで、ロシアとウクライナの戦争が始まったら、思わずYouTubeのリンクを貼ってTwitterに上げちゃいました。「あがた森魚の珠玉の名曲を聴け！」って。そうしたら、かなりリツイートされてね。「こんな曲があったんだ」と。

彼は映画も好きでしょ。まぁ本音を言うと、映画なんかに手を出さずミュージシャンだけでやればいいのにとは思っていたし、いまも思っているところはちょっとある。でも今更、もうこれがあがた森魚なんだろうなっていう、音楽だけではどうしても収まり切れない何かがあったんだろうなと思いますしね。彼はずっと子どものころから映画が大好きだったわけですし。言わせてもらえば、それはとんでもない失敗作もあれば、まぁそこそこ見られる映画もあるしということですね。

実は、あがたさんと知り合って二本の映画に主演で出てくれって言われて、二本とももういつの間にか消えています。映像は僕の手元にまだあります。要するに、彼はこれがやりたいと言って、本を書いて、「森君、これは今度やるよ」と言って、スタッフを集めて撮影を始めたと思ったら、しばらく経って「これがやりたい」って言って、別のを持ってくる。で、「これはちょっとこっちへ置いといてこれをやろう」って言い出して、また「森君、今度はこういうのだ」って言って、また、それをやって、また、しばらくしたら急になんかどっか旅に出ちゃって。周りは振り回されていましたね。僕はスタッフじゃないから、それを半分楽しんでましたけど。でもまぁ、それもあがた森魚の業であるわけで、それがなくなったらあがた森魚じゃないなと思います。

あがたさんの場合はもちろん才能がベースだけど、四割くらいは業。持って生まれた才能に、持って生まれた業みたいなものがうまく化学反応しているという気がしますね。あの業がなかったらやっぱり、僕も惹かれるようなミュージシャンになってないと思う。

まぁ、普通じゃない人がみんなああいう表現ができるかって言ったら、もちろんそうじゃない。だからいろんなものが符合してるでしょうし、大事なところはやっぱりあがたさんのピュリファイされてるところ。純潔性は絶対あるんですね。それがないともっと荒んだものになっちゃう。

僕が以前監修したあがたさんの映画（『あがた森魚ややデラックス』竹藤佳世監督）でムーンライダーズの鈴木慶一さんにインタヴューしたんです。そうしたら、鈴木さんは「あがた君は脳内暴力度が高い」って言った。これは名言だと思いました。それはその通りで、フィジカルな暴力性は全然ないんだけど、頭の中はほんと、ヴァイオレンスなんだろうなって感じがします。

じゃあ最後に、あがたさんとは初めて出会ったころ、一人の女性を巡って……ということもありましたが、ここはいいほうの話をします。

ある夜、当時住んでた中目黒のアパートまであがたさんが来て、「森君、時間ある？　いまからお酒飲みに行こうよ」と。行ったら年配の女性がいて、いまにして思うと、あがたさんのスポンサー的な方かなと。変な意味じゃなくて。あがたさんが気を使っていたので、そう思いました。僕の勝手な妄想ですけど。そこはクラブほどじゃないけど、ピアノがあったんですね。で、年配の方が「ねぇあがた君、一曲歌ってよ」と言って。普段のあがたさんなら、さらりと断る場合が多いんだけど、その時は「じゃあ一曲やろうか」ってピアノの前に座って『いとしの第六惑星』を歌い出した。そうしたら隣のテーブルのサラリーマンっぽい男が、曲の「帰りたくない」というサビのところで、「じゃあ、帰らなきゃいいじゃないか」って野次を飛ばすわけ。最初は我慢して聞いていたけど、何度も同じことを言う。あがたさんは全然動ぜずに歌ってるんだけども、「ふざけんなあいつら」って思って、僕が瓶をもって立ち上がろうとした時、その年配の方が僕の膝をポンと叩いて、耳元で「我慢しなさい。あがたさんも我慢してんのよ」って言ったんです。あがたさんは淡々とずっと歌っていて、その時の演奏がまた、すごく良くて。僕がまだ、芝居をやめる前の話ですけどね。

もり・たつや　一九五六年、広島県生まれ。
立教大学法学部入学後、俳優などを経てテレビ番組制作会社に入社。一九九八年、オウム真理教の荒木浩を主人公とするドキュメンタリー映画『A』を公開、各国映画祭に出品し、海外でも高い評価を受ける。二〇〇一年の続編『A2』で、山形国際ドキュメンタリー映画祭で特別賞・市民賞受賞。以降、執筆を続けながら、フリーランスのディレクターとして『放送禁止歌』『1999年のよだかの星』『ドキュメンタリーは嘘をつく』などテレビ・ドキュメンタリーの制作も並行する。著書多数。近著に『千代田区一番一号のラビリンス』。現在、約百年前の関東大震災時に起こった『福田村事件』の劇映画化に取り組んでいる。

第七章 ◉ ヴァージンVSと雷蔵

上：1981年　ヴァージンVS 結成（シングル盤ジャケットより）
下：1989年　雷蔵 結成

変幻の十年〜ヴァージンVSのはじまり

ヴァージンVSは、「A児」ことあがた森魚をヴォーカルとするニュー・ウェイヴ・バンドだ。一九八一年のデビューから八四年に解散するまで、活動期間は正味三年ほどだったが、時代を彩ったバンドとして、また、あがた自身がデビュー曲『赤色エレジー』のイメージからの脱却を試行したという意味でも非常に興味深いキャリアであった。

彼らが登場する少し前から音楽シーンは大きく変わっていた。その標石を示すとすれば、やはり一九七九年になるだろう。

前年十一月、細野晴臣、高橋幸宏、坂本龍一がデビュー・アルバム『イエロー・マジック・オーケストラ』を発売。このYMOの楽曲と存在がテクノ／ニュー・ウェイヴのムーヴメントを喚起。翌年には堰を切ったようにユニークなバンドがレコード・デビューした。ヒカシュー、プラスチックス、P－MODEL、8½、アーント・サリー、そして、S－KENをはじめとする東京ロッカーズの面々（フリクション、リザード、ミスター・カイト、ミラーズ）……。

また、欧米からはクラウト・ロックに端を発する独（当時、西独）・デュッセルドルフのクラフト・ワークと米・オハイオ州アクロン出身のディーヴォがテクノ・ポップの文脈で人気を得、国内のバンドに強い影響を与えていた。また、英国を中心にジョイ・ディヴィジョンやザ・ポップ・グループなどポスト・パンクと称されるバンドが台頭した。

そんな流れの中、あがたは超大作『永遠の遠国』に取り組んだまま、まず、ヴァージンVSへと繋がっていく一つの柱となるアルバムを作った。それが『乗物図鑑』だ。発売元は、音楽雑誌

「ロック・マガジン」編集長として知られ、連動するかたちでインディー・レーベルを設立し、アーント・サリーやEP－4（佐藤薫）らのアルバムを手がけた阿木譲（二〇一八年没）のヴァニティ・レコードである。当初は三百枚限定で発売されたこともあって、ファンの間では「幻の名盤」として争奪戦が繰り広げられたという。

永遠製菓発行の「永遠の遠国ニュース」第三号（一九八一年五月二六日発行）においてあがたは書いている。

「あがた森魚が『はちみつぱい』なんかと一緒に、遠藤賢司であったり、友部正人であったり、高田渡であったり、三上寛であったり……とか云ったメンバーと持ち合った空間はもうありえないのだろうか。決してノスタルジーではなく、それは吉田拓郎とであったっていいのだ。泉谷しげるとであったっていいのだ。あの時間に我々が共有したものが必然としてのエネルギーであったら再び作業を共にする時が来るだろう」

あがたはこの時三十二歳だが、デビューした九年前からかなり遠い地平・地点に降り立っていることを匂わせている。『赤色エレジー』から『乗物図鑑』、そしてヴァージンVSに至る極端なメタモルフォシスはその間、濃厚で、共時性に富んだ数々の出来事を体験したことを想像させる。また、『乗物図鑑』にみられる初期衝動のほとばしりからすると、このころすでに大きな転換期を迎えていたと考えられるだろう。

ところで、ヴァージンVSのバンドメンバーは以下の通り。

A児（あがた森魚）：ヴォーカル、ひかる：コーラス、リッツ：コーラス、木村しんぺい：ドラムス（一九八二～）、三科まさる：ドラムス（～一九八二）、久保田さちお：ギター、ライオ

ン・メリィ：キーボード、土田まこと（ツッチー・マコト）：ベース
このメンバーで、ニュー・ウェイヴ・ポップ・バンドとして登場。フロント・マンのA児は金ピカのジャンプスーツにサングラスというファッションで、メンバー全員がメーキャップをしていた。含羞と韜晦《とうかい》を帯びた「ブリキ・ロック」というコンセプトに相応しい傾奇《かぶき》っぷりである。

ヴァージンVSの出だしは順調で、決して長いとは言えないキャリアの中で密かなセンセーションを巻き起こした。

「ロンリー・ローラー」「夢のラジオシティ」「コズミック・サイクラー」「星空サイクリング」などは、テレビドラマ『探偵同盟』、アニメーション『みゆき』や『うる星やつら』、映画『うる星やつら オンリー・ユー』などの主題歌や挿入歌として広く親しまれることになった。

――元ヴァージンVSの関端ひかるさん、「エンケンまつり」で久しぶりにお顔を見ました。

「はい。彼女はヴァージンVSももちろんそうだし、僕を取り巻く人間関係というか、表現者関係と諸々の交流を持った数少ない一人だよね。しかも、僕一個人的には、矢野顕子さんに始まり、素晴らしい女性ミュージシャンたちと交流を持ったけれど、個人的に深い交流を持った人はそんなにいないですからね。関端ひかるさんは僕の歴史の中では貴重なんですよ（笑）」

――公の部分ではいろいろとおつき合いがあるとしても、「私」の部分では……。

「ある意味ではアッコちゃんのほうが、当時は矢野誠さんと一緒だったということもあって、お宅を訪ねて一緒に音作りをしたこともありました」

――関端さんについて伺います。単なるお友だち以上のおつき合いとして、ヴァージンVSの活動中はほぼ一緒にいたというか。そんな感じになるわけですか。

「俺の得意な言葉で言うと、気配のある人だった。ひかるさんには不思議な、人への当たりの柔らかさや懐の深さみたいなものがあるんだね。第三者に対してのめり込むでもなく拒絶するでもなく、実に飄々として、やや天然性も含み、人への対応が非常に温かい。絶妙に不思議なスタンスで、彼女の住んでいた茨城市を訪ねたり、東京へも遊びに来てもらったりしながら、どんどん親しみが増した。

僕なりの創意・創作の中で、彼女はギターを弾くわけでなし、サックスを吹いたけれども、そこで音楽的な創造性が特に大きく広がったわけではない。ただ、僕が新しい曲作ったりして、折に触れ一緒にコーラスをやってくれたりした。そのコーラスはイマジネイティヴといったら大袈裟だけれど、そういうものを触発してくれたし、何よりやってて楽しかった。さりげなく音楽性を充足させてくれるという意味で、一緒に歌ってくれることは、幸福だった」

——具体的に何がどうというより存在感そのものが？

「理屈抜きに。関端さんは一人の女性として、たった一つコーラスを歌ってくれただけで、そこに小さなオーケストラがいたかもしれないくらいにね。そう感じさせてくれた」

——関端さんは、ヴァージンVSがプロ・ミュージシャンとしてのキャリアの始まりですか。

「形式としてはそういうことです。キティ・レコードから一応デビューしたわけだから」

——デビュー以降一人でやってこられたわけですが、当初のはちみつぱいとのやりとりや経緯などを考えると、なぜ、また、ヴァージンVSというバンドをやろうと思ったのですか。

「デビューから十年近い月日が流れて、『赤色エレジー』のあがた森魚から脱却したかった。なんとしてでも一度クリアしたかった。七九年に、三枚組の『永遠の遠国』を作って、日本を離れたかった。それが完成しなかった。そこが一つの分かれ目ではあった。『永遠の遠国』未完のまま、大阪の『ヴァニティ』で同じく七九年に『乗物図鑑』を作った。これはまた一方で、大きな突破口になった。それをバンドでやろうとしてヴァージンVSをイメージした。引き続き三浦光紀さんと、新しくできた『ジャパンレコード』でやろうと思ったけど、曲折があって、多賀英典さんの『キティ・レコード』でやることになった。そして所属事務所も『キティ』になった。そこでもやっぱり大きい事務所に入るか、それとも自営業でやるかという実情が生じる。大きい会社に入れば給料をもらえて定期収入も得られるから生活も安定するし、肩書きもつくし、楽かなと思ったところがあった。非常に安直に。現実には、その都度メンバーを集める、かつ音楽を分かち合う有志のいない厳しさがあった。はちみつぱいの存在がいかに大きかったかを改めて知った。ともかくメンバー集めが大変だった。名前は挙げないけど、ネームヴァリューとかキャリアとかけっこう大きい人から、まだ無名の人たちまで、随分といろいろな人に会った」

——それはミュージシャンですか。

「そう。メンバーを集める作業として。でも、なかなか出会えず、しっくり行かず。だから僕はひかるさんと出会って、二人でマイペースでやるんでもよかった。その都度ベースやパーカッションやってもらったり。あともう一人くらいギターいたら、できた活動でもあった。そう言うとヴァージンVSのメンバーに失礼になるけど、きっとそういうものでもよかった。だけど、ひかるさんと僕とで、デュオをやるということはどうなんだろうって考えた。いろいろなイメージも含めてね。けれどもバンドで一体感のあるものをやりたい気持ち強くもあった。

あの時代から言ったら、テクノ・ポップ。クラフト・ワーク、イエロー・マジック・オーケストラの延長線上に俺たちの独自の発想で、俺たちなりのニュー・ウェイヴ・ポップみたいなことをやりたいなっていう気持ち強くもあった。それがまさにヴァージンVSだった。そういう感性の人を僕は随分探したし、集めようとした。だけど、これが不思議なほどいなかった。誤解を恐れずに言うと、魅力あるアーティストやバンドに対抗して、アンチや二番煎じでバンドを作る気は僕にはないからさ。対抗して、作戦を練ってバンドのメンバーを集めようというのはなかった」

――おもしろいものができそうな予感や自信のようなものはありましたか。

「実は一方で、一緒にやりたかったのはライオン・メリィさんだった。ライヴもままあったし、デビュー当時ほどではなかったにせよ、テレビの歌番組に呼ばれることもあるわけ。そうした場合に、ミュージシャンがいない。当時はちみつぱいのフォロワー的バンドでメトロファルスがいて。センチメンタル・シティ・ロマンスもいたけど、東京で一番近いのは伊藤ヨタロウさんのメトロファルスだった。ここにいたのが、ライオン・メリィさん。いいキーボード弾くんだよ。こういう人あまりいないなと思った。だから一番最初に声をかけたのはメリィさんだった」

――関端さんの次に？

「そう。ギターがなかなかいなかった。でもキーボードもいなくて、欲しいと思った。それからニュー・ウェイヴ的な音を出すベース、ドラムはいて欲しいと思った。メリィさんもいろいろな意味でキーマンだった。そして、ギターで参加した久保田さちお君もキーマンだった。さちお君が連れてきた木村しんぺいというドラムスも大事だった。ベーシストがなかなか決まらなかった。ベースには土田まこと君が入ったんだけれど、本当はメトロファルスにいた光永巌。彼もキーマンなんだよね。二、三人オーディションして、光永君とツッチー（土田まこと）ともう一人か二人くらい。僕は光永君でいきたかったけど、メリィさんにとっては、積極的にウェルカムじゃなかったようにも思えた。すでにメトロファルスで一緒にやっているからって理由もあったのかもしれない。それで僕は光永君を諦めた」

——ヴァージンVSは二〇二一年で四十周年でしたね。

「そうだね。ともかく、デビュー曲の『ロンリー・ローラー』がTVドラマの主題歌になりヒットしたというのもあり、ヴァージンVSにも多くのファンがついた。でも『赤色エレジー』から来た人は戸惑ったかもしれない。なぜ『赤色エレジー』がヴァージンVSになったのか。『そう来たか、なるほど。全然違っておもしろい！』と思ってくれた部分もあったと思う。けど、ちょっとズレちゃった部分もあった。たとえば宇宙服みたいなものを着て僕が出て行って、コーラスのひかるさんとリッツさんがロンドンで流行っていたメイドのエプロンつけて出たりとか。みんなお化粧しているし。テクノ・ポップなバンド（笑）」

——音楽はちゃんとやりながらも、キッチュな味わいがありましたね。

「俺はサングラスまでして。敢えて『A児』と名乗った。俺、『赤色エレジー』じゃないよって。俺の七〇年代をクリアしたいという思いまでもが突発的に出てしまったのが、ヴァージンVSでもあった」

——コスチュームもあがたさんのアイディアですよね？

「東宝の特撮物の『地球防衛軍』とかああいう映画のキャラクターを引用しようと思ったんだけどね、自分の一方的なイメージ・コンセプトとしては」

——あれはオーダーして作ったのですか。

「そこら辺に転がっているのを買ってきた。予算はなかったし、オーダーした記憶もない」

――かなり奇抜なコスチュームですよね。

「だからね。あまりその辺のことを語りたいわけではなくて。『そうでしたよ』としか。でも『あがた森魚』から逃れるためにはどうしたらいいか。三拍子で俯いてジンタ歌っているんじゃないんだよということを、どうやったら新しいイメージとして展開できるかなという思いは、デビューしたその瞬間からあった。その取っかかりになった出来事や試行錯誤はいっぱいあった……」

――「赤色エレジー」の存在が、いろんな意味であがたさんのイメージを決定づけた。

「そう。話がデビューした一九七二年に戻るけど、その年一〇月一〇日の『聖フォーク祭』（杉田二郎、頭脳警察、友部正人他出演）。小春日和の気持ちの良い日。とにかく日比谷の野外音楽堂が超満員なわけだよ。

　自分の出番が終わったら、俺も会場の後ろの方に座って観ていたわけ。フランクな時代だよね。演奏が終わるごとに、大して音楽聴いてる様子もなくうろちょろしている奴がたくさんいる。そうするとさ、五割以上の男の子たちが下駄履いてんの。会場中。現象や流行というのはこれなんだなってまざまざと思ったよ。確かにこういうところで最初に下駄履いたのは俺だったかもしれないんだけどね。

『群集心理』とか『全体主義』とかさ、誰かが『こっち！』って言うとみんながゾロゾロついて行くようなな。人間ってこれなんだなぁって、その時思った。個人的にはみんなが俺の真似をしようとしている。ボブ・ディランに憧れてデビューした俺が、それから一年も経たないでそんな現象を体現しているわけだよ。どうでもいいような部分であるとは言えね」

——非常にわかりやすい。

「わかりやすい。人間って無邪気だなぁ、馬鹿だな、愛らしいなって。いろいろ感じ取った」

——下駄を履いて来た人は、自分もファンだよということを外に向かってアピールすることで、ファンであるという感覚を噛みしめている。加えて、この現場で一体感を持ちたい、と。

「だからね、こんなことやってちゃいけないって思った。自分のナルシシズムとしては不愉快ではないんだよ。僕のエピゴーネンがそこにいるということは。むしろ、ちょっとヒロイックで、不思議議な気分。認められ、親しまれていることがうれしいような。俺も後ろの方に座って、下駄履きの彼らと一緒にコンサートを聴いていた」

——目に浮かびます。私も学生時代には照明の仕事をやっていたので、日比谷野音へは何度も行きましたから。でも、その人たちの大半は〝あがたルック〟をやりたかっただけで、普段は下駄なんか履いていないと思いますよ。

「そうかもしれないね。まさに下駄箱の隅っこにはあってもさ。だから、こんなものの片棒を担ぎ続けちゃいけないなってその時思ったんだ。『清怨夜曲』の時には燕尾服を着たり、わざと違う格好をして。そこもまた、期待を裏切ったり、裏目に出た部分があったんだろうけれど」

——裏目とは？

「もう既成イメージができてるあがた森魚のまんまでやればいいのに、なんでそんな違う格好をするのか。タンゴをやるってこと自体さ。二弾目も三弾目も『赤色エレジー』の延長を歌っていればいいじゃないかって。とはいえ、俺の中で『赤色エレジー』とイコールなんだけれどね、『清怨夜曲』は。『乙女の儚夢』をアルバムで出した時もいろいろあったけどね。まさに五十年前のその年にさまざまな、あがたらしい、あがたを取り巻く全てが行われていた。極論じゃなくて」

——好きだから、そういう方向に行ったというのはベーシックにあるでしょうが、それだけではなくて、意図的に方向転換したいがためにそっちに行った部分もあるということでしょうか。

「両方だよね。自分の中のバランス感覚からすると、俺は別にフォークじゃないんだよ。ディランだけれどフォークじゃない。というか、ロックのつもり。あるいは、ロックだけどタンゴだよとか。あがたらしいパラドックスをやり続けてみたかった。でも『あがた森魚はなんですか』と問われたら、俺は歌い手だ、単なる歌手だ、と。それはいまも変わらない。ギターを弾く時もあれば、飛んだり踊ったりする時もある。パフォーマンスをして、『それはなんなの』と言われた時に、二、三年したら飽きちゃって、そんなのもう一切やっていないかもしれない」

——やっていないような気がします。

「気がする？　じゃあ、それもやらないとってなってくるんだけれど（笑）。つまり、音楽的指向性としてそれを選ぶのか、一つの方法論として選ぶのか。知らないうちに両方混ざっているんだけれど。今後、自ずとわかってくることだろうけど」

——余談かもしれませんが、グラストンベリー・フェスへは以前から行ってみたいという思いがあったのですか。

「花房浩一さんや岸幸子さんというロンドン在住の女性に誘われたんだ。『グラストンベリー・フェスに今度みんなで行くんだけれど、一緒に行きませんか』って。それで、岸さんや、江口勝俊さん（音楽プロデューサー）などと数人で一緒に行った」

——二年連続で行ったということは、かなりおもしろかった？

「何から何までおもしろかった。めちゃ楽しかった。一番おもしろかったのはフェラ・クティ（ナイジェリア出身のミュージシャン、アフロ・ビートの創始者、黒人解放運動家）。あれ、生で、すごいよ。民族宗教の一団の儀式そのもの。ファナティックな魔力があった。けれども観客からはブーイング。特に女性たちからは。つまり一夫多妻的音楽集団だから、フェラ・クティがいて、女房らしき女性たちがずらりと出てきて、その後ろに楽隊が出てきて。ちょっと儀式的なさ。圧倒されたね。なんか」

――妻というのがすごいですね。

「妻でしょ！　何人も。普段やっているところで聴けたら一番なんだろうけれど。グラストンベリーではそれでもけっこうネイティヴな雰囲気で聴けてよかった」

――まして、わりと初期じゃないですか。

「そうだよ。一般的にポピュラーになるちょっと前だからね。ワールド・ミュージックに行ったり、アルジェリアのポップ・ライをやったり。なんか突出されるエキゾチックなリズムのグルーヴに絶妙に反応するという特質が僕の中にはずーっとある。

ついでに流れで言っておくと、逆に僕の中のエキゾチカ『ミッキーオの伝説』（一九八八年九月発売）なんかは単なるシクスティーズのポップスだからね。僕にとっては。でも、でも、さらに飛べば、アルゼンチン・タンゴのグルーヴだけはものすごく特殊な別物でさ」

――あがたさんの中では、どこか共通するリズムなりグルーヴなりがあるということでしょうか。

「そういう意味では、アルバム『わんだぁるびぃ２０２１』（二〇二一年一二月発売）は僕の中に現実としてある、オリジンなリズムやグルーヴ、ある種トランス的なものがあり続けてるんだよね、きっと。それが空の雲のかたちと一緒で、今日の雲はうろこ雲だとか羊雲だとかって言えても、その日の空気の冷え方や風向きでかたち作られるもので、自分のリズムすら自分ではわからない。だから同じ曲を歌っても、今回『小さな喫茶店』（『噫無情（レ・ミゼラブル）』※『モンテカルロ珈琲店（小さな喫茶店）』収録）でもやることが違うわけだし、自分の中の音楽性として確定されたスタイルに収まる何かがあるわけではないとも言える。それがこの五十年の僕の音楽のスタイルやグルーヴであったかもしれない」

――一回性のものであるからこそ、絶対的であったり、美しかったり、あるいは激情的であったりするのかもしれない。これが同じものだったら、判子をついたようでおもしろくないかもしれない。ライヴを観に行って、同じだったら、毎回行かなくてもいいかもしれないですから。

「だから、（忌野）清志郎のＲＣ（サクセション）はそれを定型化して、自分の歌舞伎として歌舞いていたというかさ。ある種のスタイルがあったわけだよ。あの『イェーイ！』なんかもやり方があるわけだよ。アグレッシヴではあるけど、きちっとしていて」

――いま、歌舞伎と言われましたけど、たとえば「よっ、中村屋！」なんていう掛け声は「キヨシロー！」と同じところがあるのかもしれませんね。

「大向うにちゃんと声が届くというね。彼は無茶をやっているようで、ちゃんと計算してやっている。悪い意味ではなくて。俺の場合は、同じことをやっているつもりでも、客観的に観たら、あるいはそれを譜面に起こしたら、毎回違うと思うんだよね。だから『赤色エレジー』ですら、譜面に書けるものではない（笑！）」

――忌野清志郎は様式美。あがたさんは、一回々々違うおもしろさということになりますか。

「エンケンさんの『おやすみ』を（『エンケンまつり』で）歌ったけど、あれはあの時のために家でそれなりに練習していったわけね。ワンコーラス目はそれなりに歌って、でも間奏で雄叫びをあげて、あがた節に急に変わっちゃったでしょ。急に変えたわけじゃないんだけれど、なっちゃったのよ。家でそう練習してたんじゃない。それはアドリブではなく、エンケンにどう伝えたらいいかっていう気持ちになって、あの歌い方になったとしか言いようがない」

――アルバム（遠藤賢司『満足できるかな』）で改めて聴きましたよ。すごくよかったですね。

「あれを二番までちゃんと、二番までオリジナルに近く淡々と歌えば、それはそれで十分によかったと思う。俺、後から聴きながら、『おやすみ』『おやすみ』ってしつこく唸って、（エンケンを）お休みさせてないじゃないかって（笑）。『ほらっ』て揺り起こしているみたいじゃないかって。なんでこんな歌い方するのかなって、自分でも不思議でしょうがなかった」

――エンケンファンが大半のライヴだったでしょうから、どう歌っても喜んでくれたのではと思います。あれは、関端さんからオファーがあったのですか。

「あれは主催者からのオファー。ひかるさんは『私が呼んだわけではありません』って、わざわざスタッフにメールくれるわけ（笑）」

――エンケンさんとは古いおつき合いですね。エンケンさんは、あがたさんにとってどういうアーティストであり、どういう人だったのでしょうか。

「駿河台下の全電通労働会館の『ロックはバリケードをめざす』で初めて観て、その日『あなたの歌、かっこいいね！』ってトイレで話しかけたんだ（笑）。歌を聴いてびっくりしたのに、トイレでばったり会ったからそう言った。彼はフランクな人だよね」

――エンケンさんの反応は「ありがとう」とか、そんな感じですか。

「そうだよね。まさにおしっこしながら『ありがとう』ってね。

その後に、この間、中川五郎ちゃんのところでも話題に出たけど、ＩＦＣ。その日本版をやるのに、向こうからゲストを呼ぼうとなった。その前夜祭が九段の都市センターホールで行われて、その時相当の数が出たんだね。五郎ちゃんも出たし、（高田）渡さんも出たし、エンケンさんも出たし、それから斉藤哲夫も出たし。その他、大勢が出る中に俺の名前も入って」

雷蔵／ニュー・ウェイヴからポップ・ライへ

――ところで、ここで「雷蔵」についてお話いただきたいと思います。結成は一九九一年ですか。

「うん、雷蔵は九一年。まぁ活動を始めたのは九〇年の終わり。『雷蔵参上』がリリースされたのが九一年だったことは憶えてる」

――雷蔵には、武川雅寛さんとかＯＴＯさんとか達者な方々がメンバーに入っています。まず、武川さんについてはヴァイオリンの第一人者ということで、あがたさんもはちみつぱいのころから一緒にやってきて信頼を置かれているわけですが、ムーンライダーズもあるし、武川さんとしては両方に足をかけるというか、そういう形になっていたわけですか。

「ライダーズはそのころ、活動停止してブランクにあった時期だった。だから僕は声かけやすかったたし、かけたんじゃないかな。ライダーズ活動中だったら遠慮して、ちょっとメンバーには誘いづらかったと思う」

――客演だったらまだしも……。

「やっぱり武川さんは必要だと思ったから。もし武川さんが難しくても、ヴァイオリンは必要だなぁと思ってたから。でも、ともかく武川さんが乗ってくれたから。とはいえ、雷蔵もアルバム一枚しか残せなかったのだけどね」

――それはあがたさんが雷蔵に対する情熱を失ったということではない？

「俺、メンバーとギクシャクした記憶はない。いくらでもやりたかった。平たく言うとやっぱりプロデューサー不在なんだよね。一枚出して、ポップ・ライということでそこそこ話題にもなってたし、そこそこ売れたけど……」

――メンバーも、あがたさんの他に武川さん、ＯＴＯさん、ギターの飯塚昌明さん、ベースの藤井裕さん、パーカッションの三沢またろうさん、ドラムスの夏秋冬春さん、キーボードの丸尾めぐみさん。おもしろい取り合わせですからね。

「そう。さぁ次はどうやろうか、という展開だった。ありのままに言うと、和田博巳さんがマネージャーであり、いろいろと俺の意を汲んでやってはくれてたわけね。だけども、一枚目出すのがやっとだったかなって感じだったから。その当時、俺と和田さんが、とある事務所で一緒にやっていたんだけども、その事務所も傾き始めて融通が利かなくなって、それで雷蔵のメンバーに、いまとも似てるんだけどさ、経済的にサポートする手がかりがおぼつかなくなっちゃったんだね。一枚アルバム作り終えて、ツアーもやり終えたところで。せめてもう一枚ぐらいは作らないと。せっかくいいメンバーが集まったのだからっていうところで……」

――メンバーは、あがたさんが声をかけて集まったのですか。

「おもしろいことにね、最初『ＯＴＯちゃんがいいよ』って言ったのは和田君なんだよね。言われて、あのじゃがたらのOTOちゃんかと思って、こういう音楽に興味があるのかなと逆にちょっとびっくりした。ワールド・ミュージックって漠然とわかってても、ポップ・ライみたいなもの、あるいはあがた森魚の音楽をおもしろがってその辺を一緒にやる奴って誰がいるんだろうっていうと、とっさにはほぼ思い当たらなかったし、ましてやOTOちゃんなんてまさかだった。それに、またろうさんや飯塚君も和田君が引っ張ってきたはず」

——結構異色の取り合わせという感じはしましたよね。OTOさんは、私も「じゃがたら」ぐらいしか知らなかったです。

「そうだね。むしろじゃがたら、なわけだからね」

——武川さんは当然と言えば当然ですし。

「狙ってそういうメンバーを集めたみたいなことにしたかったわけじゃ俺はなかったし」

——和田さんはあがたさんのマネージメントもなさったり、裏方にも回れる方なのですか。

「和田さんは『MOVIN'』の前、札幌時代に『バナナボート』ってお店をやってたのね。小樽の隣の余市の出身なんだよね。日本のオリジナル・ウイスキー『ニッカ』発祥の地。彼は音楽の感性、造形、音楽をみんなとわかち合うというサーヴィス精神にあふれたすばらしい人だと思う」

——それにしましても、「雷蔵」というネーミングはあがたさんですか。

「これはね、僕は『千恵蔵』ってつけたかったんだね。時代劇俳優・片岡千恵蔵の千恵蔵」

——雷蔵は、市川雷蔵ですか。

「そう。結局市川雷蔵。ポップ・ライだから、それと引っ掛けてね。俺が千恵蔵って言ったら、じゃあ雷蔵がいいんじゃないのって。なんか冗談半分本気半分でそういう名前になっちゃった」

——曲調も暗くなくなった（笑）。

「曲調も含めてね（笑）。意識とかね。『赤色エレジー』のころよりもむしろ若々しくてさ。俺の中で『あがた森魚は暗くないぞ』っていうのが大事なモティーフとしてあり続けるわけ。必要以上に誇張してる。看板リニューアルしたってことを見せたくてしょうがないわけだよね。ヴァージンVSとは違うぞ。しかも魂は若いぞ、と。メソメソはやってねーぞと。結局『赤色エレジー』じゃんって見抜かれちゃって、それでしかないかもしれないけど。でも、そうじゃないよ、と」

——雷蔵は想像通り。千恵蔵は知りませんでしたけど（笑）。では、ヴァージンVSというのはどこからその名前が出てきたのでしょうか。

「なんのことはない。『VS』っていう、他のバンドと対バンでやりたいな、そういう狙いでつけた。アウェイじゃなくてホームでもやりたいって感じがあったのかもしれないね」

——ヴァージンというのは特に深い意味はないのですか。

「あんまり、ない。まぁ、ヴァージンってのは初心に返ってやるバンドだから。そんな感じ。ヴァージンじゃなくてもなんでもよかったんだけど。ヴァージンってさ、『バンド名がちょっと奇をてらってる感じで嫌だ』っていう女の子が時々いるけど、ヴァージン・レーベルってのがあったでしょ。なんかプレーンできれいなイメージがあって、俺はつけたんだ」

——なるほど。

「雷蔵の時は、子どものころに観た東映のチャンバラ映画の音楽が、もちろん北アフリカやユーラシアのサウンドの音色を引用してるわけもないんだけども、東映の時代劇の重厚なシーンに使われてる音楽とポップ・ライは何か通じるんじゃないかなって思った部分もあったんだね」

――結局、雷蔵の実質的な活動期間というのは一年半ぐらいでしたか。

「前と後を入れると二年ぐらいはあったと思う。雷蔵を運営する資金がもう少し欲しかった。誰が悪いわけでもないし、和田さんも一生懸命だったんだけどね。和田さんは『バンドネオンの豹』も入れると四作ぐらい。プロデューサーというよりは、ディレクター的な位置ではいた」

――ええ。キャリア全体のベストを五枚選ばなきゃいけないと言ったら、もう『日本少年（ヂパング・ボーイ）』ぐらいまでは固まっているから難しいですね、なかなか。

「そうだね。でもこの雷蔵もその一枚で、明日違うものを聴いたらやっぱこれかななんて言ってるかもしれないけど、雷蔵も五枚の一枚に入ってもいいかなっていうぐらいに素晴らしいんだ。俺の中では。『月食』っていう曲聴いたことある？　それから、『ふらむきりんの校庭』『時間の終る時～孔雀と緬羊』も。特に『月食』は、滅多にやらないし意外とみんなに忘れられてるかもしれないいんだけど、本当にいい曲なんだよね。宇宙の中にもお月さんが照ってて、恋人同士がいろいろな思いをそこに託す。他愛ないけど混じり気なしのラヴ・ソング（笑）。

雷蔵があがた森魚そのものではないから、ヴァージンＶＳもそうだけど意外と忘れられがち。若いけど、歌自体はかなり老成してるとも言える。一曲々々のアレンジはＯＴＯちゃんが特に頑張ってて。武川さんのヴァイオリンもすごいし、またろうのパーカッションもいい。夏秋くんのドラムスも、飯塚くんのギターもね。これ、あぁ、もうちょっとつかみがあれば……」

――勿体なかったですね。

「勿体ない。また、何かのかたちでやってみたい。素晴らしいと思う」

証言7

いま、デヴィッド・ボウイが生きていたら、『百合コレクション』を英語で歌ってほしいね。

久保田麻琴

◉プロデューサー、レコーディング・エンジニア、ミュージシャン

私のプロデュース本能は映画的なんです。実家は大正時代から富山の東洋館、小松に移ってからは日本館という映画館を営んでいて、小さいころからたくさんの作品に触れてきたんですね。だから全体を見るのが身についているし、そういうものがもう脳のフォーマットに入っている。

うちは興行もやっていて、しかもバーも経営したので、サム・テイラーやペレス・プラードなんかがジュークボックスに入っていてね。まぁ、中学生のころから音楽で世界漫遊していたようなもんです。

でも、ビビッときたのはジャズ。まず、マイルス・デイヴィスにイカレ、それからキャノンボール・アダレイとかデューク・エリントンとかを観た。大学ではボサ・ノヴァのアントニオ・カルロス・ジョビンやジョアン・ジルベルトをやっていた。（裸の）ラリーズをやり始めたころはグレイトフル・デッドなんかのサンフランシスコのロックが強烈だったね。

あがた森魚とは、二十年くらい前までは縁がなかった。もちろん、名前は知っていましたよ。あがたとカルメン・マキは我々の世代の最初の成功者だから。こっちはヒッチハイクしているような時代だから別世界だったけどね。ほら、こっちはラリーズだから（笑）。

二〇〇〇年くらいに、何を思ったか、いきなり電話があって。当時私はメキシコへ行っていたんです。それがすごく印象深かったらしくて、一回会いたいんだと言ってきた。いまにして思えば、プロデュー

スをやってくれということだったんだなと思うけど、その時は「じゃあ、遊びにおいで」って。で、ライヴをやってるんだったら一回観に行こうってことになった。

あがたのライヴを観て、あ、これはフォークでもなく、ロックでもなく、独特だなと思った。彼は、イギー・ポップなんだと思った。別にかっこいいとかではないけど、イギーはイギーでしょ。特別な動物じゃん。デヴィッド・ボウイも誰にも似てないけど、そのボウイが大好きなのがイギー・ポップなわけでさ。カリスマというのとも違う。まぁ言うなれば珍獣ですよ。二人に共通してるのは声ね。声がいい。作ってない。自然にあの声だからね。喉が楽器。もう持ってる、声質を。背が高いとか運動神経がいいとか、そんな感じですよ。なぜよくわかるかと言うと、あがたの声はどんなマイクを使っても同じ声なの。普通は変わる。だけど、あがたは誰も使わないようなマイクで録ってもめちゃくちゃいいんですよ。喩えるとヴィンテージのギターみたいなね。一九五〇年代のフェンダーって一千万円くらいするでしょ。その三、四十年後に出たものと比べるとどうしても差がある。

『佐藤敬子先生はザンコクな人ですけど』を半分プロデュースして、その思いを強くした。ものすごいキャラクターだし、歌手としては誰も真似できない境地です。本物ですよ。それは自分も歌手をしていたからよくわかる。彼とブラジルに行った時も「出たい」と言うので、ブッキングしてコンサートに出演したら、途中で伴奏をやってくれたバンドのマネージャーが嫌がるほどウケました。

秩父に笹久保伸という天才ギタリストがいるんですが、あがたか笹久保だね。なにしろ、普通の人間のパターンと違いますから、彼は。あがたの場合はクリエイティヴなコアがあって、生命そのものがものすごくクリエイティヴなわけ。だから、どう作るかによっていろいろ化けてくるんだよね。いま、私が手がけているジャズなどは、その場で繰り広げるセッションがクリエイティヴの秘密なんだけど、あがたは本人のコアがあって、それがどういう方向でどう作るかによって、化学変化してくるようなところがあるから。

あがたがおもしろいのは、コンサートで音響をきちんと揃えて、ベストコンディションにした時は、天邪鬼でおとなしくなる。遠慮っていうかね。ところが、マイクも碌《ろく》にないようなうどん屋のテーブルの上で弾いて歌ってるくらいの感じの方があいつは燃えるんだよ。条件が悪い方がいいステージするのを何回も目《ま》の当たりにしてるのよ。音がよければよいほどいい演奏するのが普通だよね。やっぱり変わってる（笑）。

あとは道場破りをする時がある。ゲストで出る時はいい。前に浜田真理子さんのビルボードでのライヴで二曲歌った。「春の嵐の夜の手品師」と「赤色エレジー」と。これがめっちゃよくて。これ、浜田さんのライヴCDに入ってます。そういう時は自分の力を見せつけるんだよね。すごい。さすが！ってなる。

まぁ、これだけ多作だと全部が全部いいってわけにはいかないけど、でもデヴィッド・ボウイのように、やっぱりボウイにしか書けない曲があるじゃないですか。ディランというより、作家としてはボウイ的な感じがする。

たとえば私がプロデュースとタイトル名をつけた『Taruphology』に入ってる、リメイクの「百合コレクション」。あれもボウイの作風と似てて、どこがって言われると言いづらいんだけど、フィル・スペクター的な曲って言うか、なんかそういうニュアンスがあるんだよね。そう言えば、「ビー・マイ・ベイビー」なんて好きだよね。あれ、彼の一つの感覚のベースになってると思う。いま、ボウイが生きていたら、「百合コレクション」を英語で歌ってほしいね。想像してみて。「スペース・オディティ」とも似てる。あがたに潜水艦で、親と子の会話する歌（「パールデコレーションの庭」アルバム『バンドネオンの豹』収録）があったよね。宇宙旅行か、海底移住かの違いでね。これ、影響があるのかどうかはわからないけど、そういう想像力を働かせるレトロSFみたいなところも似てるかなって。

（両者には）ファンタジーとシアトリカルな要素があるよね。ミュージカルの中で歌われると映えるみたいなね。『ジギー・スターダスト』的な。あがたは高校・大学で演劇をやってたのか。やっぱりなぁ。ボウイもリンゼイ・ケンプの弟子で。音楽だけじゃない、なんか身体表現的な、言葉の表現的なさ。そういう要素が彼にはあるんだよね。

とにかく、あがたはめっちゃ特異だよね。ある意味で、オリジナル・ルネッサンス・マンのようなところがある。技術屋じゃないんだよ、彼は。古いタイプの芸術家かもね。戦前的な感覚を持った。大正ロマンかどうかはわからないけどね。

彼はタンゴ・ライヴもめっちゃいいんだよね。プロの歌手としては彼のタンゴが一番プロっぽいと思う。よくできるな、こんなにって思ったくらいでね。喜多直毅っていう尺八みたいな音を出すヴァイオリン・プレイヤーがいて、弦も特殊なのを使っていて侘び寂びがすごいんだけど、でもその人もタンゴがルーツ。あがたと喜多が組んだライヴは私がやってみたいなぁ。

そう言えば、こういうのを思い出した。ニューヨークのタイムズ・スクエアに花火を見に行ってたんだよね。それも宿を取らないで、真冬に何回も。そういう人は他にいないと思う（笑）。それで確か一回、身体壊したんだよね。それで控えるようになったんじゃないかな。

あがたはおもしろい男。歌うという行為が身体の習慣になってるから、ぜひ続けてほしい。ただ、あがたの声というか、歌手として一番いい部分とオーディエンスをちゃんと丁寧に繋げるという作業はあってもいいのかなと。

ま、非常に貴重なアーティストではあります。ああいう人が元気で頑張ってくれてるのはとても価値のある意義深いことです。想像しただけでうれしいね。

くぼた・まこと　一九四九年、京都府生まれ。同志社大学在学中より「裸のラリーズ」のメンバーとして活動を始める。一九七三年にソロアルバム『まちぼうけ』でレコードデビュー。その後、久保田麻琴と夕焼け楽団、サンディー&ザ・サンセッツを結成。海外でも広く活動する。九〇年代より、プロデューサーとして多くのアーティストを手がける。九九年、細野晴臣とのユニットHary&Macでアルバム『Road to Lousiana』発表。翌年にはソロアルバム『ON THE BORDER』で元ザ・バンドのレヴォン・ヘルムらと共演。インドネシア、ハワイ、宮古島など内外の伝統民族音楽に精通し、二〇一一年公開のドキュメンタリー映画『スケッチ・オブ・ミャーク』では企画原案、監修、出演、整音を行う。また、『世界の音を訪ねる―音の錬金術師の旅日記』の著書もある。

第八章 ◉ 愛の旅から明日の歌へ

2020年6月から　王子飛鳥山にて始まった「タルホピクニック」より（下撮影：marmelo）

なぜ「あなた」と呼びかけるのか

あがた森魚はデビュー以来、愛を歌ってきた。彼の楽曲群に登場するモティーフは数あれど、それらはどれもすがたかたちを変えて歌われてきた「愛」そのものであるように思う。

おそらくやあがたは稲垣足穂に倣って、巨大な正と負の曲率を持つ曲がった空間に手作りの額縁を当てはめて覗き込んでいるのである。あるいは別章でも触れたように、人に隠れて、手の届くところ、手の届かないところの別なく、忙《せわ》しないくらいにチラチラと一瞥をくれたり、もう一度確認しにどこへともなく戻ったりしながら、大小さまざまな事象を目撃し、そこに空想や仮想や妄想を加えて煮つめ、不思議な歌と言葉を編み出しているのである。

もしも、それが通常の愛とは違ってみえたとしても、「そんなの愛とは言わない！」と思ったとしても、もう一度、あるいは二度、三度とよく聴いてみるといい。

あがたは時として、見えざるものにかたちを与えたり、曲がりくねったところに手を突っ込んで愛を拾ってきたりするからだ。何年も経ってから、ああこの曲はこんなことを歌っているんだ！　ということは、彼の音楽の愛聴者なら当然ご存じのはずである。

簡単で、純粋で、しかしながら手がつけられないほど天然無垢であるがゆえにナルシシズムとコンプレックスが入り交じり、一筋縄ではいかないあがた森魚の愛は過剰なまでに濾過され、歌う言葉として結晶する。ひんやりと熱いシンギング・ワーズ。

あがた森魚の楽曲群を水晶に喩えるならば、ここにあるのはそれらが手つかずの状態で放り出された〝石英〟である。

――あがたさんはライヴや飛鳥山の「タルホピクニック」で、時に「あなた」という言葉を使って呼びかけますね。あがたさんが思うところの「あなた」、その言葉が指し示すところにはどういう人たちが映っているのか。あがたさんの中には一般的な意味とは違ったものがあるように思うので、まず、その辺りから伺いたいと思います。

「その質問は結構ストライクと言うか、ポイントだね。だから愛とは何かっていうことになると、愛を区分していくと、アガペー（人間愛）、ラヴ（恋愛）、エロス（性愛）などがあるだろうし、でも父性愛、母性愛というのもあって、究極何が愛で、何が必要なのかなぁって思うわけ。

種の保存本能に根ざす人間的特質の一つが愛というか。それはあらゆる生き物が、哺乳類だろうが、鳥類だろうが、たぶんその種の中で、生き物として与えられた何かがあり続けるんだろうな、と。それのフックとして、人間的種子を残すための、仮にオスとメスのお約束の生きる衝動、契《ちぎ》る衝動、もしくはエロスそのものかもしれない営み。オスとメスが子孫を残し、それを連鎖させていくことが生き物の最大の目的かもしれないという」

――目的であり、また、意義でもあるということでしょうか。

「はい。かつ、それが現実でもあるみたいだね。それは非常にニヒルな目的、無目的で虚無的な営みかもしれない。それを思うと、虚無的な気持ちもするし、朗らかで大らかで豊かなものっていうふうにも感じるし。そういう連続模様の一環として俺らもその一コマとしてあるんだっていう。まぁ五十年か百年、誰もが役割を持って種子を残せる場合もあるし残せない場合もある。それを目指して、喜んだり泣いたりして生きていく。そこにヒューマニティなり、人間的な生きる意味や価値なりをどうもつのかという。そういうことを俺はずっと思い続けてるわけ。
たとえばふと我に返ると、なんで俺はこんな会社にいるのかなとか、もっと自分で一人で生きていく方法もあるんじゃないかなんて他愛ない堂々巡りをして、明日また会社に行くみたいなね」

——ええ。

「十八年間を共にした娘の朔が上の学校に行ったから、二〇年の春から僕は一人暮らしが始まった。それ以降、僕にとってはいろいろがいままでと違う環境だったし、それなりの意味合いもあったし。
去年はプレ五十年っていうことで、俺の中では、コロナもあり何もありで、非常に特殊な（東日本大震災からの）十年間も終わってワン・ブランクみたいな感じがある。いろんな意味でおもしろいね。東京オリンピックにおける二〇二〇、二〇二一なんだけど二〇二〇を引きずってるような、リニューアルしようとしてるエポックのような変な特殊な一年だったね」

——二〇二〇のカッコつきの二〇二一みたいな。

「そうそう。みんなもそういうところで変な感じはあったんじゃないかな。だから子孫をどうリンクし続けるのかっていう。俺らしい無邪気な言い方をすると、やっぱり父性愛っていうのもあるし。対比するところの母、母性、母性愛。老いも若きも父はなんだろうとか母はなんだろうとかよく考えるものだけれども、やっぱり母っていうのは大きいんだなってよく思うね。うちの子どもも女の子だったから当然そうであった部分もあったろうけど、やっぱお母さん子だよね。
思春期のころは一回お父さんとセパレートするって言うよね。うちも見事にそうだよ。むちゃくちゃな反抗期はなかったけど、大の仲よしだったわけでもない。だから母性に対して、子孫を残す意味では、母体の卵子側の役割と精子側の役割っていう、ちょっと意味合いが違うかもしれないけど、子孫を残す母方の役割と父方の役割において、母の負ってる、負わされてる、もっている役割の大きさ。未来において人類がこのまま行くのであれば、母親と古典的に言えば十カ月を共に暮らすっていうのは、もう母から逃れられないんだろうね、哺乳類は。そうすると、これが愛おしいよね。お母さんのお腹の中で約十カ月、精子と卵子が結合してから一応、人間の赤子らしいかたちとなって出てくるまでが。人間が生まれて、身体が大きくなって辿る現実時間、五十年とか百年とかを胎内で換算したら、億年単位の進化がそこにあるわけだから。億年単位の進化を母親と共に生きるっていうことは、生まれてきた時はそこはもう別な来世かもしれない」

——受精して生まれるまでのたった「十月十日《とつきとおか》」の中で、胎児は魚類や爬虫類とも区別のつかないプロセスを経て、生まれてくると言いますね。

「それ自体が一つのロマンっていうか、宇宙紀みたいなね。宇宙を旅して人間に戻ってくるのか、人間に生まれくるのか」

——それでアルバムができそうですね。

「そういうの、めちゃやりたいね。この十年期の最後の二、三枚はそういうのをテーマにして、アーサー・C・クラーク的な部分でやってみたいななんて思うけど、俺の知恵や、それを音楽にどう置き換えるかや、どんな個別な一曲々々を作るか。とっても一人じゃできず、やっぱり長年の深い交流があったり、昨今かなりのシンパシーなり表現性なりを共有しているいいアーティストが四人でも五人でもいないと困難だね（笑）」

――これからでも遅くないですし、ぜひ作っていただきたい。

「あんまり大上段に構えないで、なんかやんわりとこれがあがた森魚の新しい『宇宙るびぃ』か『宇宙双六』かってくらいの感じのものをね」

――天体を一つのモティーフとして、宇宙的であると同時に人間的でもあるというアプローチ。これから発表するものとしてふさわしいのではないかと思います。

「その辺になってくると、客観的に、博物学的に宇宙なり人間なり現代なりを、深く激しく、ロマンティックに捉えるだけの感受性を持っているかを問われるからね。

それが現代史なのか歴史なのかあるいは物理学なのか、あらゆる切り口から観察していっても現在置かれている人類の有りようが、俺は荒俣宏さんや松岡正剛さんのようにテキパキできないからさ。その代わり、そういうことに対してロジックではなく、直観に近い、人間の有りようには強い親しみと愛着を持っていることを自負しているから。だから、あがた森魚なんだけどもね。

大袈裟に言えば、生きる目的を片時も忘れず意識の中にもち続けてる。それはいろんなプロセスがある。だから幼年期の体験がとても大事で、小学校を卒業するぐらいまでが歴史かもしれないし、胎内のみが歴史かもしれないし、成人するまでが歴史かもしれない。成人以降はＤＮＡの堕落。『ドント・トラスト・オーヴァー・サーティー』。でも、どこまでがどうかわからない。

種子が残されていくリンクの構造で、ＤＮＡの中に親とか、神とか、何か人間が拠りどころとするものにすがらないと人間は生きていけないのかもしれない、と。そのリンクの連鎖反応の瞬間の大きなエポックだったんだなって。いろんな見方があるよ。でも男性の覇権主義に肯定的になれないじゃない。男は強くなきゃいけないとか、女性は男性に従えとか。

オスとメスっていうものがいつまでどう続くのかわからないけど、そのうち雌雄が一体化した人間が出現するかもしれない。類人猿からここに至ってるわけだから、また別の生き物が派生するかもしれないと思う。それは進化なのか退化なのか。はたまたなんなのか。だから、男性と女性の存在意義へのパラドキシカルな問いかけや、抽象化やフィギュア化（AとA'）は表現行為の大きなテーマではある。

クローンで羊が生まれたじゃない、ドリーちゃん（体細胞クローン羊。二〇〇三年、六歳で死亡）。あれをモティーフにした『いとこ同志』っていう曲があるんだ。彼が生まれた時にすごく悲しい気持ちになって作った曲。メトロファルスのベーシスト・光永巌が曲を作って、俺が詞を書いた。『Taruphology』に入ってる。

オスとメスの種って、学術的に語れない。まぁ永遠にオスはオスで、メスはメスであろうと思うんだけども。精子と卵子の結合から人間のかたちをして生まれ出ずるまでの十カ月間っていうものが、人間にもたらす、あるいはそこで人間の営みを行うのは結局、母という宇宙での天文学的時間の旅の記憶のことではないだろうか、と。神と宇宙と大地と全部ごちゃ混ぜになった。そこによって育まれることからは逃げられない。

父と母が一緒に暮らしてる家庭があり、社会生活がある中で、母親の胎内で十カ月、その赤ちゃんがそこで幸せだったら永遠に幸せなのではないか、と。わかりやすく言えば、母親、ひいては父親に愛され、お腹の中で十カ月間過ごした子どもはその後も豊かな人生を送るんじゃないかなと思う。母親の胎内にいて、見聞きしたものは全部その人の歴史というか蓄積だよね。少なくとも人生の基礎形成期。お腹の中に赤ちゃんがいて、夫婦の不和があったり、日常的不安があったら、その子どもの記憶および人格形成に影響はゼロではないと思うんだよ。むしろ、すごく大きいのではないかと。別に不和とか浮気したとかの次元のみならずね、伝わるわけじゃない、人との接し方や、お金のやり取りの仕方が。人がいなくなった瞬間に言葉をひっくり返すことを言うような人の思想ややり方は、子どもに伝わるじゃない。お母さんのお腹の中で全部知っちゃうわけだから。でも多くの人は、その時の記憶を思い出せない。時々デジャヴのようによみがえることはあっても」

――通常、自分たちが感知したとは思えない情報まで感知している可能性はありますね。

「頭の中でイメージしたことは全部赤ちゃんもイメージしてるかもしれないしね」

――ところで織田信長は、明智光秀に襲われた京都・本能寺で「人間五十年、下天の内をくらぶれば、夢幻のごとくなり」（幸若舞《こうわかまい》『敦盛』）と舞い歌って果てたと言いますから、そのころ（一五八二年）からすると平均寿命は三十年以上延びていることになります。人間は、人生の最初に何を抱えているのか。生きていく中でどう作用（もしくは反作用）しているのか。興味深いです。

「人間の寿命も、もう倍近くになりかけているね。逆に言えば、死ぬまで歌えばいいんだよ。死んじゃったら後はわからないわけで、生きてる限りは歌って踊ればいい。足腰がどうにもならなくなったら止めればいい。やりたけりゃ、どうなっても歌ったり喚いたりしてるよね、きっと。

つまり億年単位の成長が胎内の中であったわけだから、五十だか七十だか百だかぐらいになって、もう一度若返りの効能やカンフル剤みたいなものを求めてもあまり意味がないのではないか。五年や十年の寿命の延長にどれほどの違いがあるのかって（笑）。でも現実には、その五年や十年の有る無しが一大事なんだけどね（爆笑）。この僕自身も弱そうでむちゃ丈夫だったりして、不思議だなって自分で思う。父と母からすごいヴァイタリティをもらって生まれて生きてきたんだなぁってつくづく思う」

――なかなか届きづらいことを知っているからこそ、なお希求して「あなた」と呼びかける？

「ありきたりだけど『彼方』って書いて『あなた』ってルビを振るじゃない。だから『あなた』は『かなた』なんだなぁっていう。あれをなんで『あなた』って読むのか。やっぱ『あなた』っていうことは『彼方』であり、『彼方』は『あなた』であるっていうか。だから対面する全てのものはあなた。『虚無』は『無』ではなく、あまりにも大きすぎて『虚無』なんだという」

――「あなた」は「貴方」じゃない？

「『貴方』じゃない。『彼方』。敬意をこめて、『貴方』じゃなくて『彼方』。だから『るびぃってなんですか』（二〇二一年一二月発表のアルバム『わんだあるびぃ２０２１』の名義は『あがた森魚るびぃ』）って言われたら、ルビーはルビーに違いないんだけども。『アロハ』っていう言葉、ハワイの。あれは『こんにちは』も『さようなら』も『ヤッホー』もいろんな意味があるだろうから、そういうわけで『るびぃ』。『るびぃ』って、ルビを振るのルビなんだけども、るびぃってことは『彼方』っていう字における『かなた』とも振れる。『あなた』とも振れる。非常に主観的な個々の発想における意味づけ、役割、その呼び名なんだ。あえて限定的な意味になってくるわけだよね。『あなた』って振るか、『かなた』って振るかで。一般的に言ったら意味が全然逆なわけだから。でも、巨大な虚無もゼロ以下の無も、結局無力そのもので、僕らは無のぼやけた模型の虚無らしきものを、子供の玩具のように作っている。時として、途方に暮れている子どものように歌っている。だから、俺の意識の中では『あなた』も『かなた』も全部一緒。全然違うんだけど、一緒。だから一つのイコンっていうか、印としては『あなた』イコール『かなた』っていうさ。この往復運動がすごい貴重、大事かなって。

一人称なのか二人称なのか、その他大勢なのかはわからないけども。俺の主観としては『あなた』って、特に女性に対して『あなた』とは呼びづらいよね。もうちょっと向き合って、恋人でもないんだけどもなんで今日はお茶誘っちゃったかなって、ちょっとお付き合いさせていただきたいんですって言うつもりで向き合ってる時もあるだろうし、何かホモ・サピエンスの下心じゃないにせよ、そういうベクトルなり意識なりがあると照れたり気負ったりがあるよね。別にどうもなければ、非常にフランクであれば、そういう発想に立たないんだろうけども。この人色っぽいねとか、いいねとか、もうちょっと親しくなりたいなとか思う時っていうのは、なんかちょっと違うベクトルが働く。そういうレヴェルにいる人に対しては、『あなた』って言いづらいんだ。不特定多数の指示代名詞としての『あなた』はいいんだけど」

——自分の感情が出てしまう？

「見抜かれるんじゃないかなっていうのと、実は見抜かれている何かが下心にあるのかもしれないし」

——「あなた」を「貴方」と勘違いしていました。だから、愛や恋愛と繋がってくるのかな、と。

「あるよ、それは。たぶん多くの場合、それも含んでいるよ。『彼方《あなた》』だから全部あるわけ。『智恵子抄』の『智恵子』じゃないけど。『山の彼方《あなた》の空遠く』じゃないけど」

——前からそういうことを思っていたのですか。

「大学受験の時か高校時代、ディランに出会った後だね。函館で高二の冬か高三の冬か。よく覚えてるのは、昔は石炭か薪ストーブだったから、こっちでは灰って言うけども向こうでは『灰汁《あく》』って言うんだよね。燃えかすが下のトレーに残るわけ、それが溜まってくると火の燃え方が悪くなるから、一晩に何度か、庭に捨てに行く。寒かったり雪がしんしんと降ってたりいろいろなんだけども、特に雪が降りやんで、空が冴え冴えとしている。そんな満天の星ではないんだけどそこそこ星が見えたりする。その星空を見てるとロマンチックになって。東京に出たらきっと一生を共にする素晴らしい女性が待ってるんだろうなぁって、何度も思った。

冬だから寒いじゃない。灰汁の乗ったトレーを持って庭の雪が積もってる片隅にぱっと捨てる。そうすると雪が溶けて、そこだけ穴ぼこになるんだ。だいたい夜中の三時か四時ぐらいだよね。ふぅっと空を見上げると、何か勝手なシンデレラ物語みたいな。きっと素敵な人で、そういうふうに自分の将来を分かち合うパートナーに出会うんじゃないかなって淡い期待を持って。

どういうのを『あなた』って言うのかっていうと、たとえばそういう類の女性が、自分の中での大事なエポック。なんかそういうものではあったぞ、と」

――その時フィジカルなものは伴わない。そういう思いに浸ることが好きだったわけですね。

「そういう体質だったかもしれないね。そういうロマンティシズムが好きだったのかもしれない。ロマンティシズムとも言えるし、空想癖とも言える」

男と女のモラルは何か

――愛や恋愛を考えた時に、現実的な女性と直結するのか。必ずしもそうではないのか。

「それはどうにでも言える。たとえば表向きにもわかるように、優れた表現者、ミュージシャンと女性の場合も、俺にとっては結局小難しいんだけども、どっかで『同志』とか『有志』とかって、そういう存在を求めているんだよ。男女の恋愛ではなく。男女を超越したまず『同志』でいたいみたいなね。母がそうであったみたいにね。それはもうずっと子どもの時からだったかもしれないね。

女性のミュージシャンで一番最初にすごいなと思ったのは、偶然だけどやっぱり矢野顕子さんだよね。『日本少年（ヂパング・ボーイ）』のころ、一九七五年ぐらい。その次は、相前後して、いかにもではあるけれども大貫妙子さん。『春の嵐の夜の手品師』や『スターカッスル星の夜の爆発』もそうだけど、彼女の清々しさと北国っていうのは、なんか通底するものがあるかもしれない」

――ええ。非常にわかります。

「この業界で表現者らしき人との出会い。俺のコンサートに初めて来た女性の有名人は山口小夜子さんなんだよね。

山口さんとプロデューサーの武藤直路さんが一緒にコンサートに来てくれて。まだ、わざわざ観に来るような有名人はいない。デビューして二、三カ月だからね。でも、楽屋まで挨拶に来てくれて。山口さんはちょうどパリ・コレでブレイクしたその年だから象徴的だよね。それから数年は、とても親しい、ガール・フレンドっていう言葉が当たるかどうかはわからないけど、宇宙の兄弟みたいな感じで会ってると本当に楽しかった。当時は家電《いえでん》で連絡取り合ってたよね。一般的に言えばデートだね。有志、同志、彼女が男の子だったら大親友。そんな感じだった」

――あがたさんの音楽に対して、山口小夜子さんはなんと？

「『いいよね』『素晴らしいよね』って。どういうことを話題にしてたか半分くらいしか覚えてないんだけど、いろんな表現物に関して興味の対象が近かったんだね。音楽とか、映画とか」

――つき合いが途切れるのは、あがたさんの興味対象から外れていくのでしょうか。だんだん薄まっていくというか。

「薄まっていったわけじゃないけどね。いつもいつも、ずっとつき合ってたわけじゃないから」

――あがたさんは、人に対する距離感が独特なのですか。

「独特かもしれない。一般常識とだいぶかけ離れてるから。そもそもの発想が全然違うかもしれない。垣根がないの、俺の場合。この人は誰彼であるっていうのがなくて、みんな一緒なんだ。ただ、なんとなくつき合ってるとか、そうなるとまた意味合いが違ってくるんだろうけど。でも山口小夜子さんであれ、いままで名前が挙がったような人たちであれ、つき合い方も認識の仕方も、あるいは表明の仕方もいろいろっていうのが特別ではないんだね。上手く言えないけど……」

――ええ。

「たとえば関端ひかるさんとの出会いはやっぱり不思議だよね。俺の二十代の終わりがけで、こんな愛らしい人もいるのかと。出会った時は、彼女は表現者でもなんでもなくて。

有り体に言うと、お姉さんが僕の大ファンで、それで主催してくれたコンサートがあったわけ。群馬県前橋市の、ライヴハウスじゃないんだけど、お店でね。そこで出会った。その時は東京からも何人かミュージシャンが参加して。

実はその日、僕は北海道から夜行列車で帰ってきて、東北本線の小山駅で両毛線に乗り換えて前橋に入った。で、ライヴがあってひかるさんとも出会うことになった。(つき合うようになって)お姉さんからさんざん嫌みを言われたけど、そこからの歴史はとても面白い(笑)。遠藤賢司さんにまで繋がってるから、ひかるさんの存在は一つのエポックとしてもあるわけだよね。

ひかるさんとの出会い方なんて特殊中の特殊だよね。だってさ、彼女の長い人生の中で僕との出会いがあって、エンケンさんとの出会いもあって、エンケンさんを最後までちゃんと支えたわけで。でもまだ、これからの人生もあるわけだろうから。

一からひかるさんのことを話せって言われると話せるけど、上手く話せなかったり気恥ずかしかったりもする。僕自身が子どもだったなとかいろんなことを思っちゃう部分もあるから。

きっといまここで言う流れの中に『あなた』っていうのが、恋愛的な意味も含めての『あなた』とは誰ですかとか、あがたさんにとっての『あなた』とはどういうことですかとかっていうことがきっとあるんじゃないか、と」

——その通りです。

「僕自身のアルバムの『わんだぁるびぃ2021』に『おやすみ』を入れるにあたって、エンケンさんとのことが一番大事なわけだよね。ひかるさんのことも大事なわけだよね。で、今回歌ったっていうのだけで、ワンチャプター話せるぐらい。僕の音楽性とか僕がデビュー前に最初にエンケンさんに出会ってることとかね」

二〇二一年一二月九日、渋谷・クラブクアトロにて、遠藤賢司トリビュート・ライヴが開かれた。題して、「~遠藤賢司『満足できるかな』50周年記念~おーい、えんけん!ちゃんとやってるよ!2021」。ファンにはおなじみの「エンケン祭り」だ。

あがたはサニーデイ・サービス、大槻ケンヂ、フラワーカンパニーズらに混じって、唯一同世代のミュージシャンとして出演し、遠藤のレパートリーから『おやすみ』（アルバム『満足できるかな』収録）を歌った。

——昔、関端さんとあがたさんがおつき合いしていたことはエンケンさんも知っていたのですか。

「知ってるよ。その辺なんか漫談になるぐらい、オチャラケな話がいろいろある。ささやかなボーイ・ミーツ・ガールもそこにはある。もちろん俺なりのロマンティシズムで彼女とおつき合いさせてもらったわけだから。

で、いろいろあって、ひかるさんに『いま、エンケンさんとつき合ってる』と言われて、『えっ、エンケンと⁉ 参ったな……』って思ったね。はっきり言って。いろんな意味でそう思った。ジェラシーではないんだよな、俺の場合は。けど、複雑なことになっちゃったなと思った。僕と遠藤賢司さんとの関係も含めて、すごいエポックであるし。結婚式の時も俺は遠慮したほうがいいなとか。だって呼ばれてないからね。そういう関係じゃないじゃん。別に奪ったとか奪わないとかじゃない。そういう関係でさえない。そんなことですら、第三者には真実はわからないだろうし。でも、その、少し複雑で、厳しくて、ロマンティックな関係は簡単には説明しづらい。ヴァージンVSの始まりの意味とかエンケンさんとの今日に至る意味とか。ささやかな日本近代ポップスの片隅の、さらにささやかな出来事でしかないかもしれないが」

——関端さんの話をもう少し聞かせていただけませんか。

「そのころは（世田谷区）三軒茶屋に住んでいたんだけどね。当時で六、七万、もっと安いかもしれない。ロックのフジヤマ（レコードショップ・フジヤマ＝一九八〇年代の日本のインディーズ・ロックが中心）って知ってる？　八百屋の隣。あの交差点のすぐ近くに住んでいた」

――めちゃめちゃ便利なところですね。

「めちゃめちゃ便利。公営住宅みたいなのがあって、その建物に面している民家。木造の小さな積み木のような。下も四畳半、上も四畳半くらいで。木造が一軒建っていてね。（大家が）息子か誰かに使わせようと思って造ったような家なんだけど、変な造りの家だからかすごく安かった。まだ、（トイレは）汲み取りで。そこに二人で住んだ。ちょうどヴァージンＶＳがデビューしたころだね。一階が居間。二階が書斎兼寝室。あと、サンルーム。いま思うとお風呂なかったね。すぐ近くの銭湯へ行っていたんだな。本当に『赤色エレジー』だね。それか、かぐや姫の『神田川』の世界だ。上は寝室で、ベッド置いたらいっぱい。流しとトイレの上がちょっとだけ、一畳か二畳くらいの小さな空間があって、そこが俺のデスクで、そこでいつも曲作ったりしていた。

　二年くらいいたかな。ヴァージンＶＳが軌道に乗ったからとか、給料もらえるようになったからというわけではないけれど、もう少しいいところに引っ越そうということで、目黒区柿の木坂の一軒家に移った。あの当時だとタモリや松田聖子が住んでいた。でも、そこに越して、ひかるさんが一年か二年いたかどうか。そういうところはひかるさんに訊けば、もう少し詳しい（笑）」

――はい。

「俺もいつまでも生計なんてわからないし、結婚して将来を分かち合おうというようなご大層な言い方もしたことないし。ほんのちょっとつき合っていて、二、三年のつき合いの中で。本当にいいお嬢さんなわけだから。俺の体たらくにつき合わせちゃいけないなって」

――その時はすでにヴァージンＶＳを解散していた？

「解散してた。あ、でも、ちょうど、するか、しないかのころだね」

――関端さんと入籍するかしないかはともかく、一緒にいたいという気持ちは当然あったわけでしょう？

「もう、それはそれで幸せだった。どこかの歌ではないけどさ。もう十分、過不足なく」

――ただ、そのことよりも、いま、話に出てきたことがあがたさんの中で優先されたわけですか。

「俺の頭の中で考えていること？」

――そういうお嬢さんを自分の人生につき合わせちゃいけないと思ったという話です。

「ひかるさんの感受性や佇まいや諸々が育ちのよいお嬢さんというか、大事に育てられた感じの人。なんと言ったらいいんだろう。本当に非の打ちどころのない愛らしいお嬢さんでした。

あれは一九八四年だったな。イギリスのグラストンベリーの音楽フェスティヴァルに二年連続で行ったと言ったでしょ。特に一回目はロンドンの知り合いのところに居候しながらひと月いたんだ。グラストンベリー・フェスティヴァル、普通なら（ひかるさんと）一緒に行くべきだったけれど、お金の有る無しもあったし、最低でも二週間くらいは行きたかったしね。

ではなぜ、一人で行ったか。一人で考えたいこともいろいろあった。それで、グラストンベリーに出発する前に、本人に話したわけ。『もう十分幸せだし、あなたのことが大好きだし、あなたにはなんの落ち度もないんだけど……』って。まぁ、VSのことはそんなに大きくはないとしても、『あなたは堅気《かたぎ》の社会的できちんとした、出世のできる人と一緒になって、そういう生活をしたほうがあなたのためになるんじゃないの。できれば、そういう人と一緒になって幸せになってほしい』みたいなカッコつけたことを言ったんだよ。『俺、どれくらいかわからないけど、ひと月くらいはロンドンにいようと思ってるんだ。そのひと月くらいの間に、あなたが新しい生活を始めようという気になったら、ここ出て行ってくれても構わないから』と。

で、ロンドンから帰ってきて、部屋を開けたら何も荷物がないわけ」

――もぬけの殻⁉

「もぬけの殻だった。『まさか！』とも思ったし、『あぁ、そうなっちゃったか』とも思ったし」

――言ってはみたものの、寂しさも……。

「当然、両方がくるわけだよ。それ以上に、彼女はすごい。やっぱり、本物だなって思った。冷静に自分で考えて、決めたんだよね。きっとね。まぁ、いろいろな人と相談したのかもしれないけど」

――全体的な恋愛論の中での関端さんとヴァージンVSのことなんですが……。

グラストンベリーから帰ったら関端さんがいなくてもぬけの殻になっていたというところまで来ました。そういったかたちでのおつき合いはそれで終わったわけですね？　そこからしばらくは連絡を取ったり、会ったりということはなかったのですか。

「俺が情けなくてさ。なんと次の年、グラストンベリーへ一緒に行っているんだよ」

――次のグラストンベリーは二人だったのですか。誘ったのですね？

「そう。『グラストンベリー、素晴らしかったよ！　一緒に行こうよ！』って誘ったんだ。もう一回よりを戻そうとかそういうのではなくて。そうしたら、彼女も『それは観たいし！』って。

その前後、ひかるさんはエンケンと仲良くしていたんだと思う。でも、グラストンベリーへはひかるさんと一緒に行って。あの時はドーヴァー（海峡）を渡ってパリへも行って。二人で恋人同士のように旅行したよね。それが区切り。お別れのアフター旅行みたいな感じだったかもしれない」

――前回とは違ったものがありましたか。

「そうだね。ひかるさんと一緒だったからね」

――別れると、余計惜しい感じになりませんでしたか。

「いや。あまりそういう感じではなかった。だから、ひかるさんは偉いよ。けども、批判するわけじゃないけど、エンケンさんとパートナーになってからは、かなりセパレートしちゃったし。交流がなくなったに等しかった。（関係が）終わってからも、むしろ僕の方が求めていた。グラストンベリーも誘ったし。グラストンベリーの旅行が終わって、ちょうどそのころからエンケンとの交流が深まっていったのかな。

僕は、そういうのを大事にしたいんだ。俺は意識としてすごく大事にしながら繋いでいこうと思う人間なんだけど、もうこの五年なのか。もうちょっと長きにわたってなのか。時間軸がわからなくなってしまっている。実はその時すでにエンケンさんと一緒になっていたんだけど、約束したから一緒に行ったのかとか。そういうことはきっとないと思うんだけど。エンケンさんと一緒になる、ならないということで『何やっているんだ、お前ら！』なんて言う筋合いでもないし。そんなことはもちろん言わないし。むしろ感慨深いものこそあったよね」

――……。

和田（博巳、元はちみつぱい）さんと一緒に事務所をやっていた時、ひかるさんはエンケンと一緒になってからも、スタッフとして、俺のデスクとしてやり続けてくれたんだよ。それがエンケンさんと一緒になってから一年くらいは続いたかな。なおかつ、まさにエンケンさんが、あの当時でもなかなか動員ができなかったりして。俺、その都度観に行ったけど、お客さんは少なかった。でも彼らしい表現をやり続けていて、周りからの評価がないわけではなかった」

——ええ。

「だから、精神的にも物理的にも、マネジメントすることも、彼女がやっていくのが自然だという流れになっていったのかなと思う」

——……。

「俺、女性スタッフにも一方的なこと言っちゃったりするんだけど、なんで敬意を表している『あなた』が訳のわかんないことするんだよっていう思いがあるから。対等だと思ってるから。もうちょっと女の子をうまく手なずけるぐらいのほうが、一般的な男性のあり方としては魅力があるのかもしれない。だけど結局、男性が主導するやり方をやってる限りはさ。世に言う男女の関係にとっても、俺の視点からすると違うわけね」

——愛というのも避けて通れないテーマだと思います。

「女性がいたり、男女の関係があったり、人間の生き方だよね。かしこまって言えばさ。結果、チャーミングで、いや、チャーミングっていうのも違うんだな。やっぱり誤解されがちだけど、結局色っぽくていい女じゃないとダメなんじゃないの？　単にクレヴァーとかさ、単におしゃれとかっていうのでもなくて、根源的に色香《いろか》や女性の叡智があって。必ずしも未来のイヴを追求してるわけじゃないんだけれど。やっぱりいい女がいないといい歌は作れないのではないかな。俺の個別のっていうんじゃなくてもね。もちろんある人がいて、その人をモデルにして歌を作ることもある」

――それは音楽に限らず、ジャンルを問わず。古今東西、男性のアーティストで女性を全くモティーフにしていない人は少ないですね。女性が表現の大きなテーマやモティーフになっている。

「俺にとって、どうしてもいいモデルがいないといけないわけではない。だけども、じゃあタルホはどうなんだとか、エルンストはどうなんだとかっていう話になっちゃうんだ。

ボブ・ディランはね、『ジャスト・ライク・ア・ウーマン』でも『ライク・ア・ローリング・ストーン』でも結局女性論をこそ歌ってるわけだけども。やっぱりね、女性を一見『ジャスト・ライク・ア・ウーマン』みたいに、まるで子どものようにとかって歌ってるけど、その底にはものすごいフェミニズムを感じるんだよね。俺が『馬鹿野郎！』って言うのとどこかで通底するかもしれない。それから『路上に立って独りでどんな気分なんだろうか』なんて、一見女性を貶めているように歌うけれども、でもやっぱり『ジャスト・ライク・ア・ウーマン』を聴くと、世界一のラヴ・ソングだなって思えるわけだし」

「三・一一」を経て

――話題は変わりますが、新型コロナ・ウィルスのパンデミックはまだ終息の目処は立ちません。また、福島に関しても東日本大震災から十二年目に入ったわけですが、廃炉へのロードマップも発表すると言いながら結局延期したまま現在に至っています。つまり収束への端緒にも着いていないわけですから、終わりは全く見えていない。

そこを整理して振り返るということはまだできないとは思いますがまず、一つお訊きしたい。

東日本大震災が発生した時、あがたさんはどちらに？

「川口にいましたよ、自宅に」

――あの地震が大変な地震だなというのは誰もが体感したわけですけれども、福島が大変なことになっているということはやはり映像でご覧になったのですか。

「その日の夕方ぐらいに見たという記憶かな」

――どのような感じや思いがありましたか。

「なんかとっさにはうまく言えないね。どんな言葉で言っても語弊があるからね。まさに非日常なカタストロフィ的な現象に対するさまざまな感情がごちゃ混ぜになって……。

たとえば三・一一がフクシマに起きたっていうことに対して、何かをしなければいけない、乃《ない》至《し》はきちんとそれに向き合わなければいけない。で、自分なりのヒューマニティを発揮したいという無謀というか、ちょっと大胆な思いも生ずるわけだよね。だからそういうことをやっぱり社会に問いかけたいっていう思いかな、一つは。あるいは一人ひとりの人と何かを確認したいみたいなね。やっぱり、あそこに原子力発電所があったということが、ありきたりな言い方なんだけれどもやはり時代を証明していたんじゃないかと思うな」

――データによると、二〇一一年のバレンタインデーにアルバム『俺の知らない内田裕也は俺の知ってる宇宙の夕焼け』をリリースしています。それからひと月も経たないうちに東日本大震災が発生したわけです。そしてその年の九月、アルバム『誰もがエリカを愛してる』をリリース。東日本大震災から約半年後ということですが。これまで「俺は俺のやり方で歌を歌う、音楽をやる」という意識の中で何十年もやってこられたわけでしょうけど、三・一一を体験したことで何か別の意識の膨らみのようなものが出てきたのでしょうか。

「あったね、それは。『内田裕也は――』は実は前の年の暮れにレコーディングしてあって、年明けてリリースしようと思ってちょうど二月にさしかかっちゃったんだけども。だからコンテンツ自体は二〇一〇年に大方できていた。でもそれができてから沸々と、何に対してかわからないけど、いま思えば、何かを作らないと収まらないなっていう思いが湧き上がったんだ」

――それが具体的になんであるかということの説明はなかなか難しいと思います。ともかく別に意識するものが出てきたのですね。

「だから話が一見飛ぶようだけど、『コンプレックス』っていう言葉が、自分にはつきまとうわけ。コンプレックスっていうのは、まぁわかりやすくいえば劣等感。コンプレックスっていうぐらいだから、いろいろ織り交ざってるこの複雑な機微のある感性がコンプレックスだとも言えるんだけども」

――日本では劣等感というのがわりと独り歩きしてきたようなところがありますね。

「でも、そのコンプレックスという意味においては感受性の機微っていうか。それが偉そうなのか、自己卑下なのか。この辺が俺の機微の大事なところなんだけども。そこにおける、（どうだ俺は！）っていうのと（なんで俺はこの程度なんだろう……）っていうことが常々せめぎ合うわけだよね。

　言いたくはないけども、何もできないわけだよ。たとえば手助けにも行けないし、逃げ出すこともできない。ただ、いつも通りやっている自分しかいないわけね、どっかで」

――それは三・一一を巡っての自己認識ですか。

「そう。ミュージシャンが炊き出しに行ったとか、石巻へ行ってボランティアしたとか、何か物資を送ったとか。みんな向こうへベクトルなり意識なりを向けていく。一方では、放射能を遠ざけようとして、東京から離れて行った人もいる。

　俺は無頓着なのか。鈍感なのか。考え方がまた違うのか。そういうことに対して向かっていくことも去っていくことも自分の意識としてあまり生じない。普段からふらふらしてるから、変わらずに歌を歌ってふらふらしていたいなっていう。社会との拮抗の仕方っていうのはちょっと緩いのか。それとも特殊なのか」

――あがたさんの中に、他人事でなくちゃんと自分事として捉えたいという意識はあるわけですね。

「まさにおっしゃる通り。ものすごくある。やっぱり主体的にそれを捉えて向き合いたいという気持ちが強い」

――『誰もがエリカを愛してる』は九月二一日にリリースされたわけですけれども、いつごろから取りかかって、アルバムを出したいな、出すぞと思ったのでしょうか。

「フクシマっていう現象がなかったら、それを自分の中でどういうふうにとらえていたかっていうのは違ってたと思うんだけども、いかんせんフクシマっていう現象があり、僕自身が、これは今日的な原発問題までも含んだ社会現象だなぁという感じはした。けれども、僕が旗を振って原発反対運動をやろうとか、そういう気にはならないわけだよね。放射能の計測器買ったり、敏感に一生懸命対応している人みたいなことも俺はしないし」

――二〇一一年は、震災直前のも含めると『内田裕也は――』『エリカ――』『コドモアルバム』。

そして、二〇一二年は『女と男のいる舗道』『COBALT TARUPHONIC 音楽文庫 第一〜三集』『ぐすぺり幼年期』と、二年間で六作のアルバムをリリースしています。

「普段だってやんないよね」

──驚異的な、何かに取り憑かれたようなペースですね。

「だからやっぱり、特に三・一一からインパクトを受けていたし、それをいいかたちでみんなにリアクションしたいな、リフレクションしたいなっていう思いはものすごく強かったんだ」

──二〇一一年三月は、あがたさんが還暦を少し過ぎたころですね。

歳をとると、人間は誰しも自分の残り時間というものを考えることがあると思います。その時に東日本大震災と原発のメルトダウンという途方もないものを突きつけられたわけです。そういうことと、元気なうちに曲をどんどん作って発表したいということが折り重なって、強いバイアスを生んだのかな、と。これまで以上にハイペースになっている理由をどう思いますか。

「おっしゃる通り。一つ言えるのは、自分がこれから何を作ろうかと迷ってた時期でもあったということ。何を表現したいのか。そのとっかかりがちょっと見えた気がしたんだね。

ただ、二、三年もしたらみんなはもう、こんなに密度高くいろんなことを語ったりはしないんだろうなって思った時、俺は十年ぐらいのサイズで何かを問いかけたい。俺の表現性を出してみたいっていう気持ちにもなったんだよ。できあがったものは、三・一一的なものからどれほど触発されたかっていうと必ずしもそうでもない。むしろ言いたいのは、やっぱり家族や自分が親しい者と何かを再確認できるっていうのは僕にとってものすごく大事なことなわけだから。そういうことを是非よろしく！　というとっかかりにはなったけれども。フクシマへのエールやメッセージ、あるいはプロテスト・ソングというものはとっさにはできなかったね」

――何を届けたいと思って作り、歌っていますか。

「この（震災後十年間の）シリーズにおいて？　いままでのことも含めて？　これからの未来？」

――トータルかもしれません。「愛」はあがたさんの究極のテーマの一つでもありますし、そういう思いをどのように届けたいのかなぁ、と……。

「やっぱり、子どもたちのほがらかな笑顔とかさ。本当にありきたりすぎるけれど、まずはそういう言い方で形容するしかないということになる」

終章◉航海は夜ごと醒めない夢を見ながら続く

2022年　わんだぁるぴぃ2022～信州松本の巻（松本・お堀と青木カフェ）より（撮影：Nachi Yamazaki）

日本には前例がなかった。あがた森魚たちがデビューした時代には、年上の音楽関係者は別の音楽をやっていた。「別の音楽」とはすなわち、歌謡曲、演歌、グループ・サウンズ（GS）、米国のピーター・ポール&マリー（PPM）やキングストン・トリオなどのコピーから始まったカレッジ・フォーク、あるいはキャンパス・フォークと呼ばれた一群、そして民謡、都々逸などいにしえからの俗謡である。もちろん、先行するミュージシャンがいなかったわけではないが、彼らとて年齢はいくつも違わず、試行錯誤していたことには変わりない。まして、自分の言葉をロックやフォークとして表現する場合、どうしても欧米のミュージシャンやバンドをお手本として始めるしかなかった。なにしろ一九七〇年代初頭、「ロックは英語で歌うべきか、それとも日本語で歌うべきか」をテーマとした〝日本語のロック論争〟と呼ばれる誌上座談会に内田裕也や大滝詠一らが参加したほどだから、当時はまさに徒手空拳と言ってもいい状態だった。

ボブ・ディラン。ザ・ビートルズ。ザ・ビーチ・ボーイズ。フィル・スペクター。フランク・ザッパ。ザ・ヤードバーズ。グレイトフル・デッド。ドノヴァン。バッファロー・スプリングフィールド。モビー・グレイプ。ザ・バーズ。ニール・ヤング。ザ・バンド。フェアポート・コンヴェンション。フェラ・クティ……。本書に登場したこれらさまざまなミュージシャンやバンドは全て彼らの血となり肉となってきた。先にも触れたように、大瀧詠一言うところの「世界史」であり「分母」である。

それから半世紀。道なき道を切り拓いてきた若者たちはいまや七十歳を迎えている。千年以上も前にあった中国唐代の詩句に由来するとはいえ、七十歳を「古希」と呼ぶのは「人生七十古来稀なり」からきている。つまり、時代が時代であれば、周囲から長寿を祝われる立場だった。

ところが、彼らはデビュー半世紀を迎えても音楽の前線から去ろうとしない。その気配すらそよとも漂ってこない。

もとより出生数が多いベビー・ブーマーであることに加え、長寿化、また、歴史や時代が成熟したという外的要因もありそうだが、それだけでは説明がつかない。やはり音楽家として現役を続ける理由があり、そのうえで、各界ともそのままでい続けることができないように、音楽の世界でもパラダイム・チェンジが行われた証だ。

しかも、彼らが若かったころには見られなかった親子以上に年の離れたシンガーやミュージシャンとのコラボレーションが各所で実現している。

そして、はっぴいえんどを筆頭に、当時の楽曲やアルバムが「シティ・ポップ」として海外で流通するという現象も起こっている。LPは言うまでもないが、CDもいまや半ば旧メディアのように見做され、ネット上から定額配信（サブスクリプション・ストリーミング・サーヴィス）される音楽を聴くのが中心となってきている。いや、サブスク型ストリーミングの成長の勢いは失速し、次の成長段階に導くのはSNSプラットフォームである、将来はストリーミング＋NFTメタヴァースであるとの指摘や予想もある。いずれにしても、音楽配信を巡るテック・イノヴェーションは新たなスタイルを生み出し続けるだろう。

もはや物は誰も買わなくなった。こんな時代はこれまでになかった。功罪はさておき、これでは一幕の歌劇のような楽曲群を構成し、また、ジャケットやライナーノーツに工夫を凝らし、ガジェットとして眺め、保有する満足感をも与えてくれる、かつてのアルバムからはますます遠ざかるばかりだ。もっとも、この流れに抗うように、あるいは、密かなヴァイナル・リヴァイヴァルに呼応して、近年はLPとしても発売するミュージシャンが登場している。

こうして振り返ってみれば、あがたたちの世代は登場時、新しい音楽を生み出す必要に迫られたばかりか、ヴェテランになったらなったで、今度は音楽の発表の仕方で新しい波にさらされている。

ちなみに、あがたはいまも長髪で、ジーンズにワークブーツ（さすがに下駄は履いていない）というオールド・スクールないでたちでステージに上がっている。

彼が半世紀の日々、何を感じ、思い、考えてきたのかについては正直なところ、よくわからない。こう言ってしまっては身も蓋もないが、いくら何十時間にわたって話を聞こうが、数多くのライヴに立ち会おうが、周辺人物に話を聞いて廻ろうが、核心にはあまり触れられていないような気もする。

ただ、そんな中で、確かにわかったと思えることもいくつかある。その一つに、あがた森魚は決して一カ所にとどまらない、他者に固執しない人だということがある。たとえ自宅であっても、身内であっても、彼の基本単位は一人、「俺」である。俺がどう感じるか。俺がどう思うか。俺がどう考えるか。そういう感覚・思考・行動基準で生きている。

近代以前には蝦夷地（異民族の住む土地）とされた最果ての地で生まれ育ったために、地縁・血縁に対する意識が希薄であることも自己規定に深い影響を与えているのだろう。いわば、「流れ者」という認識と自覚である。

ちょうどそんなことを考えている時、あがたはSNSに日記風の文章を寄せた。

「2022年6月20日（月）11日に川口を出てもう10日目。福島、葛尾、仙台、札幌、小樽と巡って、今、信州松本。

丸10日間、これだけあちこち巡ってくると、生きた心地がする。各地、目的も、ライヴも、出会った人も色々で、どこもここも各地各地が、意義深い。

出会った場所、人、現象がどれも贅沢。

ホーボーとか、浮浪者とか名付けるまでもなく、自分が、さもしい野犬でいることで、身の置き所の安らぎを覚えるのはなぜだろう（笑）

続き明日かな。写真、なちさんが撮ってくれた。

松本の片端町で、夕暮れに馴染んでいる自分」

宿泊先だろうか。夕暮れに染まる窓越しにあがたのシルエットが浮かんだ写真が添えられている。

白身を「野犬」と言い、「ホーボー」（十九世紀末からの世界的大不況の際、米国で出現した渡り鳥労働者。ウディ・ガスリーやジャック・ケルアックをはじめ、音楽や文学の世界で大きなモティーフになっている）や「浮浪者」を引き合いに出し、また、ある時には「愛の乞食」と言ったあがたはしかし、孤独であるがゆえに自由自在に動き回り、「生きた心地」や「贅沢」さを得ているのに違いない。言わば、歌手・あがた森魚にとって、孤独こそが自分を動かす蒸気タービンなのである。

雨の日に詞を書き、風の日に曲を作り、嵐の日に歌う。そんな時もあったはずだ。座礁・難破したこともあったはずだ。それでも、そのロマンティックにしてエキセントリック、場合によってはファナティックという形容さえふさわしい半世紀に及ぶ航海は夜ごと醒めない夢を見ながらこれからも続く。当人は「五十周年」などあがた森魚の航海記において、ひと時の寄港くらいのつもりでいるかもしれない。だって、きっと、歌がなければ夜も日も明けないのだから。

「日本少年」
　海鳴りも神鳴《かみなり》様も怒り猛って
海を越えろ天雨《あめ》も越えろ　天地《あめつち》覆せ
いつか邂逅《であ》った流離達《たびびとたち》よ　良い彷徨續《たびつづ》く様に
鶏鳴《けいめい》臥薪《がしん》の朝焼け時よ　嵐でやって來《こ》い
　いつか邂逅った流離達の良い彷徨續く様に
日本の濱邊《はまべ》で遠い皆さん　倖せ祈りましょう

あとがきにかえて

あがた森魚さんと初めて出会ったのは二〇二〇年三月一三日。渋谷区神宮前で開かれた写真家・野上眞宏（マイク野上）さんの個展『ON THE ROAD』の打ち上げだった。私は野上さんを知っており、また、当日、久保田麻琴さんとのトークショウがあるということもあって、個展会場のポピュラリティ・ギャラリー&スタジオに出向いていた。

打ち上げが開かれたのはギャラリー近くの居酒屋である。そこにあがたさんがいた。一九七二年の「春一番」以来、何度となくあがたさんのライヴを観てきたので、私はなんとなく挨拶をした。聞けば、久保田さんから誘われ、写真展にやって来たという。

もし、あの時、野上さんが写真展を開いていなければ、また、野上さんが久保田さんをトーク・ゲストに選んでいなければ、久保田さんがあがたさんに声をかけていなければ、私が打ち上げに参加していなければ……。もし、他の日に観に行っていれば、という仮定だってある。ともあれ、いくつもの偶然が重なり、私はあがたさんと出会ったのだ。

そんな出会いだったが、ある日突然あがたさんから電話があり、徐々にメールや電話を交わすようになり、月に一回開かれる王子・飛鳥山のタルホピクニックにも誘われて見様見真似でシェケレを振りながら、気がつけば本を書くことになった。私も鳴門の渦ならぬ〝あがたの渦〟に巻き込まれた一人ということになる。しかしながら、現代のダダイストたるあがた森魚はピュアで、エキセントリックな魅力で人を引きつける。だから、過去から現在まで、渦の中には大勢の人が巻き込まれたに違いない。いま、これを読んでいるあなたも近い将来、絶対巻き込まれないという保証はないはずだ。

まぁ十年ほど前からあがたさんは断酒しているらしいから、少なくとも酔った勢いで巻き込まれるという心配はない。確かに何度か酒席を共にしたが、アルコールを口にしたことは一度もない。酒場で東日本大震災を巡っての議論になり気まずい思いをしたこと、また、健康上の理由もあるようだ。

ところで、最近は音楽関係者の訃報が続く。

まず、中川イサト氏が二〇二二年四月七日に七十五歳で亡くなった。次に、小坂忠氏が四月二九日に七十三歳で亡くなった。あがたさんは「ありがとう」をカヴァーしたこともある。六月二八日には本書でも触れた宮谷一彦氏が七十六歳で亡くなった。そして、七月四日には山本コウタロー氏が七十三歳で亡くなった。あがたさんとは誕生日が五日違いの同級生だ。また、矢沢永吉『成りあがり』や『日本国憲法』、あるいはＹＭＯの写真集『ＯＭＩＹＡＧＥ』などヒット作を連発した小学館ＯＢで編集者の島本脩二氏が七月五日、七十六歳で亡くなった。打ちのめされた人は多いはずだ。五人ともそれぞれの分野で確かな足痕を残したが、重要なのは、彼らがあがたさん同様半世紀にわたって私たちを大いに楽しませ、驚かせ、時に大切なことを教えてくれたということだ。

あがたさんはもちろんそれぞれに交流があったはずだが、私も忠さん、島本さんとは何度かお目にかかった。特に忠さんはインタヴューで秋津の教会を訪ねた時、私一人のために、フォージョーハーフ時代のギブソンを手に「機関車」を歌ってくれたという忘れ難い思い出がある。告別式にはあがたさんと一緒に参列した。

謹んで五氏のご冥福をお祈りすると共に、同世代のあがたさんたちにはご自愛いただきたいと思う。ここ五年のうちにも、かまやつひろし、加川良、遠藤賢司、はしだのりひこ、南正人、中野督夫（センチメンタル・シティ・ロマンス）の各氏が亡くなったことを思えば、なおさらその思いは募る。

とはいえ、〝師匠〟ボブ・ディランは今年、レコード・デビュー六十年を迎え、ザ・ローリング・ストーンズも結成六十周年ということでこの夏「シックスティー」ツアーと題し、ヨーロッパを回った。「ハニー・パイ」の作者、ポール・マッカートニーやブライアン・ウィルソンも八十歳を迎えて、なお現役だ。

一方、吉田拓郎が音楽・芸能活動からの引退を発表した。果たして、あがた森魚の六十周年はあるのか。近未来への問いかけを希求する現在の姿が十年後にもあることを願う。

本書の出版にあたり、あがたさんはもとより、小学館出版局デジタル企画室編集長の山内健太郎さんに的確な助言を頂戴した。とりわけ山内さんには入稿ギリギリまで無理な注文をお願いし、押し迫るデッドラインと格闘していただいた。心より感謝を申し上げる。そしてご多忙の中、快くインタヴューに応じてくださった緒川たまきさん、久保田麻琴さん、鈴木慶一さん、松岡正剛さん、三浦光紀さん、森達也さん、矢野顕子さんにも感謝したい。どなたにもこの本のために今年、語り下ろしていただいた。最新の「あがた森魚論」である。また、小学館OBでジャズ評論家の村井康司さん、渋谷・Ｌｉ-Ｐｏオーナーの伊藤美恵子さんの存在なくして今回の出版はなかった。深く感謝をお伝えしたい。最後になったが、企画当初より献身的に動いてくださった、あがた森魚デビュー50周年プロジェクト事務局の斎藤朋さん、倉科杏さん、熊谷敬子さん、およびあがたさんたちの複雑かつ膨大な語りを書き起こしてくれた皆さんにもお礼を述べたいと思う。

そして、心からあがた森魚および彼の半世紀の道のりに立ち会ったミュージシャンの音楽を愛する全ての人たちにこの書を捧げる。

二〇二二年盛夏

今村守之

「近代の兄弟たちへ　未来の兄弟たちへ」

あがた森魚

2022年　50周年記念「二千十年代選曲集ライヴ」より（撮影：marmelo）

『赤色エレジー』からデビュー五十年目の夏は、沖縄で迎えました。
東日本大震災の起きた二〇一一年から毎年アルバムを作り続け、その約束の十年間も完了し、それでもさらに昨年の『わんだぁるびぃ』に続き、この夏は沖縄でのデビュー五十年目のレコーディングを開始しました。
そして、同時に、充たされ気分で、完成間近のこの単行本の、あとがき（お礼のようなもの）を、書いていました。それは、次のような、恋愛小説もどきでの始まりでした。

好きになった人には、それ以上には近づけないように、
その人の素晴らしさを、その人にそれ以上に表明しえないように、
そのように、気をつけながらやってきました。
つのる思いがこらえきれず、本当の気持ちを伝えてしまって、
全てが終わりになったこともありました。
おおかた、僕らの人生というワンシーズンは
そのようにして始まり終わっていくのでしょう。

この、あがた森魚のデビュー五十年目の伝記本ともいえる一冊の本には、愛着や妄想、歌や音楽に対するこだわりを、過剰なまでに、ぎっしりと詰め込みました。それは、この全体を著した今村守之さんの情熱と力量の賜物です。また多くの人に、あがた森魚に、気をつかってもらい多分な愛情を振る舞っていただきました。心からお礼申し上げます。

そもそもが、一九六〇年代から、七〇年代の初頭にかけてのことです。素晴らしいアーティストたちが僕や僕らを出迎えてくれました。僕は、それがゆえ、どうしても、ボブ・ディランと、稲垣足穂と、言ってしまうのです。それは、半ば、信仰です（笑!!）。ディランは、僕にとっては、やんちゃな兄貴ですが、それでも、確かにロックの神様です。タルホにいたっては真実のお父っつぁんですから（笑!!）。その仲間には、マックス・エルンストとか、ニジンスキーとか、イーノとか、レヴィ＝ストロースとかがいるのです。まだまだたくさんいるのです。

日本では、最初に、早川義夫に衝撃を受けました。その時、遠藤賢司もいました。細野晴臣、大滝詠一、松本隆もいました。鈴木慶一、渡辺勝、武川雅寛、はちみつぱい、矢野誠、まだまだたくさんの僕や僕らを出迎えてくれたアーティストたちがいました。

岡林信康や、高田渡や、友部正人や、西岡恭蔵とか、さらには、田谷力三や、中村とうよう、横尾忠則、内田裕也、吉田拓郎、加藤和彦、美輪明宏、森繁久彌などなどと、挙げていくと、お門違いとお思いのみなさまもおられるかもしれませんが、それぞれの存在、現象が、貴重な役割をなし、僕、僕らの時代を作りあげていったのだと思います。

多分、それら全体のことが、不可欠な要素として、僕らの近代史を構築したはずなのです。挙げていくとまだまだあります。

一つ例を挙げれば、坂本龍一。彼は、僕らのやってきた音楽を仮にロックと呼ぶのなら、そのロックの概念を築いた六〇年代後半から、七〇年代にかけての猛々しい時代の、政治、文化、音楽全般にわたっての視点、概念を摑み、考え、表現し、それを今日まで敷衍《ふえん》してきた数少ないアーテイストの一人だといえます。ＹＭＯから、大江健三郎、吉永小百合らとのコラボまでも含め、その認識と活動。可能ならば、未来の音楽の展望のためにも、彼の音楽の活動がさらに継続することを願っています。

さらに重要な本音を言うと、それらに劣らず、かけがえのない近代を築いてきた女性表現者たちのことです。七〇年代初頭に出会い、多くの衝撃を受けた瀬戸内晴美（寂聴）、伊藤野枝、宮城まり子らの先人。そこから続く、僕が恩恵をこうむった、リアルタイムに現代を生きた女性表現者たち。

たとえば、ジャパニーズガールその人、矢野顕子。その勇気と天性の明朗さ。その一点だけでも、未来形の音楽を先取りしてくれました。また、お約束としかいえませんが大貫妙子。いつでも心が洗われます。

それからＰｈｅｗ。そのつれない歌声が、僕らを力強く慰撫してなりません。さらに吉田美奈子。僕らを力づける天性の朗らかな歌声。自分の生き方、女性のあり方を、彼女たちは、どうしてこうも力強く僕らに歌い示せるのでしょう。

まだまだたくさんいます、山口小夜子、緒川たまき、いしだあゆみ、桃井かおり、松任谷由実、大竹しのぶ、杉浦邦恵、篠田桃紅。表現を共にした、感銘や叡智を授けてくれた、女性表現者たちの数々。

そして忘れてはならない女優、緑魔子。そもそもは、林静一さんの作品でのミューズとして出会いました。林静一の表現を丸ごと掴み取りたくて、その底に静かによこたわる緑魔子の姿を知りたくて、多くの薫陶を得たことを感謝しておかねばなりません。とはいえ緑魔子という一人の表現者が大衆にもたらした存在意義を、僕はいまだに充分に理解していません。けれども、石橋蓮司との劇団第七病棟での緑魔子の発した、内省的でいといけない、孤絶した、しかし有機的な生きることへの模索のありさまは、意義深く感銘深いものです。それこそが僕らの言うところの未来的デジャヴの体現ではないでしょうか。

忘れてならない存在はまだまだいます。この僕自らの母父です。戦後の小樽に僕らを育んでくれた彼らの生き姿です。のみならず、港町小樽の人々の愛情です。また、戦後引揚者たちの、学校にも通って来なかった、さむらいヴィレッジの子どもたちです。彼らこそ僕の人生の初期に出会った本当の幼馴染です。

また、私が、この二十一世紀の初頭から、現在住んでいる埼玉県川口で、約二十年もの年月「自分が最低限必要とされていることの至福の意味」をたくさん教えてくれた娘の朔と、その母の和子さん。その星霜についての感謝の気持ちもほとんど語れませんでした。

自分が出会った忘れられないかけがえのない人々のことを、ひとかけらふたかけらでも語れたらという気持ちでした。素晴らしかったから語り、素晴らしくないから語らなかったわけではありません。語った人を崇《あが》め、語らない人のことをないがしろにしたかったわけでもありません。

そして、決して、私の好きな、子どもじみたロマンティシズムやヒロイズムに溺れたいわけではなく、しかし、幼年から親しんだ、訳もなく我が意とした、ノーチラス号のキャプテン・ネモや、雪合戦のリーダーのダルジュロ、アポロンの寵愛ヒュアキントス、三歳で成長を止めたブリキの太鼓のオスカルなどのような、冒険譚的ヒロイズムへの憧憬も否定できないままでいるのでしょう。

昨今の、私の音楽活動の重要な中核を担う、窪田晴男、ホッピー神山、太田恵資、東谷健司、川口義之、イトケン、南條レオ、大森元気、春日博文、久保田麻琴。王子飛鳥山でのタルホピクニックの渡辺亮、大槻さとみ、アリマトシヒコ、和田純次、円盤少女ほか多くの面々。渋谷公会堂に集ってくれた小松亮太、会田桃子、青木菜穂子、山崎優子。そして新たな旅の仲間、伊藤彼方、塚原義弘といった方々への、親しみや謝意はここでは表明しきれなかったでしょう。

なぜ僕らは第二次大戦後の日本に生まれたのか。北海道や青森で育ち、どのような愛情を授けられたのか。佐藤敬子先生や徳差健三郎やクラスメートたちと何を学んだのか。

なぜ、十六歳の夏に、ボブ・ディランの歌に出会い、感銘したのか。

なぜ、「ガロ」という雑誌の林静一の『赤色エレジー』という漫画に感銘し、歌を作ってしまったのか。

その「赤色エレジー」が、フォークやロックファンのみならず、多くの大衆に親しまれたことの意味について。第二次世界大戦や、一九六〇年代は、現代にとって、置き去りにすることはできないかけがえのない幼年期であること。いやたった現在ですら未来の兄弟たちにとっての幼年期以前であるだろうこと。それらを全て僕らに予告し続けようとした、一千一秒物語の稲垣足穂。

その稲垣足穂の著書『美のはかなさ』で「徒然草」七十一段を引用し、デジャヴというものが、過去の既視感としての記憶ではなく、これから、僕ら、そして僕らの未来の兄弟たちが、未視感という既視感を、体験体感するためのものではないだろうかと問いかけます。歌や音楽の役割もまさにそのものに違いないわけです。

「未来」を生きる旅、その準備、新しいもの、美しいもの、心洗われるもの、それらを現実として創造物として、旅として歌として、そしてそれらの総体としてのデジャヴとして、未来に置き換える（変換する）いとなみそのものが、僕らの生きているありさまではないだろうかという問い。そう感じるのは僕だけだろうか、という稲垣足穂からの謙虚な問いかけです。

僕（僕ら）の約七十五年を記したこの一冊ができあがろうとしている今。ならばこそ、この一冊の存在と、そこに記された意味を、多くの誰彼にきちんと伝えたい気持ちに強くかられます。そして、ひき続き歌ったり語ったりするライヴで、「明日を生きるという続編」を、多くのミュージッシャンやアーティスト、スタッフたちともまた一緒にやれるにちがいない、そんな、勇気がわいてきました。

それこそが僕自身の思うところの「有機的気配のある未来の共有」ということではないかと。

＊　＊　＊

最後に、ありきたりな謝辞ですが、この意義深く難題な本を、共にひきうけてくれた今村守之さんに、心から感謝いたします。また様々な実務をひきうけてくれた「50年プロジェクト」のみなさま、このささやかで巨大な一冊を見事にまとめあげてくれた小学館の山内健太郎さんにも深くお礼申し上げます。

なお、同じくこの小学館から出ている、文庫本の林静一著の『赤色エレジー』（私、小文を書かせていただいています）を併せて読んでいただければささやかな合わせ鏡にもなるかとおもいます。どうぞお楽しみください。

主要参考文献

『一千一秒物語』稲垣足穂　新潮社　1969年
『風のくわるてつと』松本 隆　ブロンズ社　1972年
『タルホフラグメント』稲垣足穂　大和書房　1974年
『プラネタリー・ブックス5　稲垣足穂さん』松岡正剛　工作社　1979年
『ザ・ビートルズレポートー東京を狂乱させた5日間』竹中 労編　白夜書房　1982年
『風街詩人』松本 隆　新潮社　1986年
『ムーンライダーズ詩集』ムーンライダーズ　新潮社　1986年
『資料 日本ポピュラー史研究　初期フォーク・レーベル編』黒沢 進　SFC音楽出版　1986年
『天体嗜好症』稲垣足穂　河出書房新社　1988年
『火の玉ボーイとコモンマン　東京・音楽・家族　1951－1990』鈴木慶一　新宿書房　1989年
『菫礼礼少年主義宣言』あがた森魚　新宿書房　1990年
『戦時期日本の精神史ー1931～1945年』鶴見俊輔　岩波書店　1991年
『ボブ・ディラン瞬間の轍1～2』ポール・ウィリアムズ　音楽之友社　1992・93年
『J－POP進化論「ヨサホイ節」から「Automatic」へ』佐藤良明　平凡社　1999年
『追憶の60年代カリフォルニア　すべてはディランの歌から始まった』三浦 久　平凡社　1999年
『赤色エレジー』林 静一　小学館　2000年
『SMALL TOWN TALK　ヒューマン・ソングをたどって……』松平維秋　VIVID BOOKS　2000年
『20世紀　どんな時代だったのか　政治・社会編』読売新聞社編　読売新聞社　2000年
『月がとっても青いから　マイ・ラスト・ソング3』久世光彦　文藝春秋　2001年
『風都市伝説　1970年代の街とロックの記憶から』北中正和責任編集　音楽出版社　2004年
『文藝別冊　大瀧詠一』大瀧詠一、相倉久人　河出書房新社　2005年
『まだ夢の続き』小坂 忠　河出書房新社　2006年
『ぼくの歌・みんなの歌』森 達也　講談社　2007年
『古川ロッパ昭和日記　戦後篇　昭和20年－昭和27年』古川ロッパ　滝大作監修　晶文社　2007年
『自由に生きる言葉』ボブ・ディラン　クリス・ウィリアムズ　イースト・プレス　2007年
『地球のレッスン』北山耕平　太田出版　2010年
『あがた森魚読本』音楽出版社　2012年
『ボブ・ディラン　ロックの精霊』湯浅 学　岩波書店　2013年
『ボブ・ディランは何を歌ってきたのか』萩原健太　Pヴァイン　2014年
『70年代シティ・ポップ・クロニクル』萩原健太　Pヴァイン　2015年
『ライク ア ローリング ストーン』宮谷一彦　フリースタイル　2017年
『ボブ・ディランの21世紀』湯浅 学　音楽出版社　2017年
『軟骨的抵抗者　演歌の祖・添田唖蝉坊を語る』鎌田 慧　土取利行　金曜日　2017年
『細野晴臣と彼らの時代』門間雄介　文藝春秋　2020年
『プカプカ　西岡恭蔵伝』中部 博　小学館　2021年
『私のなかの歴史　あがた森魚』大原智也　北海道新聞　2019年
『ワンダーランド　1973年9月号』ワンダーランド
『ニューミュージック・マガジン　1975年11月号』ニューミュージック・マガジン社
「別冊新評『稲垣足穂の世界〈全特集〉』」新評社　1977年
「ユリイカ2004年9月号 特集＝はっぴいえんど　35年目の夏なんです」青土社
「Spectator37号」北山耕平　2016年
「Spectator44号」ヒッピーの教科書　2019年
「東京人　2021年2月［増刊］特集『王子飛鳥山を愛した 渋沢栄一』」都市出版
「東京人　2021年4月号　特集『シティ・ポップが生まれたまち　1970－80年代 TOKYO』」都市出版
「週刊金曜日　2022年4／22号　あがた森魚インタヴュー」今村守之　金曜日
「女と男のいる舗道　あがた森魚　デビュー40周年記念ツアー」パンフレットvivid sound　2012年
「Qupora Haze 臨時増刊『Zipang Boys 號の一夜』」motchom Qupora　2009年
「愛を乞う第三惑星」あがた森魚　あがた森魚デビュー五十周年プロジェクト　2022年
あがた森魚アルバム　1972～2021年
『タクト・リコレクション』ジャックス　日本コロムビア　1986年
『ボブ・ディラン ノー・ディレクション・ホーム［DVD］』マーティン・スコセッシ　パラマウントホームエンタテインメントジャパン　2007年
『あがた森魚 ややデラックス［DVD］』竹藤佳世　トランスフォーマー　2010年
「あがた森魚データベース～山縣駄菓子店」http://virginvs.web.fc2.com/
「はちみつぱいーOUTSITE」
http://outsite.cool.coocan.jp/spanishcastlemagic/hachimitsupie.htm
「hosono archaeology」http://www7.plala.or.jp/keeplistening/index.html

あがた森魚◉年表

	主な出来事	○主な社会の出来事
1948年	9月12日　父・山縣林吉、母・操の長男として北海道留萌市黄金岬の近くで誕生	○美空ひばりデビュー
1950年	父の転勤により小樽市入船町に転居 保健婦として働く母の保育園に通う	○金閣寺全焼
1952年	4月　小樽市・藤学園マリア幼稚園（現・藤幼稚園）に入園 4月12日　弟・幹夫誕生	
1955年	4月　小樽市立入船小学校に入学　佐藤敬子先生が担任となる	
1957年	4月　父の転勤により　青森市新浜町に転居 青森市立長島小学校に転入	○南極観測隊　上陸成功
1958年	青森の奈良屋東映に学校帰りに通い、東映のチャンバラ映画を数多く観る	○東京タワー開業 ○ソ連のボストーク1号、人類初の有人宇宙飛行に成功
1961年	4月　父の転勤により　函館市潮見町に転居 函館市立潮見中学校に入学	
1963年		○ケネディ米大統領暗殺
1964年	4月　函館ラ・サール高校に入学	○東京オリンピック開催
1965年	夏、ラジオから聞こえてきたボブ・ディランの「ライク・ア・ローリング・ストーン」に衝撃を受ける 作詞作曲を始める	○ボブ・ディラン『追憶のハイウェイ61』発表 ○映画『気狂いピエロ』公開
1966年	父が定年を迎え、家族は横浜市に転居　函館市で下宿生活を送る 下宿の先輩からギターを習う	○ビートルズ初来日 ○中国、文化大革命始まる
1967年	3月　高校を卒業　横浜へ転居　予備校へ通いながら、東京で映画や音楽にいそしむ	
1968年	4月　明治大学二部文学部に入学　野村証券でアルバイトを始める	○三億円事件 ○川端康成ノーベル文学賞受賞

1969年
4月 明治大学一部文学部に編入
10月28日 音楽イベント「ロックはバリケードをめざす」のチラシを見つけ、出かける
早川義夫、遠藤賢司、ヴァレンタイン・ブルーを初めて観て強い衝撃を受ける
11月 URCレコードへ出向き、歌を歌う
○安田講堂に突入
○アポロ11号月面着陸

1970年
1月 インターナショナル・フォーク・キャラバン前夜祭へ早川義夫の推薦を受け出演
3月 鈴木慶一と出会う
8月 自主アルバム『蓄音盤』制作
シリーズイベント「斎藤哲夫・あがた森魚サアカス」開始
○三島由紀夫自決
○万国博覧会開催
○よど号ハイジャック事件

1971年
8月 第3回全日本フォークジャンボリーへ出演 「赤色エレジー」を歌う
10月 キングレコードのディレクター三浦光紀から電話で連絡をもらう
12月 レコードブック『うた絵本「赤色エレジー」』(幻燈社)リリース
12月 キングスタジオにて「赤色エレジー」レコーディング
○ニール・ヤング『ハーヴェスト』発表

1972年
1月 風都市マネージメントにより
キングスタジオにて「赤色エレジー」再レコーディング
4月25日 ベルウッドレコード発足 あがた森魚「赤色エレジー」シングルリリースデビュー
5月 第二回「春一番」コンサートへはちみつぱいと出演
6月15日 日本テレビ『11PM』に出演し「赤色エレジー」を歌う
8月21日 オリコンチャートで最高位7位を記録
9月 ファーストアルバム『乙女の儚夢』リリース
出演映画『女番長ゲリラ』(鈴木則文監督)公開
○連合赤軍あさま山荘事件
○沖縄返還
○テルアビブ空港乱射事件

1973年
映画『僕は天使ぢゃないよ』(イエローツーカンパニー制作 あがた森魚監督)制作開始

1974年
3月 アルバム『噫無情』(レ・ミゼラブル)リリース
10月 舞台「にっぽんサーカス物語 ―道化師の唄―」(森繁久彌主演・帝国劇場)出演
○三菱重工ビルで時限爆弾爆発

1975年
舞台「熱海殺人事件」(つかこうへい演出 青山・VAN99ホール)出演
11月 舞台「にっぽんサーカス物語 ―道化師の唄―」(森繁久彌主演・梅田コマ劇場)出演
12月 アルバム『僕は天使ぢゃないよ』リリース
○ニール・ヤング初来日

1976年
1月 アルバム『日本少年』(ヂパング・ボーイ)リリース
○ロッキード事件

1977年
単行本「ひとりぐらし」(青春出版社)出版
5月 『僕は天使ぢゃないよ』上映会&ライヴ 東京で開催(新宿・紀伊国屋ホール)
7月 『僕は天使ぢゃないよ』上映会&ライヴ 大阪で開催(大阪・三越劇場)
○稲垣足穂逝去

1977年　自主アルバム『永遠の遠国』制作発表
稲垣足穂・野尻抱影追悼イベント（松岡正剛企画・青山タワーホール）出演

1978年　「あがた森魚コンサート〜永遠の遠国」を渋谷ジァンジァンなどでシリーズ開催
○ボブ・ディラン初来日

1979年　家族は屋久島へ転居　自然食ペンション「天然村」を始める
11月　『乗物図鑑』レコーディング（大阪・ロック・マガジン企画）

1980年　1月　稲垣足穂テレビドキュメンタリー
『わが旅　一千一秒物語』（フジテレビ）にナビゲーターとして出演
4月　アルバム『乗物図鑑』リリース
12月　アルバム『永遠の遠国』予約者への会報「遠国ニュース」スタート
○ジョン・レノン射殺

1981年　1月　ヴァージンVS　シングル「ロンリー・ローラー」リリース
6月　ヴァージンVS　アルバム『ヴァージンVSヴァージン』リリース

1982年　5月　プラネタリウムでの初ライヴ「あがた森魚の遊星観光会」開催
（池袋・サンシャインシティプラネタリウム）
11月　ヴァージンVSシングル「星空サイクリング」リリース
○映画『ブレードランナー』公開
○商業用CD登場

1983年　1月〜2月　「うる星やつらフェスティバル」ヴァージンVS出演
（愛知・愛知文化講堂／大阪・厚生年金会館大ホール／東京・千代田公会堂）
○日本海中部地震

1984年　6月〜7月中旬　パキスタン経由でイギリス・グラストンベリーフェスティヴァルを鑑賞

1985年　5月　雑誌「太陽」の企画で東海道（日本橋〜三条大橋）徒歩行脚
10月　自主制作アルバム3枚組ボックス『永遠の遠国』（永遠製菓）リリース
10月　池田光夫&ホセ・コランジェロのコンサート鑑賞（よみうりホール）
11月　シエテ・デ・オロのコンサート鑑賞（横浜）
11月28日〜30日　「二十世紀少年展覧会」（東京・HBギャラリー）開催
○日航ジャンボ機御巣鷹山墜落事故
○つくば科学万博

1986年　1月　「あがた森魚のタンゴの夕べ」（渋谷エッグマン）開催
3月　「あがた森魚の二十世紀少年音楽会」（六本木NEWZ）
5月　映画『夢見るように眠りたい』（林海象監督・音楽担当）プレミアショウ（池袋文芸座地下）
7月　母・山縣良江（本文では「操」）著『聖なる産声』（たま出版）出版（巻頭言寄稿）
8月8日　シエテ・デ・オロと共にオズバルド・プグリエーセ表敬演奏のため
アルゼンチン・ブエノスアイレスへ
8月12日　オズバルド・プグリエーセ主催のコンサートで
「レクエルド」「バンドネオンの豹」ほかを歌う（カサ・デル・タンゴ）
○チェルノブイリ原発事故

1987年
1月 アルバム『バンドネオンの豹』リリース
3月 『あがた森魚の銀座大博覧会』（銀座小劇場）開催
○国鉄民営化

1988年
6月 「はちみつぱい再結成コンサート」（汐留ＰＩＴ）
10月 旭七彦作「薮の中で何を見たか」（銀座小劇場）出演、音楽
○青函トンネル開業
○瀬戸大橋開通

1989年
1月 札幌テイネハイランド「あがた森魚の〈白銀は招くよ〉コンサート」初開催
3月14日〜7月14日 ポップ・ライを訪ね飛行機を使わず陸路単独 日本〜アジア〜中近東〜欧州〜北アフリカ・アルジェリアまで横断ツアー
7月 歌詞集『モリオ・アガタ 1972〜1989』（エディション・カイエ）発売
9月30日〜10月1日 いばらきストーンフェスティバル（宇都宮・大谷資料館）
○新元号「平成」を発表
○「ベルリンの壁」崩壊
○天安門事件

1990年
3月 雷蔵 初ライヴ（渋谷・クラブクアトロ）
5月 単行本『菫礼礼少年主義宣言』（新宿書房）出版
○東西ドイツ統一
○天皇即位の礼

1991年
2月 雷蔵アルバム『雷蔵参上』リリース
「稲垣足穂生誕90周年音楽会 るびいすけるとん」開催（横浜、渋谷）
○湾岸戦争
○雲仙普賢岳噴火

1992年
11月 単行本『獲物の分け前』（白水社）出版
○ボスニア紛争

1993年
9月 映画『オートバイ少女』（青林堂制作・あがた森魚監督）撮影
12月 CDブック『少年歳時記』（リブロポート）リリース
○北海道南西沖地震
○皇太子さまご結婚

1994年
2月 映画『オートバイ少女』ゆうばり国際ファンタスティック映画祭（2月18日〜22日）上映
8月 映画『オートバイ少女』公開（シネマアルゴ新宿）
○貴乃花横綱昇進
○関西国際空港オープン

1995年
3月 シングル「キットキット!! 遠く遠く!!」リリース
3月18日〜19日 「函館山ロープウェイ映画祭〜「オートバイ少女」で春よ来い！」開催（函館・クレモナホール）
4月 ＮＨＫ教育『ソリトン〜ＳＩＤＥ－Ｂ』出演
10月 函館山ロープウェイ映画祭 第2回開催
○阪神大震災
○地下鉄サリン事件
○インターネット普及

1996年
2月 あがた森魚プロデュースによるシナリオ教室「函館ロープウェイ映画祭・シナリオ大作戦」開催（渋谷・アップリンクファクトリー）
4月7日 北海道新聞日曜版連載開始 「あがた森魚のいつもの小径で」（１９９７年3月30日まで 全51回）
8月 料理研究家田中愛子とのトークイベント（神田・デルタミラージュ）
8月 ＢＲＵＴＵＳ（マガジンハウス）『人間関係』No.81「11年ぶり」瀬戸内寂聴、あがた森魚（撮影：篠山紀信）
○狂牛病
○豊浜トンネル崩落事故
○Ｏ１５７による集団食中毒の発生

1997年
5月　出演映画「HOBOS」（熊澤尚人監督）公開（中野武蔵野ホール）
7月　「アストロ・マジック・タルホ・ショウ」
（神田・デルタミラージュ　8月大阪・ミノヤホール）
8月　タンゴユニットADOKIN＋セサール・オルギン（バンドネオン）タンゴライヴ開催

1998年
2月20日　小樽文学館企画展「あがた森魚二〇〇一年一〇〇一秒展望展―
イナガキ・タルホ銀河系遊覧記念」（4月19日まで　小樽文学館）
○長野五輪

1999年
3月　アルバム『永遠の遠国（二十世紀完結編）』リリース
10月　映画『港のロキシー』（Dargelos制作・あがた森魚監督）公開（渋谷・シネマソサエティ）

2000年
5月　春一番2000（5月4日〜6日）（大阪・服部緑地野外音楽堂）出演
7月より　「港のロキシー」ライブツアー開催
12月　「プラネッツ・アーベント2000」3夜開催
（池袋・サンシャインシティプラネタリウム）
○イチロー・マリナーズ入団

2001年
3月　あがた森魚 with 栗コーダーカルテット「炭坑の記憶〜ヤマノキオク」
メモリアルコンサート出演
4月　『細野晴臣のイエローマジックショー』（NHK−BS2）出演
5月　ベスト盤『20世紀漂流記』リリース
8月　「ひまわりふくろう映画学校」開催（函館）
11月　アルバム『佐藤敬子先生はザンコクな人ですけど』リリース
12月　「プラネッツ・アーベント2001」3夜開催
（池袋・サンシャインシティプラネタリウム）
12月18日　『スタジオ・パークからこんにちは』（NHK総合）出演
（地震情報のため途中中断　後日収録オンエア）
○9・11同時多発テロ・世界貿易センター倒壊

2002年
5月　『名作をポケットに〜第31回：内田百閒「阿房列車」』（NHK−BS2）出演
7月　『ハマラジャ』「Fの魂」（テレビ東京）出演
12月　「プラネッツ・アーベント」（池袋・サンシャインシティプラネタリウム）2夜開催
○ユーロ流通開始

2003年
2月　映画『オー・ド・ヴィ』（篠原哲雄監督　音楽担当）公開
8月　あがた森魚、田中泯「架空 FICTITIOUS」
（山梨県北巨摩郡「ダンス白州2003」森の舞台）
10月　あがた森魚、田中泯「架空 FICTITIOUS」（草月ホール）
○地上波デジタル放送開始
○SARS流行

2004年
3月27日〜5月14日　「あがた森魚の二十世紀映画館」（ラピュタ阿佐ヶ谷）
○新潟県中越地震

5月8日　「森武電鉄スプリングダイヤ２００４〜ザムザ阿佐ヶ谷信号所前」開催　○ＳＮＳ普及
5月11日〜26日　ドミニカレコーディング
8月　アルバム『ギネオベルデ（青いバナナ）』リリース
12月　「彼岸音楽会　誰そ彼　vol.5」（虎の門・梅上山光明寺）出演

２００５年
1月　「〜タルホゆかりの横寺神楽坂音楽宵〜　東京きらきら日誌　ＭＯＲＩＢ電鉄
１００１秒音楽會　新春號」（神楽坂・DIMENSION）マンスリー企画開始
12月　「東京きらきら月報12月號　総集編の夜（映像付き）　映像と歌の夕べ」
（神楽坂・DIMENSION）

２００６年
1月　「男子達の謹賀新年'06」（新宿御苑・and ZONE）開催
2月　「少年自身　少女自身」第1回講義（横浜・BankART1929）

２００７年
1月3日　「珊瑚のカケラライヴツアー」（屋久島・天然村）開始　○ｉＰｈｏｎｅ登場
2月　「あがた森魚 with 矢野誠ツアー」開催
3月29日　「しぇるたあいんざこおらる vol.3」（神楽坂・DIMENSION）
3月31日　「月刊『もっちょむ』参月紫月集壕」（神田・space neo）
4月より　『夜は胸きゅん』（ＮＨＫ総合）ナレーション担当（２００８年３月まで）
5月4日　中原中也生誕百年祭「あがた森魚／田中泯」（山口県山口市中央公園横特設テント）
5月31日　「暗闇にノーチラス〜歌＋音＋光＋動き＋映像〜」
（六本木・スーパーデラックス）開催
6月　「お寺と温泉ライブvol.1 〜あじさいさい〜」（静岡県伊東市　宝専寺）
8月9日〜9月2日　舞台「エレンディラ」（蜷川幸雄演出　埼玉・さいたま芸術劇場）出演
9月　アルバム『タルホロジー』リリース
10月　「Taruphology Tour」
（東京・キネマ倶楽部／名古屋クラブクアトロ／心斎橋クラブクアトロ）

２００８年
2月　出演映画『人のセックスを笑うな』（井口奈己監督）公開（シネセゾン渋谷）　○北海道洞爺湖サミット
8月30日より　「惑星漂流60周年」開始

２００９年
2月22日　「あがた森魚とZIPANG BOYZ號の一夜」（東京・九段会館）開催　○バラク・オバマアメリカ大統領就任
10月10日　ドキュメンタリー映画『あがた森魚ややデラックス』（森達也監修・竹藤佳世監督）
公開（渋谷・シアターＮ）　○46年ぶりに皆既日食
11月　出演テレビドラマ『深夜食堂』（毎日放送）第5話放送
12月23日　「浅草森魚あがた天国」（浅草・珈琲天国）開催

2010年

2月より　NHK朝の連続テレビ小説『ウェルかめ』出演　○はやぶさ7年ぶり地球帰還

4月1日　「YOHJI YAMAMOTO THE MEN 4.1 2010 TOKYO」（国立代々木競技場　第二体育館）出演

2011年

2月　アルバム『俺の知らない内田裕也は俺の知ってる宇宙の夕焼け』リリース　○東日本大震災

5月　矢野誠プロデュース「1974」第2夜「噫無情」（埼玉県富士見市・キラリふじみ）開催

8月　「山寺 祈りの芸術際　開門イベント「音の葉、舞の葉」」出演

9月　アルバム『誰もがエリカを愛してる』リリース

10月　「ラジオ深夜便のつどい」公開録音（北海道上磯郡・木古内町中央公民館）出演

10月8～12日　舞台「赤色エレジー」（天野天街演出）（下北沢 ザ・スズナリ）音楽　生演奏　出演

10月22日　出演テレビドラマ『妖怪人間ベム』（日本テレビ系列）放送開始

11月20日　「第21回青梅宿アートフェスティバル」（東京都青梅市）出演

11月30日　「あがた森魚と山崎優子」アルバム『コドモアルバム』リリース

2012年

1月　出演映画『しあわせのパン』（三島有紀子監督）公開　○東京スカイツリー開業

4月　あがた森魚デビュー40周年コンサート『女と男のいる舗道』（北海道／愛知／大阪／福岡）開催

5月　あがた森魚デビュー40周年コンサート『女と男のいる舗道』（東京・日比谷公会堂）開催

9月　出演映画『カミハテ商店』（山本起也監督）先行上映会（島根県隠岐郡海士町）

11月　あがた森魚ベスト『大航海40年史』リリース

11月　TAMA映画フォーラム　第3部：祝！デビュー40周年記念あがた森魚特集（多摩・ベルブホール）

12月　「「Bellwood 40th Aniversary Collection スペシャルイベント」（銀座・山野楽器 JamSpot）

12月　アルバム『ぐすぺり幼年期』リリース

12月　「きゅぽらぱあぷるへいず2012 納会 in 川口」（川口・メディアセブン）

2013年

4月　ARABAKI ROCK FEST.13（宮城・みちのく公園北地区 エコキャンプみちのく）出演

5月　「『敷島。本の森』と公園の一日」「朔太郎さん、こんにちは！ ～あがた森魚音楽会」（前橋・敷島公園 萩原朔太郎記念館・庭）開催

7月　FUJI ROCK FESTIVAL '13　ORANGE COURT　出演

10月　あがた森魚「噫無情（レ・ミゼラブル）コンサート 2013」

（大阪・茨木市市民総合センタークリエイトセンター・センターホール）

11月　「小松亮太 デビュー15周年記念コンサート in Tokyo」ゲスト出演
（渋谷・Bunkamura オーチャードホール）

11月　あがた森魚「噫無情（レ・ミゼラブル）コンサート　２０１３」
（神奈川・ハーモニーホール座間・大ホール）

12月　アルバム『すぴかたいず Spicatdz』　LPリリース

12月　「キューポラのある街　映畫音樂會」（川口・メディアセブン）イベント開始

2014年

2月　天野天街 presents　歌と朗読『時計台の夜』（あがた森魚、緒川たまき出演）
（下北沢・富士見丘教会）

○「笑っていいとも！」放送終了

3月　「横尾忠則「昭和ＮＩＰＰＯＮ」―反復・連鎖・転移」あがた森魚ライヴ
（横尾忠則現代美術館　オープンスタジオ）

5月　「『敷島。本の森』と公園の一日　a day in the park《温室の音楽》
―朗読とライヴ―『あがた森魚と温室楽団：朔太郎さんこんにちは　02』」
（前橋・敷島公園　ばら園・温室）開催

5月　参加アルバム　ブラッドサースティ・ブッチャーズトリビュート
『Yes, We Love butchers～Tribute to bloodthirsty butchers～』
"The Last Match"　シリーズ第４弾リリース

5月　出演映画『くらげとあの娘』（宮田宗吉監督）山形先行ロードショー

8月　出演映画『シュトルム・ウント・ドランクッ』（山田勇男監督）公開
（渋谷・ユーロスペース）

8月　シングルレコード「夢が叶えられる街では」
（HMVrecord shop渋谷「SINGLE CLUB」）リリース

9月　北海道テレビ『いずみ～北海道くらしの詩』（主題歌「夢が叶えられる街では」）放送開始

10月25日　"TURQUOISE" YOUCHAN イラストレーション集 出版記念
「タルホナイト TARUPHO☆NIGHTO」
（前橋・フリッツ・アートセンター）イベント出演

11月　京まちなか☆音楽映画祭にてあがた森魚監督作品『僕は天使ぢゃないよ』上映
（京都・立誠シネマプロジェクト）

11月　アルバム『浦島64』　LPリリース

2015年

1月　北海道テレビ『いずみ～北海道くらしの詩』イベント（札幌・道新ホール）

5月　出演映画『ビリギャル』（土井裕泰監督）公開

2015年

5月　ライブサーキット『いつまでも世界は…第四回』へ出演
（京都全会場15か所、あがた森魚「さらさ花遊小路」出演）
8月　『オハラ☆ブレイク'15夏』あがた森魚 feat.吉井和哉
（ラブレイク・アコースティック特設ステージ）
12月12日　KAWAGUCHI ART FACTORY　さよならガレージセール
（川口・KAWAGUCHI ARTFACTORY）
12月より　ニューヨーク滞在

○北陸新幹線開業
○マイナンバー制度開始

2016年

2月26日　函館港イルミナシオン映画祭　北海道地域文化選奨贈呈式
4月　あがた森魚　もりばやしみほLIVE（沖縄 宜野湾・CAFE UNIZON）
4月　「ARABAKI ROCK FEST.16」出演　オワリカラ Guest. あがた森魚（津軽ステージ）、
定禅寺ブギウギバンド with あがた森魚（ZAO View Villge）
5月9日　はちみつぱい45th ANNIVERSARY　Re:Again　Special Guest：あがた森魚
（大阪・ビルボード大阪）
9月　出演映画『函館珈琲』（函館港イルミナシオン映画祭シナリオ大賞作品）
公開（渋谷・ユーロスペース）
10月　「編集者・長井勝一没後20年『ガロ』と北海道のマンガ家たち展」
あがた森魚×鈴木翁二特別ジョイントライヴ＆トーク「『ガロ』の時代」
（小樽・市立小樽文学館）
11月　『近代ロック』リリース
11月　「『近代ロック』リリース・ツアー2016」
（名古屋・TOKUZO／京都・磔磔／渋谷・WWW）

○熊本地震
○オバマ大統領広島訪問
○選挙権年齢18歳に引き下げ
○ボブ・ディラン、ノーベル文学賞受賞

2017年

4月　「あがた森魚＆はちみつぱい『べいびぃろん（BABY-LON）』リリース
4月26日　「あがた森魚＆はちみつぱい『べいびぃろん（BABY-LON）』
リリース記念スペシャル」DOMMUNE出演
7月　「あがた森魚＆はちみつぱい in 東京 2017～『べいびぃろん』」
（東京・メルパルクホール）開催
7月　「文學界」2017年8月号 発売 特集　稲垣足穂（没後四十年）・
澁澤龍彦（没後三十年）・深沢七郎（没後三十年）
――奇想と偏愛の系譜（あがた森魚　寄稿）
9月　あがた森魚ライヴー佐藤敬子先生を探してー（小樽・市立小樽文学館）
9月　ベルウッド・レコード45周年記念UHQCD Collection全20タイトル同時リリース

○上野動物園でパンダ（シャンシャン）誕生
○森友学園問題報道

10月　ベルウッド・レコード45周年記念コンサート（新宿・文化センター 大ホール）
11月25日　小樽市立入船小学校　閉校式コンサート　あがた森魚「佐藤敬子先生を探して」
12月　函館港イルミナシオン映画祭（映画『アガタカメラ～佐藤敬子先生を探して～』上映）

2018年
1月　『追悼 早坂暁さん～「夢千代日記」の原点～「夢千代日記」』（ＮＨＫ総合）放送
1月　あがた森魚古稀記念万博　MORIO AGATA EXPO 70's（浅草・珈琲天国）
6月　田島漆旧工場跡地保存プロジェクト「OUT MUSEUM」
日記映画『きゅぽらぱあぷるへいずこれくしょん in 和歌山』上映とライヴ
（和歌山県海南市・旧田島うるし工場）
7月　「宮沢賢治変奏曲VOL.1」七夕に賢治を浴びる！
～「セロ弾きのゴーシュ」を倍音にのせて～（本郷・求道会館）
7月　「杉浦邦恵　うつくしい実験　ニューヨークとの50年」（あがた森魚対談）
（恵比寿・東京都写真美術館）
8月31日　びいだまらじお Vol.0「夏休み最後の雲の高い日」（ｗｅｂラジオ／生配信）出演
9月～12月　ニューヨーク滞在、レコーディング
12月　ミキハウス「宮沢賢治絵本シリーズ」30冊出版記念『絵本みたいな』vol.1
（ライブペインティング：ミロコマチコ　朗読と歌唱：あがた森魚）
（前橋・フリッツ・アートセンター）
12月　アルバム『理想の靴下と船』リリース

○西日本豪雨
○北海道胆振東部地震
○日産ゴーン会長逮捕

2019年
1月　バロン吉元画業60周年記念展覧会『画業60年還暦祭　バロン吉元☆元年』
（1月3日～3月31日）トークイベント：あがた森魚×荒俣宏（東京・弥生美術館）
4月20日　森田童子一周忌「夜想忌 2 ～みんな夢でありました～」
（新宿・ロフトプラスワン）出演
5月　映画『嵐電』（鈴木卓爾監督・音楽担当）公開（東京・テアトル新宿）
5月　映画『嵐電』ミニサウンドトラック＋ボーナストラック盤リリース
7月　ニューヨーク滞在、レコーディング
7月　「JAPAN CUTS 2019」にて　映画『嵐電』上映イベント参加（N.Y.・Japan Society）
9月　Agata Morio Motion Picture Show "Looking for Keiko Sato in NY"
(Producers Club, The Grand theater)
10月　とわだ市民カレッジ　講演第6講座　あがた森魚「ふるさとを歌う未来を歌う」
（十和田市市民文化センター・生涯学習ホール）
11月　あがた森魚ライヴ「第三惑星の一夜」ゲスト：ドレスコーズ（渋谷・La.mama）

○イチロー引退
○新元号「令和」発表
○京都アニメーション放火殺人事件
○消費税10％に引き上げ

2019年

12月　第29回映画祭TAMA CINEMA FORUM　あふれる映画愛 井浦新特集　ゲスト出演
（多摩・パルテノン多摩 小ホール）

12月　アルバム『観光おみやげ 第三惑星』リリース

2020年

2月　「満月の下でタンゴ50年」（下北沢・LADY JANE）ライヴ開催

6月26日　ギターを背負って歩く練習　第1回

7月11日　日本経済新聞　朝刊「交遊抄」へあがた森魚寄稿文　掲載

11月　あがた森魚 ワンマンライブ『Go To 浦島 ２０２０』（渋谷・クラブクアトロ）

12月　アルバム『浦島２０２０』リリース

12月26日　飛鳥山ギターを背負って歩く練習 12・26 Boxing Day―イナガキタルホ祝★生誕１２０年祭―（王子・飛鳥山公園、北とぴあ）

12月31日　ＮＨＫ ＦＭ『栗屋敷』ゲスト出演

○「チバニアン（千葉時代）」正式決定
○新型コロナウイルス、クルーズ船で集団感染
○高輪ゲートウェイ駅、開業
○東京五輪1年延期
○新型コロナウイルス緊急事態宣言
○はやぶさ2カプセル帰還

2021年

1月　ギリヤーク尼ヶ崎90歳記念記録映画『魂の踊り』
（ギリヤーク尼ヶ崎監督・音楽担当）完成

3月11日　十年目３・11特別試写上映會

3月26日　月刊映画「きゅぽらぱあぷるへいず２０１１ 3月號」（川口・メディアセブン）
「タルホピクニック」第10回

7月5日　「あがた森魚と三橋美香子と森達也と桜を背負って歌って飛ぶ練習」

雑誌「エコノミスト」7月13日号（ワイドインタヴュー「問答無用」８４９

「ギターを背負って歩く」あがた森魚）発売

8月　北海道留萌市から輩出されたアーティストのインタヴュー企画公開

10月　あがた森魚『浦島２０２０』発売記念ライヴ（渋谷・WWW X／山形・東ソーアリーナ）

11月　映画『自宅警備員と家事妖精』（藤本匠監督　音楽担当）公開

12月9日　遠藤賢司トリビュートライブ「お～い、えんけん！ちゃんとやってるよ！２０２１」
（渋谷・クラブクアトロ）出演

12月22日　２０１０年代ベストアルバム『浦島二千十年代選集』リリース

12月26日　「イナガキタルホ祝★生誕１２１年お誕生会」
（王子・飛鳥山公園、北とぴあ・カナリアホール）

12月29日　あがた森魚るびぃアルバム『わんだぁるびぃ２０２１』リリース

○大学入学共通テスト初実施
○福島県沖で震度6強の地震
○医療従事者へワクチン接種開始
○熱海で大規模な土石流

2022年

3月　50周年アーカイヴ企画　雷蔵『デラックス雷蔵』（FJSP）リリース

3月　50周年アーカイヴ企画　『あがた森魚 SHOW TIME』（FJSP）リリース

4月21日　デビュー50周年会見開催（渋谷・ユーロライヴ）

○ロシア軍ウクライナ侵攻
○「ドライブ・マイ・カー」第94回アカデミー賞国際長編映画賞

4月22日　雑誌「週刊金曜日」（1374）号（表紙&あがた森魚のインタヴュー記事掲載）発売　○安倍晋三元首相暗殺
4月25日《あがた森魚半世紀夜會》（王子・北とぴあ　カナリアホール）開催
5月31日　あがた森魚50周年記念　二千十年代選曲集ライヴ（渋谷・クラブクアトロ）開催
8月　小樽文學舎主催「あがた森魚の近代キンダーロック～創業半世紀祭」
（市立小樽文学館）開催
「あがた森魚小樽博覧会2022」開催
監督映画『佐藤敬子を探して』先行上映会（小樽市民センターマリンホール）
8月20日　あがた森魚ライヴ「わんだぁるびぃ2021」（小樽・運河プラザ三番庫ホール）開催
9月22日　あがた森魚「50周年音楽會　渋谷公会堂」（LINE CUBE SHIBUYA）開催

あがた森魚◉音盤目録

1970年

◎『蓄音盤』

芽璃懺堂
LP

1971年

◎『うた絵本「赤色エレジー」』

幻燈社/芽璃懺堂
EP
MRZ-4711

◇『自然と文化の72時間 '71全日本フォークジャンボリー・オリジナル実況盤』

KING
LP
KR-7018〜9
「赤色エレジー」収録

1972年

○『赤色エレジー』

BELLWOOD/KING
EP
OF-1

●『乙女の儚夢』

BELLWOOD/KING
LP
OFL-5

○『清怨夜曲』

BELLWOOD/KING
EP
OF-7

1973年

○『永遠のマドンナK』

BELLWOOD/KING
EP
OF-20

1974年

●『噫無情（レ・ミゼラブル）』

BELLWOOD/KING
LP
OFL-22

○『昭和柔侠伝の唄（最后のダンスステップ）』

BELLWOOD/KING
LP
OFL-23

●『あがた森魚ベスト20』

KING
LP
sss-11

1975年

●『僕は天使ぢゃないよ』

BELLWOOD/KING
LP
OFL-34

○『僕は天使ぢゃないよ』

BELLWOOD/KING
EP
OF-34

1976年

●『日本少年（ヂパング・ボーイ）』

PHILIPS
LP
FW-8001〜8002

○『函館ハーパーセンチメント』

PHILIPS
EP
FW-1014

1977年

●『君のことすきなんだ。』

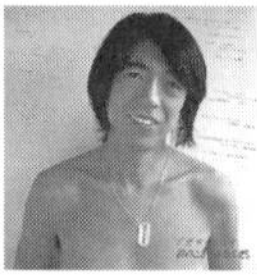

PHILIPS
LP
S-7022

●アルバム　○シングル
◉ベストアルバム
◎自主制作　◇企画盤等
□カセットブック・CDブック

1978年

◎『少年洋菓 永遠の遠国』

永遠製菓
LP
AAE-1004
[『永遠の遠国』
予約者配布]

1979年

○『アカシアの雨がやむとき
――亡きAに捧ぐタンゴ
アカシアーノ』

KITA RECORD
EP
KT0001

1980年

●『乗物図鑑』

Vanity Records
LP
vanity0005

1981年

●『ヴァージンVSヴァージン』

(Virgin VS)
KITTY
LP/CT
28MK-0014/
28MC-0014

○『ロンリー・ローラー』

(Virgin VS)
KITTY
EP
7DK-7005

○『さらば青春のハイウェイ』

(Virgin VS)
KITTY
EP
7DK-7012

○『サントワマミイ』

(Virgin VS)
KITTY
EP
7DK-7013

1982年

●『STAR☆CRAZY』

(Virgin VS)
KITTY
LP/CT
28MS-0012/
28CS-0012

◉『乗物デラックス』

(Virgin VS)
KITTY
LP/CT
28MS-0024/
25CS-0024/

○『夢のラジオシティ』

(Virgin VS)
KITTY
EP
7DS-0005

○『コズミック・サイクラー』

(Virgin VS)
KITTY
EP
7DS-0015

○『星空サイクリング』

(Virgin VS)
KITTY
EP
7DS-0020

◉『アーリーあがた森魚&
はちみつぱい』

KING
LP
K20A-372

1983年

◎『永遠製菓アワー ＃1』

永遠製菓
ソノシート
AAS001

◎『永遠製菓アワー ＃2
('83 X'mas号)』

永遠製菓
ソノシート
AAS002

1984年

◇『RADIO-CITY FANTASY』

(Virgin VS)
KITTY
LP/CT
28MS-0059/
25CS-0059/

○『エア・プレイン』

(Virgin VS)
KITTY
EP
7DS-0066

○『恋のメビウス』

(リッツ/Virgin VS)
KITTY
EP
7DS-0076
「ミッドナイト・テレビジョン」収録

1985年

◎『永遠の遠国』

永遠製菓
LP
AAE-1001～1003

1986年

●『永遠の遠国の歌』

KITTY
LP/CT/CD
22MS-0101/
22CS-0101/
H30K20031

◇『夢見るように眠りたい』

ポリドール
LP/CT
23MX1241/
23CX1364
「手品のわるつ」収録

◎『菫未来派少年展覧会第一集』

永遠製菓
ソノシート
GASO-001A

◎『菫未来派少年展覧会第二集』

永遠製菓
ソノシート
GASO-002A

□『東京1ダース』

「アウグスチヌスのお月さま」収録

◇季刊『MOMO』No.5

付録ソノシート
「Be My Baby」収録

1987年

●『バンドネオンの豹（ジャガー）』

コロムビア
LP/CT/CD
AF-7438/
CAR-1466/
33CA-1351/

●『羊ケ丘デパートメントストア』

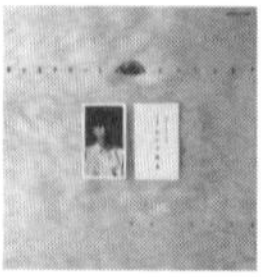

(Virgin VS)
KITTY
LP
28MS-0127

●アルバム　○シングル
◉ベストアルバム
◎自主制作　◇企画盤等
□カセットブック・CDブック

●『バンドネオンの豹（ジャガー）と青猫』

コロムビア
LP/CT/CD
AF-7465/
CAR-1506/
33CA-1831

○『ジュリエッタの夏』

コロムビア
シングルCD
CA-5003

◇『赤々丸』

キャニオン
LP/CT
C28G0458/
28P6629
「革命晩餐会の夜」
「摩天楼に眠る児」
収録

1988年

●『Album #1977』

VIVID SOUND/
永遠製菓
LP
CHOP-1210

●『ミッキーオの伝説』

コロムビア
CD/CT
32CA-2571/
CAR-1571

○『太陽のラルティーグ』

コロムビア
シングルCD
CA-8065

1989年

◉『ヴァージンVS詩集』

(Virgin VS)
KITTY
CD
25K-20146

1990年

●『プラネッツ・アーベント』

VSC/チョップ
CD
CHOP D-018

◇『あがた森魚のTHEエノケン』

KING RECORD
CD
KICS-2062
「これが自由と
いうものか」収録

◇『P-FREAKS HOUR
「ヤマアラシとその変種」』

東芝 EMI
CD
TOCT-5751
「Indio Del Tango」
収録

1991年

●『雷蔵参上』

(雷蔵)
MELDAC
CD
MECA-30005

□『よだかの星』

リブロポート
CDブック
「よだかの王冠」
[朗読]収録

1993年

●『IMITATION GOLD』

MELDAC
CD
MECA-30013

□『少年歳時記』

リブロポート
CDブック
ISBN4-8457-
0861-2

○『サイレント・イヴ』

MELDAC
CD
MEDA-
11001

◇『寺山修司トリビュート
「失われたボールをもとめて」』

SONY
CD
SRCL2598
「パレアコリントスの
幻」収録

◇『International avant-garde
conference vol.3』

メトロトロン
CD
compactron-19
(あがた森魚 with
PIROSMAnia)
「しゅくつの天文台
ゆきの」収録

1994年

●『ピロスマニア海へ行く』

KITTY
CD
KTCR-1251

●『オートバイ少女〜
イメージサウンドトラック盤』

KITTY
CD
KTCR-1268

1995年

●『24時の惑星』

KITTY
CD
KTCR-1322

○『キットキット!!遠く遠く!!』

KITTY
シングルCD
KTDR-2124

1996年

●『第七東映アワー』

TDKコア
CD
TDCT-1128

●『あがた森魚のラジオ・ショウ』

TDKコア
CD
TDCT-1147

○『第七東映アワー／霧のステーション・デパート』

TDK
シングルCD
TDCT-1127

◎『リンゴ宣傳隊南へ行く 少年銀盤』

永遠製菓
CD

◇『「拝啓、越路吹雪様。」サン・トワ・マミックス 越路吹雪トリビュート』

東芝EMI
CD
TOCT-9654
「枯葉」収録

1997年

◇『またまた・マザーグース』

東芝EMI
CD
TOCT-9767
「ジョン・クック」
収録

1998年

◇『1971フォーク ジャンボリー VOL.2』

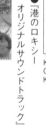

東芝EMI
CD
TOCT-10384
「ぼくの楽曲」収録

1999年

●『永遠の遠国（二十世紀完結篇）』

KITTY
CD
KTCR-1627, 1628

●『港のロキシー オリジナルサウンドトラック』

MIDI
CD
MDCL-1359

●『日本少年2000系』

KITTY
CD
KTCR-1666/7

2000年

◎『COBALT TARPHONIC 音楽文庫 第1集』

永遠製菓
CD
AACD-2101

2001年

◉『20世紀漂流記』

KITTY
CD
UMCK-1027

●『佐藤敬子先生は ザンコクな人ですけど』

KITTY
CD
UMCK-1069

●アルバム　○シングル
◉ベストアルバム
◎自主制作　◇企画盤等
□カセットブック・CDブック

◎『COBALT TARPHONIC 音楽文庫 第2集』

永遠製菓
CD
AACD-2102

◎『COBALT TARPHONIC 音楽文庫 第3集』

永遠製菓
CD
AACD-2103

◎『映画「闇を掘る」メモリアル音楽』

美唄市・
21世紀へつなぐ
「炭鉱の記憶」
再生実行委員会
CD

2002年

●『オー・ド・ヴィ オリジナル・サウンドトラック』

MIDI
CD
CXCA-1123

◎『獨立銀河ロロ系 模型圖鑑』

永遠製菓
シングルCDR

2003年

◎『「函館ムービィBoX-ing」森部電鉄mix』

永遠製菓
CD-R
[「函館港
イルミナシオン
映画祭」
おみやげセット]

◇岡本おさみ『アコースティックパーティー』with 吉川忠英

RESPECT
RECORD
CD
RES-78
「襟裳岬」収録

2004年

◉『星繋き牢獄の提督たちへ』

BRIDGE
CD
MORIB-1

●『ギネオベルデ(青いバナナ)』

BRIDGE
CD
Route-1

◎『MORIB DIAGRAM 2004/03/01 創刊号 森武電鉄 スプリングダイアグラム』

永遠製菓
CD-R

□『モノクローム80』

Flying Ducko-
chang Records
CDブック
DDCL-2021
「海辺の生活」収録

2005年

◎『二十世紀少年クラブ original KALEIDOSCOP』

永遠製菓
シングルCDR
[ファンクラブ
配布]

2006年

●『ヴァージンVS/ゴールデン☆ベスト』

(Virgin VS)
UNIVERSAL
MUSIC
CD
UPCY6151

2007年

●『Taruphology』

BRIDGE
CD
EGDS26

◇『にほんのうた 第一集』

commons
CD
RZCM45660
「森の小人」収録

●『あがた森魚コンサート~「永遠の遠国」at 渋谷ジャン・ジャン』

VIVID SOUND
CD
RATCD-4372/3

2008年

◇『NHKこども番組テーマ曲集2』

NHKサービスセンター
NET配信
「バケルノ小学校ヒュードロ組」収録

2009年

●『あがた森魚とZIPANG BOYS號の一夜』

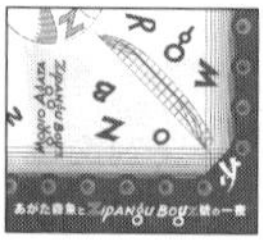

diskunion
CD
FJSP-78～80

■『るるもっぺ べいぶるう』

Qpola Purple Hz
配信シングル
QPHZ-S1

◇『歌鬼2 ～阿久悠 vs.フォーク～』

UNIVERSAL MUSIC
CD
UPCH-20142
「津軽海峡冬景色」収録

◇『PUBLIC/IMAGE.SOUNDS』

tearbridge records
NFCD-27146
CD
「キューポラ町」(あがた森魚×あらかじめ決められた恋人たちへ)収録

◇『THIS IS FOR YOU～THE YELLOW MONKEY TRIBUTE ALBUM』

Ariola
CD
BVCL50, 51
「4000粒の恋の唄」収録

2011年

●『俺の知らない内田裕也は俺の知ってる宇宙の夕焼け』

Qpola Purple Hz
CD
QPHZ001

●『誰もがエリカを愛してる』

Qpola Purple Hz
CD
QPHZ002

●『コドモアルバム』

(あがた森魚と山﨑優子)
VIVID SOUND
(Qpola Purple Hz)
CD
VSCD-3386
(SDVS2011)

2012年

●『女と男のいる舗道』

VIVID SOUND
(Qpola Purple Hz)
CD
VSCD-3389
(QPHZ003)

●『COBALT TARPHONIC 音楽文庫(合冊CD)』

VIVID SOUND
(Qpola Purple Hz)
CD
VSCD-3393
(QPHZ004)

●『ぐすぺり幼年期』

Qpola Purple Hz
CD
QPHZ005

◉『あがた森魚ベスト 大航海40年史』

UNIVERSAL MUSIC
CD
UPCY-6673/4

2013年

●『あがた森魚の世界史B #1 「あがた森魚とはちみつぱい 1972～1974」』

diskunion
CD
FJSP-209

●『あがた森魚の世界史B #2 少年洋菓「永遠の遠国」別刷附録「アウスランド・アム・エヴァイト・レイルロード」』

diskunion
CD
FJSP-211

●アルバム　○シングル
◉ベストアルバム
◎自主制作　◇企画盤等
□カセットブック・CDブック

●『あがた森魚の世界史B　#3
「第七東映アワー」』

diskunion
CD
FJSP-212

●『あがた森魚の世界史B　#4
「永遠製菓アワー」／
菫末来派少年博覧会」』

diskunion
CD
FJSP-217

●『あがた森魚の世界史B　#5
「おみやげセット2001～2005」』

diskunion
CD
FJSP-218

●『あがた森魚の世界史B　#6
画ニメ「赤色エレジー」／
遠国トピックス模型映画
「りんご宣伝隊南へ行く」／
映画「闇を掘る」』

diskunion
CD
FJSP-219

●『あがた森魚の世界史B　#7
「シングルB面等／
コンピレーション収録集」』

diskunion
CD
FJSP-220

●『すぴかたいず』

Qpola Purple Hz
LP/CD
QPHZ007/
QPHZ008

●『女と男のいる舗道
あがた森魚デビュー40周年
記念コンサート』

VIVID SOUND
CD
VSCD3476/8

2014年

●『浦島64』

Qpola Purple Hz
LP/CD
QPHZ010/
QPHZ011

○『夢が叶えられる街では』

HMV record shop
EP
HSC-0007

○『悪魔ニナル練習』

HMV record shop
EP
HSC-0008

○『夢が叶えられる街では／
悪魔ニナル練習』

Qpola Purple HZ
CD
QPHZ009

◇『Yes,We Love butchers
～Tribute to bloodthirsty
butchers～』

日本クラウン
CD
CRCP40369
「僕」収録

2015年

●『浦島65ＢＣ』

Qpola Purple Hz
LP/CD
QPHZ012/
QPHZ013

○『浦島miniXX』

Qpola Purple Hz
CD
QPHZ014

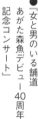

●『浦島65XX』

Qpola Purple Hz
CD
QPHZ015

2016年

●『近代ロック』

Qpola Purple Hz
CD
BRIDGE244

2017年

●『べいびぃろん(BABY-LON)』

(あがた森魚&
はちみつぱい)
KING RECORDS
CD
KICS3484

2018年

●『理想の靴下と船』

Qpola Purple Hz
CD
QPHZ016

2019年

●『観光おみやげ 第三惑星』

Qpola Purple Hz
CD
QPHZ018

●『「嵐電」ミニサウンドトラック
＋ボーナストラック盤』

Qpola Purple Hz
CD
QPHZ017

2020年

●『浦島2020』

Qpola Purple Hz
CD
QPHZ020

2021年

◉『浦島二千十年代選集』

Qpola Purple Hz
CD
QPHZ021/022

●『わんだぁるびぃ2021』

(あがた森魚るびい)
Qpola Purple Hz
CD
QPHZ023

2022年

●『デラックス雷蔵』

diskunion
CD
FJSP-454/455

●『あがた森魚 SHOW TIME』

diskunion
CD
FJSP-
452/453

○『赤色エレジー・清怨夜曲
—50thエディション—』

BRIDGE/
Qpola Purple Hz
CD
QPBR001

●『プラネッツ・アーベント—
コンプリート・エディション—』

diskunion
CD
FJSP-460

●『ボブ・ディランと玄米』

BRIDGE
CD
BRIDGE-350/3

●『ボブ・ディランと玄米少々』

BRIDGE
LP
BRIDGE-357

●アルバム ○シングル
◉ベストアルバム
◎自主制作 ◇企画盤等
□カセットブック・CDブック

あがた森魚（あがた・もりお）

1948年、北海道生まれ。72年デビュー曲『赤色エレジー』で一躍時代の寵児に。劇場公開作品3本を監督。俳優、執筆でも活躍。代表曲に映画『星空サイクリング』（ヴァージンVS・82）、『春の嵐の夜の手品師』、『いとしの第六惑星』（いずれも85）、『バンドネオンの豹』（87）、『佐藤敬子先生はザンコクな人ですけど』（01）、『浦島64』（14）ほか。

今村守之（いまむら・もりゆき）

ライター、エディター、インタヴュアー。日本大学藝術学部文芸学科卒業。「非TVパーソンの文化史」を標榜しながら、アーティストなど2700人以上をインタヴューしたほか、コラム、ルポルタージュ、レヴューを多数寄稿。著書に『問題発言』（新潮新書）。編書に写真集『ゆでめん』（ミュージック・マガジン）、『バカボンのパパよりバカなパパ』（幻冬舎文庫）、『男一代菩薩道』（アスペクト）など。

愛は愛とて何になる

二〇二二年九月二十七日　初版第一刷発行

著　者　あがた森魚・今村守之
発行者　飯田昌宏
発行所　株式会社小学館
〒一〇一-八〇〇一　東京都千代田区一ツ橋二-三-一
編集　〇三-三二三〇-五一二六　販売　〇三-五二八一-三五五五
DTP　株式会社昭和ブライト
印刷所　凸版印刷株式会社
製本所　牧製本印刷株式会社

JASRAC出2206395-201

 ISBN 978-4-09-388880-6